MARINA RIPA DI MEANA
GABRIELLA MECUCCI

VIRGINIA AGNELLI

MADRE E FARFALLA

INTRODUZIONE
CARLO RIPA DI MEANA

MINERVA EDIZIONI

VIRGINIA AGNELLI

MADRE E FARFALLA

Marina Ripa di Meana e Gabriella Mecucci
Introduzione di Carlo Ripa di Meana

Direzione editoriale: Roberto Mugavero

Editor: Paolo Tassoni

ISBN 978-88-7381-307-1

Minerva Edizioni

Via Due Ponti, 2 - 40050 Argelato (BO)

Tel. 051.6630557 - Fax 051.897420

http://www.minervaedizioni.com
e-mail: info@minervaedizioni.com

a Renzo Foa

Introduzione di Carlo Ripa di Meana

In Campidoglio, a Roma, davanti al candido Altare della Patria, giorno e notte, sia che piova, tiri vento o splenda il sole, ci sono sempre due soldatini di guardia, immobili, ai lati della tomba al Milite Ignoto, con la stretta consegna del silenzio. Forse loro non lo sanno, ma incarnano l'ideale calvinista dell'uomo che eternamente "stands and waits": un ideale di rigore non tanto lontano da quello che Gianni Agnelli professava quando diceva: "Torino è una città seria, che ha rappresentato una certa Italia un po' prussiana… un'immagine della città in cui rientro anch'io".
Chissà se la mattina del 10 gennaio del 2008 i due infreddoliti soldatini sapevano che a pochi metri da loro, nel Complesso del Vittoriano, più noto come l'Altare della Patria, l'Italia intera, dal Senato della Repubblica alla Camera dei deputati, con il Patrocinio del Ministero per i beni e le attività culturali, inaugurava una mostra intitolata "Il secolo dell'Avvocato. Gianni Agnelli, una vita straordinaria"?
A suggellare quel rito di glorificazione, che si sarebbe ripetuto in altre prestigiose sedi ufficiali a Torino e a Milano, c'era pure un magnifico libro in carta super patinata, con quello stesso titolo, che accompagnava la mostra e sembrava esprimere un giudizio definitivo su tutta la saga degli Agnelli e della Fiat.

Eppure è stato proprio sfogliando quel volume che Marina e Gabriella Mecucci hanno cominciato ad avere dei dubbi, a porsi alcune domande. Per prima cosa si sono chieste, forse in modo non del tutto peregrino: ma la madre di Gianni, cosa avrebbe detto di quella cerimonia? E di quel libro, presentato nientemeno che dal Presidente della Repubblica Italiana? Sarebbe stata certo orgogliosa di suo figlio, hanno pensato, e magari avrebbe sorriso, leggermente divertita, ripensando al giorno in cui lo aveva dovuto fare riacciuffare dai carabinieri a Rapallo, quando a sedici anni era scappato dalla casa di Roma insieme al suo precettore, per andare a raggiungere il nonno a Torino. Quel grande nonno di cui più tardi, ormai uomo fatto, Gianni Agnelli avrebbe detto: "Mio padre è morto nel '35. Fino al '35 mio nonno era come tutti i nonni; era più permissivo, verso un nipote, mentre mio padre era più severo. Nel '35 si assunse lui la responsabilità di me, la responsabilità totale, quindi anche di disciplina e anche di una certa severità".
Perché si sa, per una mamma un figlio resta sempre il ragazzino con il vestito alla marinara, che correva con la sua piccola Bugatti a pedali intorno alla fontana del giardino di casa, che a scuola faceva i dispetti ai compagni, che al mare era sempre il più scatenato di tutti e che l'abbracciava con entusiasmo, quando scopriva che fra gli amici di mamma c'era anche il suo eroe preferito, Gary Cooper, quel dinoccolato attore americano dalla splendida falcata che lui cercava di imitare… Perché lei lo amava, quel ragazzino, e molto: ne aveva fatto addirittura scolpire la

testa da un grande artista, Arturo Dazzi, insieme a quelle di tutti i suoi fratelli: sette splendide sculture in bronzo che ancora oggi ornano il grande portone centrale (del peso di una tonnellata) della chiesa del Sestrière dedicata alla memoria di Edoardo Agnelli, il loro padre. Un grande monumento all'amore, un monumento imperituro.
Ma di lei, della madre, di Virginia Agnelli, nata Bourbon del Monte di San Faustino, cosa restava? È così che è cominciata la ricerca di Marina e Gabriella. Sono partite da due preziosi documenti messi loro a disposizione dalla grande cortesia di Piero Tosi, famoso costumista che ha lavorato con Visconti, Bolognini, Soldati, Monicelli, Zeffirelli, Pasolini e altri. Si trattava di un inedito (o quasi), vale a dire delle memorie della madre di Virginia, la principessa Jane di San Faustino (apparse a puntate nel 1938 sulla rivista "Omnibus", diretta dal geniale scrittore Leo Longanesi), e della sceneggiatura del libro di Susanna Agnelli, *Vestivamo alla marinara,* che Bolognini aveva praticamente ultimato e che nessuno ha mai potuto vedere perché Gianni ne aveva acquistato i diritti cinematografici e televisivi, per chiuderla in un cassetto. Decisione subita da tutti i fratelli e che fece calare di nuovo il silenzio sulle vicende di Virginia per altri trent'anni. Non a caso un giorno l'Avvocato ha detto: "Non amo molto i consuntivi. Non mi piace il passato…Io amo il futuro. La mia vita è stata tutta una scommessa sul futuro".
Ben presto le due autrici hanno capito che per scoprire qualcosa di Virginia ci voleva la bacchetta del rabdomante, che bisognava sollevare cumuli di polvere, di omissio-

ni, di reticenze, forse anche di indifferenza. Altro che visi scolpiti nel bronzo! Tutto quel che riguardava Virginia era fuggevole, inafferrabile, le immagini erano sbiadite o forse addirittura occultate. Le lettere, sparite. Le fotografie, rastrellate da una mano misteriosa, che arrivava sempre prima di chiunque altro persino negli archivi Alinari. Allora sono andate in Trastevere, alle pendici del Gianicolo, a vedere Bosco Parrasio, la casa romana di Virginia Agnelli, e si sono trovate davanti a una imponente cancellata, sovrastata dalla scritta "Accademia degli Arcadi". Hanno tentato di sbirciare tra i grandi lecci, oltre i cancelli, e hanno subito capito che ci voleva un lavoro quasi di archeologia per ritrovare sotto quei glicini bianchi e violetti, un po' inselvatichiti, e quei rododendri dai colori incredibili, la figura di Donna Virginia, quasi dovessero inseguire una novella Angelica ariostesca, che dopo aver corso a perdifiato per un bosco in sella al suo palafreno, avesse trovato rifugio "in un cespuglio di prun fioriti e di vermiglie rose".

Non è stato un lavoro facile: tanti sono stati gli ostacoli da superare, per ritrovare l'immagine vera di questa donna, morta a soli quarantasei anni in un incidente d'auto, lungo la strada che attraversa le pinete tirreniche di San Rossore e Migliarino.

Marina e Gabriella hanno ben presto scoperto che si riusciva ad arrivare solo fino a un certo punto dell'indagine, a una specie di cerchio invalicabile. Allora con pazienza hanno seguito una serie di labili indizi, come fossero tanti sentieri di un labirinto immaginario, al cen-

tro del quale avrebbero finalmente svelato una Virginia nuova, sconosciuta.
Per fortuna, hanno avuto come punto di partenza una specie di tessuto sul quale basare il loro lavoro: tanto per cominciare, come abbiamo detto, il libro che Susanna Agnelli scrisse nel 1975, *Vestivamo alla marinara*, poi quello importantissimo di Giordano Bruno Guerri, *L'arcitaliano. Vita di Curzio Malaparte*; non ultimi, tanti libri sulla famiglia Agnelli: in particolare *Agnelli l'irresistibile,* di Marie-France Pochna, e *Casa Agnelli* di Marco Ferrante, al quale va attribuito il merito di aver cercato di fare emergere dal buio un altro personaggio cancellato, quello di Giorgio, morto in tragiche circostanze. Perché si sa, dice Ferrante, quando qualcuno cerca con abnegazione di costruire il mito di se stesso, come di certo ha fatto l'Avvocato, agli altri resta poco spazio.
Senza timori e senza pregiudizi, Marina e Gabriella hanno chiesto aiuto a qualche amico, a qualche storico di vaglia, a qualche scrittore e in particolare sono state confortate da una frase di Raffaele La Capria, che in un piccolo libro uscito di recente afferma di aver cercato di far rivivere due personaggi, due suoi amici, "per non vederli scomparire per sempre nel nero abisso dove finiscono le stelle che brillarono una sola volta".
Sulla scia quindi di questa "stella che aveva brillato una sola volta", Marina e Gabriella, per prima cosa, hanno letto nel libro di Susanna Agnelli che dopo la morte precoce del marito, Virginia, rimasta vedova con sette bambini, aveva dovuto combattere una battaglia legale

contro il suocero, il senatore Giovanni Agnelli, che aveva tentato di strapparle la patria potestà dei figli. Hanno scavato un po' in questa direzione e hanno fatto una prima, sbalorditiva scoperta.
All'Archivio Centrale di Stato hanno trovato una corposa documentazione che rivela come il vecchio senatore Agnelli si fosse rivolto (ci sono a testimoniarlo biglietti scritti a mano da un certo Benedetto Perotti, su carta intestata della Fiat) direttamente ad Arturo Bocchini, capo dell'Ovra, la famigerata polizia politica fascista, per chiedergli di sorvegliare la giovane nuora, nel tentativo di provare che per ragioni morali era una madre indegna di occuparsi dei suoi figli. In realtà i segugi dell'Ovra scoprirono solo qualcosa che si svolgeva alla luce del sole e cioè che Virginia, qualche mese dopo la morte del marito, aveva conosciuto Curzio Malaparte a Forte dei Marmi e se ne era innamorata. Tutte queste "informative" di polizia sembrano veline per una rivista di gossip, parlano di normali incontri, di passeggiate sul lungomare, magari in compagnia dei bambini che (tutti meno Gianni) adoravano Malaparte, tanto che qualche pettegola del luogo si rivolgeva con acida ironia allo scrittore e gli chiedeva se per caso non avesse cambiato mestiere e si fosse messo a fare il bambinaio. I rapporti della polizia parlano anche di bisticci fra innamorati, di gite al Cinquale sulla Balilla fuori serie targata TO 40534 che Virginia guidava personalmente, di qualche biglietto, scritto da Virginia a Malaparte, che cominciava così: "Mio Bog…": un nomignolo che evocava di certo Humphrey Bogart, l'affascinante

"duro" del cinema americano. Eppure, solo sulla base di queste sciocchezze, il senatore era riuscito a far stilare una sentenza dal Tribunale dei Minori di Torino e con un'ordinanza aveva sottratto i figli a Virginia.
Le nostre due autrici hanno trovato, sempre all'Archivio Centrale di Stato, le carte dell'Archivio della Corte di Cassazione, che riassumono e concludono il duello giudiziario tra il senatore Giovanni Agnelli e la moglie del figlio Edoardo. E hanno cercato di immaginare, sulla base di tutta questa documentazione, il corteo di dieci automobili, cariche di dipendenti Fiat, avvocati e funzionari del tribunale, che la mattina del 18 maggio del '37 era salito per via Garibaldi, fino al cancello di Bosco Parrasio, per sequestrare, sotto gli occhi attoniti e scandalizzati dei romani, i sette figli di Virginia. Lei, che di femminismo ancora non aveva nemmeno sentito parlare (forse aveva letto qualche libro della sua celebre omonima, Virginia Woolf, magari *Gita al faro*, dove la protagonista era, guarda caso, una madre di otto figli, l'ultimo dei quali James, come dice la scrittrice nell'incipit, "appartiene, già all'età di sei anni a quella grande categoria di persone che non riescono a tenere le emozioni separate le une dalle altre [...] e per le quali sin dalla prima infanzia qualsiasi oscillazione della ruota delle sensazioni ha il potere di cristallizzare e trafiggere il momento dal quale dipendono la tristezza o la radiosità": come non pensare al piccolo Giorgio?), s'era battuta con tutte le sue forze, la sua intelligenza e uno stuolo di avvocati, e alla fine il vecchio Senatore aveva dovuto capitolare. I figli erano felicemente

tornati con lei, ma il tacito accordo era stato che Virginia lasciasse il suo innamorato, Curzio Malaparte.
Dopo queste scioccanti scoperte, Marina e Gabriella ne hanno fatto un'altra, non meno importante. Si tratta di un episodio passato quasi sotto silenzio dalla famiglia Agnelli, praticamente ignorato o solo vagamente accennato in alcuni articoli di giornale e in qualche libro. Per la verità, già Valerio Castronovo, nel suo libro sulla Fiat, lo aveva sottolineato come qualcosa di "inaspettato e di grande importanza". Poi, allargando la ricerca, si è visto che ne aveva ampiamente parlato uno dei protagonisti della vicenda, il colonnello delle SS Eugen Dollmann, di stanza a Roma negli anni della Seconda guerra mondiale. E che ne avevano scritto giornalisti e storici di fama, come Paolo Mieli, Vanna Vannuccini, Silvio Bertoldi, Andrea Riccardi, e in particolare Carla Pilolli, autrice di alcuni brevi saggi centrati sul personaggio di Donna Virginia e della madre, Princess Jane.
Stiamo parlando di quella che va sotto il nome di "Operazione Farnese", cioè l'organizzazione, perseguita con tenacia e "voluta" con lungimiranza da Virginia Agnelli, della famosa Udienza Segreta avvenuta alle otto di mattina del 10 maggio 1944, tra Papa Pio XII e il generale Karl Wolff, capo delle SS in Italia. Questo incontro ebbe tre effetti importantissimi: il primo, immediato, fu la liberazione di Giuliano Vassalli (per il quale in verità si era già attivata anche mia madre, Fulvia Ripa di Meana), tenuto prigioniero nella famigerata via Tasso. Il secondo effetto fu la salvezza di Roma, dei suoi ponti e dei suoi mo-

numenti, grazie alla partenza dalla capitale dei tedeschi prima dell'arrivo degli Alleati, senza lasciarsi alle spalle la solita "terra bruciata". E, *last but not least*, a qualche mese di distanza, attraverso le reti cardinalizie di Roma, Milano e Torino, anche la salvezza del senatore Giovanni Agnelli, che dopo il 25 aprile del '45 il Comitato di Epurazione voleva non solo esautorare, ma forse addirittura incarcerare come "collaborazionista" e "fornitore di guerra". Non è esagerato dire che Virginia contribuì validamente a salvare il suo antico "inseparabile nemico", il senatore Agnelli e con lui la sua azienda, la Fiat.
Per sapere come e quando avvenne tutto ciò, non resta che leggere questo libro, che nelle intenzioni era partito come il ritratto di una donna quasi sconosciuta e ha finito per diventare un libro di storia, d'amore e di avventure. Chissà che qualche nipote o bisnipote di Virginia leggendolo non riesca a scoprire di avere una nonna di cui andare giustamente fiero.

Capitolo primo
Ritratto di madre

La gioia di Carlo era indescrivibile e celebrammo
il battesimo di Virginia con grandissima pompa.
La nonna di Carlo, principessa Massimo, fu la madrina, e
in quell'occasione fu fatta uscire per l'ultima volta la famosa
carrozza dei Massimo, ornata d'oro e di cristalli.

(dalle memorie di Jane, Principessa di San Faustino,
Omnibus, aprile1938)

Tanti quadri accatastati, appoggiati al muro, uno sopra l'altro. Una stanza luminosa, con ampie pareti bianche. Quasi ogni giorno quei dipinti si contendono l'onore del primo piano: Balthus, Klimt, Picasso, Matisse, ma anche Lucien Freud e Francis Bacon.
Ce n'è uno, tuttavia, che non perde mai, in quell'ipotetica gara di conquista della prima posizione. Su uno sfondo neutro si staglia il ritratto di una donna, dolce e severo, in un'atmosfera rarefatta, onirica.
È Virginia Agnelli, nata principessa Bourbon del Monte di San Faustino.
La bambina condotta al fonte battesimale sul cocchio d'oro e di cristalli dei principi Massimo, la ritroviamo adulta nel realismo magico di questa immagine.
Tra i molti ritratti di donne, un po' fate e un po' streghe, dipinti da Léonor Fini, nessuno meglio di questo conferma la definizione che Jean Cocteau diede della sua pittura: reali-

smo irreale. Perché tutto il soprannaturale per lei è naturale.
Per molti anni, nella sua stanza di corso Matteotti, a Torino, scrive Marie-France Pochna, Gianni Agnelli si addormentava ogni sera accanto a questo "ritratto di Virginia, con i riccioli rossi sollevati in guisa di corona"[1].
Quell'immagine gli faceva compagnia. Forse, sotto il suo aspetto freddo e sbrigativamente cinico, anche Gianni Agnelli nascondeva un punto debole, un'inconfessata tenerezza per quella madre bellissima e travolgente, morta giovane. Del resto anche tutti gli altri figli la amarono molto e con lei riuscirono a stabilire un rapporto di totale complicità.
Gianni però si è sempre rifiutato di rivangare il passato, di far scendere la madre da quel ritratto un po' remoto, dalla grazia misteriosa. Non parlava mai della madre e fece tutto il possibile perché non ne parlasse nessuno, al di là della ristretta cerchia familiare. Arrivò ad acquistare dal regista Mauro Bolognini l'adattamento del libro *Vestivamo alla marinara*, che Susanna Agnelli scrisse nel 1975[2]. "Doveva essere uno sceneggiato per la televisione in quattro episodi e doveva essere intitolato *Quattro amori*"[3]. Emblematico l'episodio della sceneggiatura in cui Virginia reagiva urlando agli schiamazzi dei figli e si affacciava completamente nuda dal pianerottolo della sua stanza, in cima alla scala della villa romana di Bosco Parrasio.
Perché questo desiderio di nascondere la madre agli occhi degli altri? Per tenerla tutta per sé? Per occultare le vere radici del proprio essere? Per paura dello scandalo? Mammà era una donna non comune che poteva stupire e inquietare l'italiano medio di quegli anni e forse di quelli a seguire.

Anche oggi la sua vita appare del tutto speciale.
Un po' Zelda, farfalla fitzegeraldiana, un po' personaggio uscito dai libri di Henry James, Virginia è intensa di un'intensità che porta con sé anche il dolore dei "belli e dannati". È una creatura dalle grandi aspirazioni che non vuol essere "una semplice pecora del gregge", ma preferisce scegliere il proprio destino e conoscere "della vita umana più di quello che la gente ritiene conveniente potergliene dire"[4]. Sembra uscita da *Ritratto di signora*: anche lei, come Isabel Archer, interpreta il tema jamesiano del conflitto culturale dell'innocenza del nuovo mondo a contatto con il "virus europeo", con la corruzione bigotta e moralistica del vecchio continente.
Per questo Virginia non amava la Torino benpensante, che s'inchinava a suo suocero, il senatore Agnelli, per ragioni di potere, e manifestava ostilità verso di lei, ai loro occhi troppo anticonformista. In lei, per metà americana e per metà aristocratica italiana, di una nobiltà al soglio pontificio, prevaleva il senso della libertà, del piacere, della leggerezza che le veniva dal ramo americano, rappresentato dalla madre, Jane Campbell, principessa di San Faustino: donna frivola, ma di rara intelligenza e curiosità. Virginia amava e rispettava le tradizioni – le sue origini nobiliari verso questo la inclinavano – ma non ne era succube. Le viveva e le valorizzava grazie a un approccio libero. La loro difesa a oltranza, invece – come faceva una certa Torino bene – scatenava in lei la voglia di ribellarsi. Il suo ruolo di donna aristocratica non comportava certo di rinchiudersi in una torre d'avorio inaccessibile. Virginia

era al contrario aperta alle novità, ai rapporti umani, alla conoscenza, nonostante fosse tutt'altro che una donna colta. Non sopportava i condizionamenti di un tradizionalismo irrespirabile, che in famiglia veniva rappresentato in particolare dalla suocera, Clara Boselli, discendente da una stirpe di militari, che infatti la detestava tanto da evitare di incontrarla tutte le volte che poteva.
Virginia era bella, ma di una bellezza particolare, inusuale fra le donne italiane dei primi del Novecento. Additata era la sua capigliatura rossa, una massa di capelli di un riccio naturale. Non portava mai il cappello, cosa che in quegli anni era considerata molto disdicevole per una gran dama. Era tra le prime a indossare larghi pantaloni e soprattutto non si agghindava mai con gioielli: e dire che ne aveva ricevuti di bellissimi dalla famiglia. Inusuale era anche il suo ambiente familiare: un mix di borghesia cosmopolita d'Oltreoceano e di nobiltà nera. Il padre, Carlo Bourbon del Monte principe di San Faustino era di antica aristocrazia. La famiglia era divisa in più rami: quello di Ancona, di cui Carlo faceva parte, ricevette il titolo principesco dal papa, nel 1861. I feudi di origine erano in parte marchigiani, in parte toscani e in parte umbri. I Bourbon godevano della parentela dei Borboni, e il loro stemma si poteva fregiare dei gigli di Francia. Si trattava dunque di una schiatta di alto lignaggio, anche se non altissimo: non paragonabile – per intenderci – ai Colonna o ai Caetani o ai Barberini o ai Chigi. E comunque, nella Roma papale, era pur sempre una famiglia legata alla curia: contrapposta alla nobil-

tà bianca, risorgimentale e sabauda. Non poteva quindi non avere ruolo e potere.
Carlo Bourbon era un uomo fisicamente piuttosto attraente: alto, occhi azzurri, lineamenti ben disegnati. Timido ed elegante, si innamorò a prima vista di Jane Campbell, che si accorse subito di lui e corse dalle amiche a informarsi su chi fosse. Le venne risposto: qualche minuto fa ci ha chiesto di conoscerti. *Coup de foudre*? Probabile, ma il rapporto fra i due non fu mai semplice: i loro litigi restarono famosi nella Roma dell'epoca. Del resto, la madre di Virginia era l'esatto contrario del futuro marito. Americana, figlia di un imprenditore, ma – come lei stessa raccontava – senza una grande dote, aveva una storia che somigliava alla favola di Cenerentola. Nata nel New Jersey dal secondo matrimonio di George Campbell, un ricco produttore d'olio di lino, subì dal padre un trattamento diverso da quello riservato ai cinque figli di primo letto: per lei nessuna iscrizione al Social Register, la famosa lista dei Quattrocento, e nessun ballo dei diciotto anni a New York per l'ingresso in società[5]. Una vita, la sua, ai margini dell'America che contava. Il padre, poi, perdette quasi tutte le sue fortune nel crollo della Borsa del 1893 e Jane, insieme alla madre, partì alla volta dell'Italia con quel po' di capitale finanziario sopravvissuto agli errori del vecchio George. Scelsero di abitare a Roma, dove vissero in una stentata agiatezza, concedendosi il lusso di alloggiare al Grand Hotel. Donna molto attraente, fra i parecchi amori della sua vita, Jane ne nutrì uno in particolare per Axel Munthe,

l'ascetico e fascinoso medico svedese, un po' filantropo e un po' malandrino: in qualche modo, per la sua vicinanza alla casa regnante del suo paese, la Svezia, e per il suo rapporto particolarmente intenso e personale con la principessa ereditaria, Munthe sembrava anticipare, tra Stoccolma e Roma, il ruolo che a San Pietroburgo avrebbe avuto presso la corte il grande monaco taumaturgo Gregorij Rasputin.

Jane accettò subito e di buon grado la corte del giovane principe di San Faustino. Nel 1938, il "Reader's Digest" le dedicò un lungo omaggio, in cui si diceva: "Dopo appena due anni da che era arrivata a Roma, Jane incontrò il principe Carlo di San Faustino, bello, atletico e corteggiato da moltissime fanciulle. A parte il suo vivace pony da polo, Carlo non aveva mai conosciuto niente di simile a Jane e due settimane dopo, le chiese di sposarlo"[6].

E così, l'americana senza dote, ma abituata agli agi, acquisì col matrimonio un ruolo importante nella buona società romana. E poi anche in quella parigina, veneziana e nella comunità aristocratico-intellettuale che frequentava Forte dei Marmi. Nonna dei sette nipoti Agnelli, veniva chiamata da loro Princess Jane.

Virginia era la figlia prediletta e sua madre le fu – con forza, ma anche col tono leggero e salottiero che la caratterizzava – sempre vicina, in tutte le vicende altamente drammatiche della sua vita. La primogenita dei principi di San Faustino nacque il 24 maggio del 1899, dopo due anni di matrimonio. Il fratello Ranieri seguì a 18 mesi di distanza. Il battesimo

della piccola Virginia fu festeggiato in pompa magna. L'inizio della vita della principessina fu tra i migliori: voluta e amata dai genitori, festeggiata dai nonni, muoveva i suoi primi passi nei lunghi corridoi del piano nobile di Palazzo Barberini, anche se i Bourbon erano piuttosto accorti nel gestire il denaro: sobrietà che talora cozzava con lo stile americano di Jane. Il diverso rapporto col denaro fra i due giovani sposi viene così raccontato da lei nelle sue *Memorie*:
"Avevo una gran voglia di cominciare a ricevere: il salotto di mia suocera era stato famoso e tutti gli antichi amici di casa aspettavano con ansia che io lo riaprissi.
«Dobbiamo dare una festa», dissi a Carlo, «proprio una bella festa. Qui non le sanno fare». Mio marito, naturalmente sulle prime disse di no; poi finì per acconsentire.
Oh, non dimenticherò mai quella mia prima festa! Furono mandati gli inviti. Volevo occuparmi del buffet, ma mio marito disse che il maggiordomo di casa aveva sempre provveduto a tutto, e così incaricai il maggiordomo di fare le cose per il meglio.
Arrivò il gran giorno. Al mattino, ebbi l'ispirazione di rallegrare i solenni, tristissimi saloni mettendo qua e là grandi fasci di fiori di pesco: stavano benissimo, e ne ero felice. Carlo invece non voleva: «Sembra un negozio di fiorista», disse, «non è in armonia con la casa».
Spiegai che intendevo così rompere un'armonia tanto deprimente, ma Carlo mi disse che nessuno a Roma avrebbe mai messo fiori tagliati in un vaso.
Perdemmo tutti e due la testa. Io buttai i fiori dalla finestra, Carlo si sentì male e dovette mettersi a letto. Come

dovevo imparare più tardi, quella era l'inevitabile reazione dei Bourbon quando si eccitano.
La casa si empì di confusione. Le mie lacrime e le mie preghiere riuscirono a smuovere l'ostinazione di Carlo; il medico, d'altra parte, dichiarava ch'era meglio non si alzasse. Decisi di dare la festa ugualmente. Ma, due ore prima che giungessero gli invitati, andai a vedere quel che Attilio, il maggiordomo, aveva preparato. Orrore! C'erano alcuni piatti di dolci, un vassoio di caramellati, dieci litri di limonata e scipitissimi gelati. Corsi da Cecco, uno dei fratelli di mio marito, dicendogli che assolutamente dovevamo avere dello champagne. Ma poiché non era possibile indurre Carlo a darci le chiavi della cantina, né d'altra parte nessuno di noi aveva denaro, diedi a Cecco la grossa collana d'oro che mio zio di Westemberg[7] mi aveva regalato, perché la vendesse, e col ricavato comprasse dello champagne. Ma tutti i vini della terra non sarebbero bastati ad animare quella funebre festa.
Avevo invitato molti americani, e alcuni amici di Carlo. In quel tempo, conoscevo tanto poco l'arte di mescolare diversi ambienti, che i miei invitati si divisero in due parti, e il distacco si accentuò durante tutta la serata.
Il fatto poi che una sposa potesse ricevere mentre il marito era a letto ammalato, destò scandalo, e per settimane tutta Roma non parlò d'altro.
L'indomani Carlo era del tutto rimesso; ma per tutto il resto della nostra vita in comune non dimenticò mai, quando litigavamo, di rimproverarmi «la crudeltà» mostrata dando un ballo mentre lui «stava per morire».

Ancora oggi mi meraviglio che due persone tanto dissimili, come Carlo e io, abbiano potuto innamorarsi l'una dell'altra, e come io abbia potuto continuare ad amarlo, nonostante tutti i nostri litigi, fino alla sua morte. Carlo era riservato e orgoglioso, e un po' malinconico, mentre io mi sentivo piena di joie de vivre"[8].

Nonostante non fosse ricca e nonostante la famiglia del marito tirasse spesso le redini, la madre di Virginia conduceva una vita brillante: fra Roma, Parigi e Venezia. La nipote Suni ne fa un bel ritratto: "I suoi capelli sono bianchissimi e belli… Ha una cameriera di nome Rosa. Tra Rosa e la nonna succedono scenate terribili, gridano e si insultano, una parlando americano e l'altra rispondendo in romanesco. Mio padre prende in giro Princess Jane che, come tutti gli americani – dice papà – non smette mai di parlare di soldi e di litigare per i soldi. Princess Jane adora la gente, le feste, i pettegolezzi, gli strani intrighi della vita. Dice cose tremende che fanno impallidire le persone timide, ma se decide di concedere la sua protezione a un giovane o una ragazza, automaticamente la loro vita diventa una vita di divertimenti. Dicono che bevesse moltissimo dopo la morte di suo marito e che abbia smesso perché glielo aveva domandato Axel Munthe"[9]. "In realtà questo particolare non è vero", scrive Suni nel 1975[10], "ma da bambina era quello che pensavo". La verità è che nel periodo in cui era innamorata di Munthe, cioè molto prima di sposarsi, Jane Campbell si mise a bere nella speranza di attirare su di sé l'attenzione del fascinoso dottore. Axel Munthe "mi prendeva una mano fra le sue e seriamente mi consigliava di usare tutta la forza di volontà per distogliermi da quel vizio", scrive nonna Princess Jane, il 9 aprile del 1938 su *Omnibus*, il famoso settimanale italiano dell'epoca che pubblicò le sue *Memorie* in otto puntate, dalle quali abbiamo ampiamente attinto.

Virginia spesso seguiva sua madre nei vari impegni mondani. Crescendo, la sua bella figura e il suo volto dai lineamenti regolari venivano notati e omaggiati da tutti: la ragazza era molto corteggiata. L'ambiente che frequentava era dunque frivolo e disinibito: la comunità americana della capitale era popolata di attori, di miliardarie cariche di mariti, di pettegolezzi che passavano, come per un crocevia obbligato, attraverso Elsa Maxwell. Tutta gente che andava e veniva nella capitale italiana e che, ogni tanto, vi soggiornava anche a lungo. Roma era una città di cui Émile Zola già alla fine dell'Ottocento poteva scrivere: "Se una donna rompesse con l'amante verrebbe giudicata malissimo, mentre sull'adulterio in se stesso non si esprimono giudizi; il marito non è rilevante"[11]. La regola vigente era quella della tolleranza verso i moti del cuore e del desiderio, purché restassero celati dietro la facciata del matrimonio.

Insomma, per farla breve, Virginia viveva in un clima piuttosto libertino: la Roma paterna chiedeva solo che si usasse un pizzico di ipocrisia, mentre in altri ambienti si poteva fare a meno anche di questa. Del resto è proprio di quegli anni la grande passione amorosa fra la principessa Vittoria Colonna e il più giovane Umberto Boccioni, passione intensamente vissuta senza però che la principessa ne parlasse al marito, Leone Caetani. Né, tantomeno, pensasse di lasciarlo[12].

A diciotto anni, Virginia venne colpita dal primo grave dolore della sua vita: la scomparsa del padre. A venti la madre la descriveva così: "Erano passati due anni dalla morte di mio marito [che avvenne nel 1917, *nda*], mia figlia era molto cresciuta, era diventata una ragazza bellissima. Il suo volto non era di quelli che lasciano intravedere un destino tranquillo e comune; Virginia non si sarebbe accontentata di ciò che fa felici le altre donne"[13]. C'è in queste parole una drammatica intuizione: la vita di Virginia sarebbe stata avventurosa, ma anche difficile. Talora dolorosissima. La madre sembra avvertire la dimensione letteraria da cui scaturiva il grande fascino di sua figlia e che tanto peserà nel far nascere e maturare anche il fascino degli Agnelli.

Ma ancora – quando Jane Campbell vergava quel giudizio – le prospettive erano rosee e gli occhi della giovane principessa Bourbon del Monte vedevano davanti a loro un mondo facile e accogliente che la desiderava e la corteggiava. In una foto, scattata quando aveva appena diciassette anni, appare molto alta, con i capelli lunghi e riccioluti, le gambe slanciate, grandi mani, un bel volto, con una bocca sottile. È vestita piuttosto casual e vicino a lei c'è un leopardo. Nella mano sinistra ha un lungo frustino da maneggio. Alle sue spalle una lapide spezzata in alto a sinistra, reca leggibile l'antico motto dei

Reggimenti dei Granatieri di Sardegna: "A me le guardie per l'onore di Casa Savoia". Uno splendido "ritratto di ragazza" che iniziava ad attraversare la vita con leggerezza e eleganza.
Nello sguardo di Virginia c'era però un fondo di malinconia che confermava il presagio della madre: a una giovinezza felice sarebbe seguita una maturità durissima. Eppure, durante l'intera esistenza, Virginia manterrà una carica vitale che la farà apparire eternamente giovane. Una farfalla libera, intensa, colorata. Ma anche forte, combattiva, volitiva, incapace di arrendersi. Era una donna fuori del comune: piena di fantasia e di esuberanza, decisamente anticonformista. Poteva anche apparire stravagante per la sua libertà di linguaggio, perché circolava nuda sulla spiaggia e in casa, perché, per squarciare il grigio perbenismo di Torino, arrivava a regalare biancheria intima di seta alle cameriere: in realtà questi comportamenti, uniti alla sua grazia e alla sua gioiosità, non facevano altro che accrescere il suo straordinario charme. I sette figli erano letteralmente travolti dal suo fascino.
Susanna ne fa questa descrizione: "Amava la vita e l'allegria, era del tutto ineducata, scriveva l'italiano con incredibili errori di ortografia, era follemente generosa sia con gli amici che con gli estranei. Sempre, e fondamentalmente, era una ragazza. Pensavo a lei come se fosse mia figlia. Volevo proteggerla, volevo che fosse felice… Di mia madre amavo tutto. I suoi capelli castano-rossicci che asciugavano al sole; le efelidi che apparivano sulla sua pelle quando stava all'aria aperta, il suo odore, come una scodella di latte"[14].

Nel 1936, Curzio Malaparte in *Fughe in prigione* dedica a Virginia alcune pagine, "chiamandola – è vero – Lavinia, ma accostandole due bambine, una delle quali aveva l'inconfondibile soprannome di Suni"[15]. Malaparte descriveva i sentimenti di Clara, la figlia maggiore di Virginia, nei confronti della madre: "Sai, stanotte ho sognato che la mamma mi prendeva per mano, mi staccava dolcemente da te [si tratta di Suni, *nda*], ci s'avviava insieme, come due sorelle, per una strada lunghissima. La mamma piegava il viso a guardarmi, e mi pareva di avere i suoi stessi occhi, la sua fronte, la sua bocca. La mia vera sorella era lei"[16]. Le due ragazze Agnelli più grandi parlano di Virginia come di una madre-figlia, o madre-sorella.

Durante l'estate passata a Cap Martin, nel '37, così la descrive Susanna: "Mia madre usciva spesso. Tutti gli uomini si innamoravano di lei. Gettava indietro la sua piccola testa castana e scuoteva i riccioli ombreggiati di rosso, ridendo"[17]. Una donna che accompagna le figlie, le ama, le diverte: concede a tutti i figli, sebbene siano ancora piccoli, di farsi una bella bevuta di succo d'ananas mescolato allo champagne.

Princess Jane quando li vede saltare felici e un po' brilli sul letto grida: "Virginia, devi essere completamente impazzita!"

"Sì, è vero" aveva detto mammà. "Forse la vita che stavamo conducendo era un po' troppo eccentrica"[18].

Virginia non amava esercitare l'autorità. Quando Suni la chiamò perché se ne voleva andare dal collegio, lei arrivò subito. La figlia la vide parlare con le suore: quella madre così libera e anticonformista le apparve buffa mentre ascoltava in silenzio le rampogne contro di lei. Suni le sorrise, Virginia la vide e contraccambiò il sorriso. Pochi minuti dopo erano già tutte e due in macchina: non un rimprovero, né una richiesta di spiegazioni. La complicità tra madre e figlia fu totale. Complice, figlia, sorella, eppure straordinariamente madre. Sì, perché al di là delle passioni, delle trasgressioni, delle nudità, Virginia non dimenticò mai il suo ruolo di madre e lo interpretò con una grazia e un amore che la legarono strettamente alla famiglia Agnelli.

La sua vera storia non ha come essenza l'edonismo – che pure ne è una componente importante – ma la maternità. Il ritratto di Virginia diventa così il ritratto di una madre, che voleva essere tale restando fuori dagli schemi e dalle regole del perbenismo, ma che per tutta la vita lottò per difendere i suoi figli dall'aggressione altrui, dando loro quell'amore intenso, quella vicinanza vera che è il bene più straordinario che un bambino possa ricevere dalla famiglia. Se gli Agnelli hanno rappresentato per l'Italia una sorta di monarchia, lei è stata una vera regina madre. Più somigliante però a lady Diana che alla regina Vittoria. È lei, sia pure insieme al marito Edoardo, l'artefice dell'Agnelli style.

Alla fine, conquistò tutti, persino il terribile e temibile suocero che a volte ricorse a lei. Ad esempio, per realizzare il progetto della stazione di sport invernali al Sestrière.

L'ingegnere Vittorio Bonadé-Bottino, autore di importanti opere di architettura industriale, nel 1929 lavorava

alla ristrutturazione delle officine Fiat a Villar Perosa. Nel suo libro *Memorie di un borghese del Novecento*, così racconta la genesi del "progetto Sestrière".
"Edoardo Agnelli soggiornava volentieri, durante la stagione primaverile e autunnale, nella villa. Un mattino mi incontrò allo stabilimento e mi invitò a colazione, dove fui presentato alla moglie Virginia Bourbon del Monte, giovane donna slanciata, esile malgrado le sue cinque maternità, vivacissima, quasi irrequieta, cortese e accattivante, che seppe dissipare il mio imbarazzo per quell'incontro con una gentildonna nota come la prima signora di Torino.
Durante la breve colazione si parlò quasi esclusivamente di sport invernali e del Colle del Sestrière. Non praticavo (da tempo) lo sport dello sci...I miei ospiti mi suggerirono di sopperire a questa deficienza sportiva riprendendo al più presto l'allenamento, perché avrei dovuto occuparmi di impianti sportivi invernali.
Nel pomeriggio di quello stesso giorno donna Virginia, al volante di una Balilla a due posti, mi portò ai sanatori di Pra Catinat, per una visita a quello femminile, in avviamento. Il percorso a velocità elevata per la strada del Colle dell'Assietta non fu privo di sbandate in curva, commentate da divertite risate della imperterrita guidatrice, la quale poi mi accomiatò augurandomi il successo per un primo impianto al Colle del Sestrière.
Pochi giorni dopo il senatore, convocatomi come al solito alle otto del mattino nello studio di via Giacosa, mi espose quello che aveva in mente per il Sestrière. [...] A

titolo sperimentale, si proponeva per il prossimo inverno l'installazione di un impianto di risalita, pensando che sarebbe stato sufficiente per giudicare il gradimento del pubblico"[19].

"[...] Una domenica mattina ci raggiunsero il senatore e il figlio. Ci raccogliemmo intorno a un rustico tavolo, nell'angolo dell'unica trattoria della zona, e vi distendemmo carte topografiche e catastali... Edoardo Agnelli, esperto sciatore, dopo un'ora di evoluzioni nella zona del Colle, formulò la proposta, accolta con un cenno d'assenso dal padre, e indicò come direttrice per una prima funivia, una linea che partendo dal piazzale della Nazionale a quota duemilatrenta e toccando il Monte Alpette a quota duemilatrecento, terminava al Monte Sises, a duemilaseicento, per uno sviluppo di circa tre chilometri.

Nasceva così il progetto della famosa stazione di sport invernali del Sestrière.

...Nel dicembre di quell'anno l'inaugurazione della funivia e delle opere edilizie accessorie, segnava l'avvio delle fortune del Sestrière"[20].

"Tuttavia Edoardo e Virginia mostravano qualche perplessità: secondo loro, la prima realizzazione doveva essere non un dormitorio popolare, ma un albergo di montagna sul tipo di quello di Saint-Moritz. A sostenere la soluzione elegante intervenne la mamma di donna Virginia, principessa Bourbon del Monte, un'americana bizzarra e intelligente. L'appoggiarono il fratello principe di San Faustino, il conte Pozzo del Borgo ...e qualche intimo

del principe Umberto, assiduo del Sestrière. Ma poiché la stagione avanzava, il senatore mi incaricò di scegliere la versione economica, salvo rinviare all'anno successivo un programma integrativo..."
Era il 7 dicembre del 1932.
A questo punto, "il senatore affezionatissimo al figlio Edoardo, gli passò il timone del comando per lo sviluppo di Sestrière e naturalmente la prima decisione di questi fu per una soluzione diametralmente opposta alla Torre: un albergo di lusso, dal nome Principe di Piemonte"[21].
Nelle more, il senatore, che pure non si interessava a quell'iniziativa, ma prevedeva "l'abisso che si sarebbe creato tra...il lusso assoluto del Principi di Piemonte e la modestia della Torre, prese una decisione improvvisa: un albergo di lusso discreto a conduzione economica, quindi ancora a torre... Al nuovo albergo a torre venne dato il nome di Duchi d'Aosta, forse per equilibrare la preferenza concessa al ramo principale della dinastia Savoia.
L'albergo di lusso Principi di Piemonte doveva essere pronto per l'autunno del 1933, ma gli architetti Chevalley e Passanti, già per natura indecisi, si trovavano alle prese con donna Virginia, con i suoi consiglieri, ambientatori, decoratori, mobilieri..."[22].
Per arginare i ritardi, Edoardo si rivolse di nuovo all'ingegner Bonadé-Bottino, con l'incarico di mettere in atto "le operazioni necessarie per accogliere il prossimo 23 dicembre la clientela... Donna Virginia, stringendomi la mano, si disse a mia disposizione, e lo fu effettivamente con un'arrendevolezza imprevedibile"[23].

Mentre il vecchio Senatore era tutto preso a potenziare la Fiat e portarla a livello delle grandi case automobilistiche europee, i due giovani sposi dunque frequentano intensamente a Torino il principe di Piemonte e sua moglie Maria José e portano un tocco di eleganza al Sestrière. Virginia, insieme ad Edoardo, con la costruzione del grande albergo Principi di Piemonte cambia il volto di quel luogo, andandovi lei stessa in vacanza con la "corte" di amici: artisti, architetti, intellettuali, piloti di aerei o di grandi motoscafi, nobili di ogni risma. Tutta gente amante delle ore piccole, del gioco d'azzardo, delle avventure galanti. Insomma, intorno a Virginia ed Edoardo fiorisce quella mondanità che dà un'attrattiva particolare a un luogo di villeggiatura, e alla bellezza naturale aggiunge il fascino del glamour. I due animano le serate e le nottate con il loro charme, la loro eleganza, il loro denaro, le loro trasgressioni.
Troviamo una testimonianza diretta dell'inaugurazione degli alberghi del Sestrière nella descrizione che ne fa Gabriella di Giardinelli, nel suo *Una gran bella vita,* un delizioso libro di memorie pubblicato nel 1988. Coetanea di Virginia, Gabriella a quel tempo era moglie di Andy di Robilant e faceva parte anche lei dello smart set internazionale di quegli anni frenetici e splendidi.
"L'inaugurazione degli alberghi del Sestrière fu un avvenimento indimenticabile della cronaca mondana internazionale. Il senatore Giovanni Agnelli, il padrone della Fiat, lanciò una nuova stazione invernale con lo stesso intuito affaristico che lo aveva condotto a fonda-

re la più grande industria italiana. Con l'aiuto del figlio Edoardo, volle inventare qualcosa di strepitosamente originale per battere la fama di St. Moritz e di Cortina d'Ampezzo. Così fece costruire un insieme architettonico mai visto prima d'allora. Gli alberghi erano immense torri cilindriche che apparivano improvvisamente di notte punteggiate da mille occhi luminosi. Le funivie, anche loro scintillanti di luci notturne, erano le più alte mai costruite fino ad allora. In un'epoca in cui ancora non si facevano prenotazioni per la luna, era davvero uno spettacolo irreale.
Edoardo e Virginia, entrambi giovani e molto amati, si incaricarono delle pubbliche relazioni. Invitarono tutti i vip d'Europa e d'America. In quei giorni incontrai tanti amici che non vedevo dai tempi di Venezia. Americani, argentini, inglesi, francesi, spagnoli e ovviamente tanti italiani. L'eleganza delle donne era indescrivibile.
...Virginia Agnelli, dopo aver avuto sette bambini uno dopo l'altro, aveva ancora una figura sottile come un giunco. Sembrava un efebo dal collo lunghissimo. Era una donna generosa e senza malizie. Parlava con un accento romanesco molto colorito. Chiamava tutti i suoi figli 'topi d'oro'... Edoardo Agnelli invece era molto severo. Quando oggi vedo Gianni in televisione, penso al ragazzino incontrato un giorno a Napoli tenuto per mano da suo padre. Aveva in testa un gran cappello di paglia alla marinara che gli stava largo e gli calava sul naso. Edoardo era arrabbiato con lui e lo aveva punito rasandogli a zero i capelli ondulati di cui andava molto fiero.

Virginia e Edoardo si muovevano sempre con un numeroso seguito di amici d'infanzia e di nobili un po' mal ridotti. Edoardo era affezionato a questa corte dei miracoli, sempre pronta a distrarlo nei suoi momenti di libertà"[24].
Ma la giovane coppia non è solo l'immagine dell'eleganza raffinata e un po' frivola. Edoardo è anche l'inventore dello "stile Juventus": una grande squadra, con straordinari calciatori, che sa vincere con classe e determinazione, ma che sa anche perdere con grazia[25]. Il banchetto di gala in onore dei campioni del giugno 1932, al parco Valentino, fu un avvenimento d'importanza quasi nazionale. Virginia siede a capotavola, accanto a Edoardo: "più juventina che mai, è arrivata con due cani, un samoiedo bianco e un barboncino nero"[26].
Accanto alla vita mondana, la giovane signora Agnelli non dimentica mai di impegnarsi alacremente nelle opere di solidarietà. Lo fa ovunque vada e con una dedizione commovente. Racconta Susanna che durante il periodo torinese l'unica cosa che la interessi veramente è una scuola di infermiere all'Ospedale di San Vito, sulla collina che guarda la città. L'aveva fondata lei, la finanziava e a Natale portava i figli a distribuire cibo agli ammalati.
Anche Bonadé-Bottino, dopo il successo di Sestrière, venne reclutato da Virginia per un'iniziativa a scopo benefico. "Virginia Agnelli – scrive l'architetto – mi mise di fronte a problemi per la cui soluzione mi faceva difetto la consuetudine con il cosiddetto mondo bene. Per donna Virginia, anticonformista e dinamica, l'iniziativa doveva consistere in un'azienda destinata alla vendita di prodotti

casalinghi, oggetti artistici, soprammobili e confezioni di moda, che grazie a un'etichetta di buon gusto, avrebbe dovuto trovare una buona clientela disposta ad accettare i prezzi senza discutere, contribuendo così alla raccolta di fondi per beneficenza. 'Il Faro' fu il nome dell'organizzazione... Collaboratrici di donna Virginia furono signore e signorine con validi titoli araldici ma di scarsa attitudine al lavoro pratico"[27]. Fu quindi questo grande "architetto di fiducia" di casa Agnelli a reperire e sistemare i locali idonei per l'iniziativa. Suggestivo è il nome che Virginia scelse per la sua impresa: Il Faro. Forse in ricordo di un altro "Faro", al quale un'altra Virginia qualche anno prima avrebbe dovuto fare una famosa "gita".

Durante la guerra '15-18, quando era poco più che un'adolescente, Virginia aveva fatto lavoro volontario a Roma, in una manifattura di oggetti utili agli interventi della Croce Rossa. Volle che tutte le operaie conosciute in quel periodo partecipassero al suo matrimonio con Edoardo. E infatti una vera folla di ragazze riempì la chiesa e mezza piazza Esedra. Sì, perché Virginia amava molto anche stare fra gente semplice e senza blasoni. Si comportava con immediatezza e simpatia e ne era amata.

Non c'è dubbio, dunque, che lei ed Edoardo, ingiustamente bistrattato da alcuni storici e cronisti perché diversissimo dal padre e incapace di fare come lui il grande capitano d'industria (anche se gli si può imputare un occhio un po' troppo benevolo nei confronti del fascismo), in realtà siano stati i primi a plasmare quello stile che trasformerà gli Agnelli in una sorta di famiglia reale e, più avanti nel tempo, Gianni in un Re. In realtà, mentre il senatore Giovanni e Vittorio Valletta facevano della Fiat la più grande impresa italiana, la giovane coppia metteva le basi perché gli Agnelli diventassero l'unica monarchia di fatto accettata dal paese, dopo l'esilio dei Savoia.

Per questo – oltreché per la sua grande personalità – Virginia non può essere lasciata nell'oblio. Capire lei serve a capire meglio il fascino di una famiglia, che, unica nel capitalismo italiano, ha tenuto lo scettro sino ai tempi più recenti. Comprendere perché lei, Virginia, è stata volutamente cancellata, fa emergere i limiti della famiglia stessa.

Capitolo secondo
Scene da un matrimonio

L'incontro fra Virginia e Edoardo Agnelli avvenne a Palazzo Barberini. Il giovane erede di quella che già era una delle famiglie più ricche d'Italia cominciò a frequentare casa Bourbon del Monte per giocare a bridge. Ma dopo poco apparve chiaro che il suo vero interesse non erano le carte, bensì la splendida Virginia. La madre, accortasi della frequentazione continua, capì che la figlia aveva incantato Edoardo. Non ebbe più dubbi quando lui passò l'intero pomeriggio e la serata di una domenica a conversare con lei. Jane Campbell, da brava americana "senza dote", sperava per Virginia un gran matrimonio e, come tutte le madri dell'epoca, scrutava con grande attenzione tutti i giovani di buona famiglia della capitale. Quando vide Edoardo Agnelli catturato dallo charme della figlia, sulle prime ne fu molto compiaciuta, ma subito dopo cominciò a preoccuparsi delle possibili malelingue. Dopo l'ennesimo pomeriggio che i due avevano trascorso insieme a Palazzo Barberini, Jane si girò verso la figlia Virginia e attaccò: "Tutta questa assiduità finirà col destare pettegolezzi"[1].
Virginia, che fino a quel momento aveva preferito non parlarne con la madre, le rispose con quella franchezza, che fu una delle caratteristiche di tutta la sua vita: "Mi ha chiesto di sposarlo e io gli ho già detto di sì, perché lo amo"[2]. Una decisione presa in solitudine, senza consul-

tarsi con la famiglia. All'epoca le ragazze non si comportavano così: i mariti venivano scelti, o almeno proposti, dal padre e dalla madre, ma Virginia sin da giovanissima era sempre stata autonoma e anticonformista.

Del resto era poco più di un'adolescente quando reagì con coraggio all'assedio dei mezzadri in sciopero nel 1914. La protesta era dilagata e il castello dei Bourbon del Monte nei pressi di Ancona era letteralmente assediato. Il capo della rivolta promise a Jane Campbell e ai due figli che li avrebbe condotti a Roma scortandoli personalmente. Tutti d'accordo meno Virginia, che con atteggiamento spavaldo rifiutò la proposta: "Non andrò mai a Roma sotto la bandiera rossa"[3], disse alla madre. E costrinse tutti a restare in attesa che lo sciopero terminasse, anche grazie all'intervento della polizia. Grintosa e persino temeraria, lo fu sempre. Non ebbe mai paura di scontrarsi con uomini potenti, a partire dal suocero.

Il fascino che Virginia emanava aveva origine sì dalla sua bella figura, da quel volto dai lineamenti regolari, dagli occhi vivissimi, ma andava ben al di là: era figlio di un carattere e di un modo di vivere inusuale e persino spregiudicato. Un'originalità che conquistava tutti, ma che avrebbe anche generato conflitti forti e antipatie striscianti.

Questa personalità decisamente diversa da quella delle tradizionali frequentazioni aveva colpito Edoardo Agnelli, tanto da farlo decidere al matrimonio molto rapidamente.

Ma chi era il rampollo di quella grande famiglia di industriali torinesi? Era un uomo raffinato ed elegante: un dandy amante della mondanità. Molto diverso dal padre, il senatore Giovanni, che era sì affascinato dai modi aristocratici, ma viveva sobriamente e, quando si trattava di soldi e potere, andava per le spicce. Tanto il padre era rigido, coriaceo, in grado di incutere soggezione, amante del rapporto diretto con gli operai, tanto il figlio era gentile, cordiale, comunicativo, dai modi levigati, capace di stare a proprio agio nei migliori salotti.

Edoardo era nato a Verona il 2 agosto del 1892 (aveva dunque sette anni più di Virginia), da Giovanni Agnelli e da Clara Boselli. Aveva una sorella primogenita di nome Aniceta, Tina, che morì di parto nel 1928, ancora giovane. Giovanni, il fondatore della dinastia industriale più potente d'Italia, era un proprietario terriero: la sua azienda, di un centinaio di ettari, si estendeva nella zona collinare di Villar Perosa. Aveva un ruolo sociale importante, che volle sottolineare comperando una bella villa settecentesca, cui aveva messo mano Filippo Juvara, specie per quanto riguardava la facciata. Dopo una breve parentesi da ufficiale di cavalleria, durante la quale nacque Edoardo, decise di entrare in affari. E fu la Fiat[4].

Giovanni, uomo abile e duro, piano piano estromise tutti gli altri soci e ne diventò l'unico proprietario. Edoardo non ebbe mai un ruolo importante in azienda e per tutta la vita fu schiacciato dalla figura paterna: per gli affari che contavano davvero, il padre scelse un outsider come Vittorio Valletta. Il figlio intanto studiava, si laureava in Giurisprudenza e, dopo la guerra – a cui prese parte come ufficiale di cavalleria – viaggiò in tutto il mondo per arricchire la propria cultura industriale. Ma in azienda non andò oltre il ruolo di vice presidente *ad honorem*. Nonostante i titoli altisonanti, all'interno della dirigenza Fiat era una semplice comparsa, così come alla "Stampa", il giornale di famiglia, dove pure fu presidente del consiglio di amministrazione. Fu anche responsabile della Riv, la brillante azienda italiana di cuscinetti a sfera, e presidente dell'Immobiliare per il Sestrière. Diventò importante anche come uomo di sport: fu il vero creatore della Juventus che, sotto la sua presidenza – dal 1923 al 1935 – vinse 6 scudetti, di cui 5 consecutivi. La squadra della Fiat rinnovò profondamente il calcio italiano, che nella prima metà degli anni Venti era ancora basato su "palle lunghe e pedalare". Edoardo fece un colpo da maestro: subito dopo le Olimpiadi di Amsterdam nel 1928, acquistò due fra i protagonisti più applauditi del torneo calcistico: Raimondo Orsi, ala sinistra, e Luisito Monti, centromediano, entrambi argentini. Per Orsi ci sono 8 mila lire al mese; e dire che qualche anno dopo, nel '39, Alberto Rabagliati cantava: "Se potessi avere mille lire al mese…". Ma non basta, c'è anche una bella casa e una super automobile con tanto di chauffeur. Con questi innesti la Juve arma la prora e salpa verso il quinquennio d'oro. Grazie a loro, anche la nazionale azzurra, che può ingaggiare i due argentini naturalizzandoli come "oriundi italiani", vince la Coppa del mondo nel 1934. Il presidente ha messo su uno squadrone, ma non conta solo il gioco, bisogna costruire anche un volto affascinante a quell'équipe dai piedi buoni. Occorre fare in modo che

il football diventi popolare quanto l'automobilismo di Tazio Nuvolari e il ciclismo di Costante Girardengo, di Learco Guerra e Alfredo Binda[5]. La Juve ci riuscirà: sarà forte, combattiva, ma anche capace di perdere con stile. Nasce in quel momento la "signora" del calcio italiano, insuperabile e insuperata, sino alla profonda crisi di quattro anni fa. Questo capolavoro non è opera né di Boniperti né dell'Avvocato, ma di Edoardo Agnelli: famoso anche per la sua passione verso la squadra e per lo stile sobrio con cui la manifestava.
Edoardo frequentava assiduamente Roma e lì conobbe e sposò Virginia. Il padre Giovanni era contento che il figlio avesse scelto un'aristocratica: era un uomo d'affari non privo di rudezze, ma amava il lustro sociale che la nobiltà aggiungeva alla famiglia Agnelli. Dicono che quando Clara, primogenita di Edoardo, sposò Tassilo Fürstenberg e questi manifestò la propria volontà di lavorare in Fiat, nonno Giovanni disse un no che non ammetteva repliche: "Al'è n' prinssi? Ca fassa el prinssi"[6]. Toccò proprio al Senatore chiedere la mano di Virginia. Lo fece di buon grado: scese a Roma e si recò da Jane Campbell per prendere accordi. Il matrimonio si svolse nella calda e solare giornata dell'8 giugno del 1919.
La chiesa prescelta dalla sposa fu Santa Maria degli Angeli. Una basilica enorme, fra le più grandi di Roma. Le famiglie temettero che, al momento della cerimonia, si sarebbe mostrata tristemente semi vuota, ma Virginia rassicurò tutti: «Sarà piena – disse – perché voglio che siano invitati anche i poveri delle cucine popolari». "E

così fu veramente. Intervennero persino gli spazzini che lavoravano di solito nei pressi di Piazza Barberini"[7].
Sul "Giornale d'Italia" dell'8 giugno 1919 appare una lunga cronaca della cerimonia, sotto il titolo: *Nozze San Faustino-Agnelli*. L'articolo fornisce molti e gustosi particolari delle nozze, e rappresenta anche un esempio del giornalismo dell'epoca. Merita dunque di essere riportato integralmente.

La chiesa di Santa Maria degli Angeli, enorme e augusta nelle sue proporzioni romanamente grandiose, era questa mane affollata. È davvero un fatto eccezionale, che non ha riscontro se non per alcune pompe solenni ed ufficiali, celebrate nel medesimo tempio. Il concorso di spettatori e di curiosi: dal centro della vasta croce, in cui è costruita la chiesa, fino all'altar maggiore, si è in breve addensata una folla, pigiandosi, salendo sulle sedie per meglio vedere come negli ormai antichi affollamenti internazionali a San Pietro. Anche in piazza dell'Esedra, presso l'entrata, sostava gente e si erano riuniti fotografi.

Simpatia popolare

La caratteristica, adunque, della funzione di questa mattina – oltreché l'eleganza, la nobiltà e la distinzione di tutto l'insieme – è stata questa fervida e schietta adesione popolare. E diciamo: vero popolo. In grandissima parte, s'intende, femminile. Una quantità di operaie e di clienti delle cucine economiche e del laboratorio, cui la Principessa e donna Virginia San Faustino hanno dato fervore di opera durante la guerra, han voluto partecipare a questo lieto avvenimento della lor bella e buona giovinetta patrizia. Moltissime ne abbiamo vedute con fiori. Insomma, il fatto è che dalle porte fino all'altare, lungo il tradizionale tappeto rosso disteso, si pigiava una vera folla per veder passare gli sposi. Folla rumorosa, che non si è peritata di plaudire ed esprimere con frastuono i suoi sentimenti.

Verso le undici han cominciato ad affluire invitati: per essi era riservato presso l'altare maggiore, uno spazio, in breve riempito di un'elegantissima adunanza. Come per il ricevimento, così al matrimonio ha assistito, senza metafora, tutta la Roma delle alti classi sociali.

Moltissimi non più hanno trovato posto; e qua e là, fra la folla, si vedevano i soprabiti e tolette...dispersi. Presso le mastodontiche colonne di granito egiziano, erano collocate piante ornamentali di alto fusto: la balaustra dell'altar maggiore era tutta una fioritura candida. L'ornamentazione del transepto destinato agli sposi, alle famiglie, ed ai testimoni, era tuttavia di sobria e aristocratica distinzione. Un gran tappeto rosso sul pavimento: cespi di fiori sull'altare; e tutte le candele e i lampadari fulgidi di luce. Nel mezzo, presso i gradini, lo inginocchiatoio degli sposi: a destra e a sinistra, in grandi poltrone rosse e oro, i posti per i genitori; poi quelli per i testimoni; a sinistra, dove si è inginocchiata la principessa di San Faustino, due grandi corbeilles di fiori rosa, sulla poltrona e sull'inginocchiatoio segnavano il posto del consorte, padre della sposa, rapito ai vivi, evocandone la presenza, con gentilezza di simbolo.

La funzione. Le parole del cardinale Vannutelli

Il parroco di Santa Maria degli Angeli, Mons. Giovannelli, compiva gli onori della cerimonia. Appena il corteggio nuziale, traversata la chiesa con qualche difficoltà tra la ressa dei curiosi, si è disposto nel luogo assegnato, è cominciata la funzione, con accompagnamento di cori e musiche.

Il Cardinale Vannutelli si è recato processionalmente all'altare, preceduto dai seminaristi del Collegio americano (che hanno assistito come atto di omaggio alla Principessa) ed assistito da Mons. Giovannelli, dal segretario Mons. Bertini, da Mons. Mattera e dal Gentiluomo Comm. Cortini. Il coro della Schola Cantorum di San Salvatore in Lauro, diretta da Fratel Pacifico, ha eseguito brani di musica classica.

Testimoni della sposa erano: il Principe Colonna e il Principe Ruspoli, per lo sposo l'ammiraglio Cagni e il comandante Boselli [parente della madre di Edoardo, *nda*]. *Benedetti gli anelli, il Cardinale, mitrato ha pronunciato la sacra formula; indi si è svolta la messa ufficiale; da ultimo il cardinale, sedutosi nel faldistorio, ha pronunciato un elevato discorso di augurio. Egli ha evocato agli sposi l'alta significazione del matrimonio, ammonendoli ad operare cristianamente e fedelmente, per la religione e per la patria. Dalla loro giovinezza, dalle loro famiglie, ha tratto gli auspici per un migliore avvenire: ha conchiuso recando e impartendo la benedizione del Santo Padre.*

Gli sposi si sono recati a baciar l'anello al porporato, indi seguiti dai testimoni e dai parenti, in corteo, si sono avviati per uscire. Ma l'impresa tutt'altro che facile per la ressa degli spettatori, ha perfino richiesto l'intervento delle guardie municipali. Un'ondata di folla li ha circondati e seguiti. Donna Virginia, in una squisita toletta di lucido raso bianco semplice, senza ornamenti, tranne il consueto tralcio di fiori d'arancio, sotto il grande velo vaporoso, appariva bellissima: un po' pallida dall'emozione, la sua figurina candida [la madre dirà che "aveva una grazia botticelliana", *nda*] *si poetizzava in un fascino di parvenza.*

Lo sposo con la sua aria di giovanissimo e l'aperto, schietto sorriso, cerca di ringraziare e farsi largo, tra tutte le acclamazioni che rumoreggiavano per il tempio.

A San Pietro

Così, fra questo empito di voto popolare, donna Virginia e Edoardo Agnelli, sono usciti nella piazza, allo splendore del sole, che li ha illuminati auguralmente. Saliti insieme in automobile e seguiti dai testimoni e dai genitori, si sono recati a compiere la tradizionale visita a san Pietro, mentre gli invitati son convenuti a Palazzo Barberini, dove in casa San Faustino è stata imbandita la colazione nuziale.

Qui, nel salone da pranzo, dalle belle colonne e la fontana suonante, era posta la tavola d'onore, dove si sono assisi oltre i genitori e i testimoni, la nonna e i parenti più stretti, ed il Cardinale Vannutelli che è intervenuto alla colazione. In altre piccole tavole si sono disseminati gli altri convitati, in numero di centocinquanta. Ma nel mentre si svolgeva questa gioiosa riunione, per amabile pensiero della Principessa di San Faustino, un'altra ne ha avuto luogo bellissima e significativa: una grande colazione offerta nei locali delle cucine economiche di via Mantova, a tutte le operaie – oltre trecento – del laboratorio cui ha dato la sua opera donna Virginia.

Il pensiero e l'iniziativa, altamente lodevole, van segnalati come un'altra delle caratteristiche più gentili di questa celebrazione nuziale.

Oggi gli sposi partono in automobile per il viaggio di nozze, diretti a Venezia.

Il lungo racconto della cerimonia testimonia come, ancora una volta, la giovane sposa mostrò il suo gusto per

l'azzardo, capace di infrangere l'etichetta e di dimenticare ogni formalismo.
Accanto a questo però c'era l'alto profilo aristocratico, che rendeva possibile un importante legame – a cui gli Agnelli tenevano molto – con le grandi famiglie nobiliari romane. Entrambi questi volti erano alla base dello charme di Virginia. Lei, dal canto suo, era affascinata da quel marito colto, raffinato, ricco, molto diverso dall'alto borghese d'epoca, in particolare se piemontese: in genere tutto preso dal lavoro, dagli affari, immerso in un sobrio e solido perbenismo nel quale però non s'identificava.
Dopo la cerimonia, alla quale finirono col partecipare quasi tremila persone, gli sposi, come dice la cronaca del tempo, partirono in viaggio di nozze e, a bordo di una Fiat fuoriserie, raggiunsero Venezia.
Proprio in quei giorni sulle colonne del settimanale "L'Illustrazione italiana" usciva una graziosa réclame della Fiat che associava l'auto a un'idea di libertà e diporto. Recitava: "In piccola brigata a bordo di un'automobile vagabondare nelle più belle regioni d'Italia senza un preciso itinerario, senza dover subire la tirannia delle linee e degli orari ferroviari è semplicemente delizioso".
Finiti tutti i festeggiamenti, Virginia e Edoardo si trasferirono a Torino. Andarono a vivere nella splendida casa di corso Oporto. Animatori dei salotti, nella città della Fiat, austera e grigia, diventarono subito una sorta di coppia reale.
Per Virginia abbandonare Roma, eternamente decadente ma pulsante di vita, fu come cambiare paese. A Torino, chi non è piemontese è uno straniero. Virginia vi portò

la sua calda vitalità e l'allegra mondanità romana. Il senatore Giovanni all'inizio vedeva di buon occhio la capacità della giovane coppia di coltivare rapporti; col tempo, però, cominciò a disapprovare certi eccessi mondani. Poche le visite del vecchio padre al figlio. Susanna ne fa una minuta descrizione: "La visita del Senatore riempie tutti di paura. Poche persone sono invitate a pranzare con lui. Credo che disapprovi gli amici e la vita dei miei genitori. Arriva puntualissimo e sale a piedi evitando l'ascensore: mio padre esce dalla biblioteca per accoglierlo in cima allo scalone. Si stringono la mano, mia madre entra in biblioteca correndo da una porta laterale; mio padre la fulmina con lo sguardo; di nuovo è in ritardo. «Come stai, Senatore?», sorride a mio nonno, avvicinandosi; lui la guarda, e affascinato dal suo modo di fare, finalmente sorride"[8]. Il racconto mette in luce i due opposti sentimenti che Giovanni Agnelli nutrirà per tutta la vita verso la nuora: da una parte fastidio, e forse qualche cosa di ancora più forte, verso le sue trasgressioni, dall'altra l'ammirazione per la sua bellezza e il suo coraggio. Fra i due lo scontro rimarrà a lungo latente, ma poi deflagrerà rumorosamente sino a finire in Tribunale.

Torino, dal canto suo, accolse quella giovane signora, così diversa dalle donne piemontesi, con iniziale, anche se temperata, benevolenza, dovuta al rispetto per gli Agnelli, e con una dose di curiosità morbosa. Poi, però, con il passare del tempo, cominciò a nutrire una certa diffidenza e – più avanti – iniziarono a spuntare i primi pettegolezzi sui suoi costumi sessuali. Il matrimonio, nonostante ciò,

sembrava "tenere" bene: in tre anni nacquero i primi tre figli: Clara nel 1920, Gianni nel 1921 e Susanna nel 1922. E da tre, passarono a sette: Maria Sole (1925), Cristiana (1927), Giorgio (1929) e Umberto (1934).
Edoardo e Virginia conducevano una vita principesca. Così Suni descrive la loro casa: "Il lato della casa che guardava su via Papacino era nostro, dei bambini. Finiva in una terrazza coperta… Le camere dei nostri genitori davano invece sul corso Oporto dove gli ippocastani bordeggiavano il viale al centro della strada. Sul corso guardavano anche la biblioteca, il salotto e il salone, che si aprivano sulla entrata di marmo e lo scalone. Il terzo lato della casa, dove erano le cucine, l'office e le camere delle persone di servizio, guardava sulla via Avogadro. Nel mezzo c'era uno studiolo dove ci davano lezioni private; era allegro e pieno di libri… I tre lati della casa abbracciavano un cortile con una fontana di marmo bianco. A primavera con la bicicletta giravamo intorno alla fontana rotonda"[9]. In quello stesso palazzo di corso Oporto più avanti nel tempo andrà ad abitare Rodolfo De Benedetti, con i figli Carlo e Franco. E a pochi metri da lì vivrà a lungo anche Luigi Einaudi.
Ai piccoli Agnelli non era permesso passare molto tempo coi genitori. Li potevano incontrare nelle poche ore designate al giorno, per il resto erano affidati alle varie miss. A Pasqua l'intera famiglia andava a Roma e la nonna americana organizzava per i bambini una festa a cui partecipavano i rampolli più importanti della capitale: erano tutti principi e principesse. Princess Jane rimproverava la

figlia perché vestiva male le sue nipotine: “Sembrano le figlie del droghiere”. Virginia diventava furente. Susanna racconta con raccapriccio le vacanze nella capitale: “I bambini romani non ci rivolgono, comunque, la parola. Parlano l’italiano con accento inglese e non capiscono come si possa vivere a Torino. Vivono in palazzi stupendi con giardini sulle terrazze e in questi giardini sono nascoste le uova di Pasqua. Non vanno a scuola, vanno a fare i picnic alla Villa Doria. Le ragazze vengono chiamate donna Topazia, o donna Bubù, o donna Francesca. A noi ci chiamano per nome”[10].

Edoardo non aveva forse un grande ruolo in Fiat. Ma nella società cittadina era riconosciuto come l’erede al trono degli Agnelli: il padre non sempre era d’accordo con le sue scelte. Giudicò imbarazzante per lui e per l’azienda venire a sapere che il figlio, poco dopo l’assassinio di Matteotti, aveva fornito di tasca propria agli squadristi “tutto quello che chiedevano”, come raccontò più tardi uno di loro, Angelo Appiotti[11]. I rapporti del fascismo con la famiglia erano diversificati: di vicinanza e collaborazione quelli con Edoardo che non disdegnò di indossare l’orbace, anche se guardandosi allo specchio scoppiava a ridere; di diffidenza, almeno da parte del Duce, quelli col senatore Giovanni: Mussolini aveva, ad esempio, accolto con grande sconcerto il fatto che la direzione aziendale avesse firmato nel 1923 un accordo con le commissioni interne, dove i rappresentanti della Fiom erano il quintuplo di quelli delle corporazioni fasciste. Quanto a Virginia, era distante dal regime: mai in vita sua, al contrario di tante nobildonne torinesi, infilò un'uniforme, ma per quei sette figli, fatti uno dietro l'altro, venne premiata. E ne fu fiera. Del resto i piccoli Agnelli vestivano alla marinara nei giorni normali, ma quando c'era l'"adunata" mettevano le divise fasciste, anche se Miss Parker, l'istitutrice, storceva la bocca[12].

La Fiat in quegli anni – sotto l'impulso di Valletta – cresceva in modo dirompente. Una coppia giovane e bella come Edoardo e Virginia era molto utile per tenere le pubbliche relazioni con la parte più tradizionale e aristocratica della città, compresi il principe di Piemonte Umberto e Maria José. A corso Oporto si facevano grandi cene a cui partecipavano eleganti signori, tutti vestiti in frac e nobildonne in lungo. Ogni tanto alla tavola Agnelli sedeva anche l'erede al trono con la splendida moglie. Erano serate speciali a cui il senatore Giovanni e sua moglie Clara Boselli preferivano non partecipare. Berta, figlia della sorella di Edoardo scomparsa prematuramente, veniva tenuta lontana dalla casa di corso Oporto: era troppo affascinata da Virginia, che chiamava mammà, e la nonna non voleva che fosse troppo influenzata da lei. Clara Boselli era una donna super coccolata dal marito e dal figlio, si ammalava spesso o diceva di ammalarsi: probabilmente era una vera ipocondriaca. Distante e antipatica, parlava male di Virginia dando così voce alle malelingue torinesi nella loro opera distruttiva. Di fatto, tanto fecero che riuscirono a insinuare in Giovanni Agnelli il sospetto che la nuora avesse numerose storie extraconiugali. Dicevano che cambiasse gli amanti come cambiava le lenzuola del letto. Arrivarono ad attribuirle uno scandaloso flirt con Curzio Malaparte, dall'11 febbraio 1929 sino a fine gennaio 1931 direttore della "Stampa", il giornale della famiglia Agnelli. In realtà quella storia d'amore ci fu, ma iniziò almeno quattro anni dopo. Torino aveva cominciato però la sua opera di demolizione di Virginia. Molto si parlava delle avventure della moglie, ma anche il marito era parecchio "chiacchierato". Nel 1929 egli fu al centro di un episodio particolarmente grave. L'Ovra, (l'Opera Vigilanza e Repressione Antifascista, sigla che indicava il Coordinamento riservato dei Servizi Segreti della Polizia Politica) indaga su uno scandalo "di natura piccante" che vede protagonista Edoardo. Da Roma la polizia chiede all'agente 37 di attivarsi e di fornire chiarimenti. Il luogo della "notte brava" è St. Moritz e il "fiduciario", dopo qualche giorno, manda la sua relazione. Scrive che Edoardo tutte le sere dopo cena si riunisce con amici e belle donne in una sala dell'hotel, dove si gioca e si fa anche molto altro[13].

Che la faccenda sia seria lo dimostra il fatto che l'Ovra registra una telefonata fra Donna Virginia e il marchese Cinzano sull'argomento. Lei è molto preoccupata. Teme che Edoardo debba dimettersi anche dalla Camera di Commercio. Pensa che "il Duce si faccia influenzare". Dice che del marito "non sa più che farsene". "Non me la sento di sopportare quest'uomo" – afferma – che ormai è "*coulé*" [colato a picco, *nda*]. Programma una telefonata al suocero per chiedergli di lasciarli andare a fare un lungo viaggio: "Sono proprio crucciata", dice, "perché poi Edoardo se la prende con me". Lo scandalo dilaga, anche se le carte di polizia non ne definiscono con esattezza la natura e i contorni[14], tanto che sull'argomento si riunisce anche un Consiglio di famiglia. Ma il giovane Agnelli si rende protagonista anche due anni appresso di un secondo fattaccio: questa volta si tratta di una faccenda ancora più difficile da decriptare, ma deve trattarsi di cosa preoccupante se nel gennaio del 1931 si riunisce un secondo Consiglio di famiglia, presenti anche il marchese Cinzano e Princess Jane, che vede all'ordine del giorno il comportamento di Edoardo. Tutti fatti questi che fanno sentire, in una Torino sempre più ostile, Virginia sola e disperata. Del resto la vita si sta accanendo proprio in quel periodo contro di lei: nel 1930 la madre è costretta a lasciare la dimora storica dei principi di San Faustino a Palazzo Barberini perché diventata troppo costosa.

Princess Jane così scrive: "Un tempo pensavo con disperazione alla possibilità di lasciare Palazzo Barberini, ma nel 1930 persi la maggior parte della mia sostanza e non mi fu più possibile sostenere la spesa del palazzo. Ne fui desolata. Avevo passato là più di trent'anni della mia vita, ed i migliori. Il mormorio della fontana nel cortile era per me il mormorio della casa, e se mi affacciavo alla finestra mi pareva sempre di vedere Carlo attraversare il giardino, allegro e giovane com'era quando per la prima volta mi aveva condotto nella sua casa. Edoardo Agnelli venne in mio aiuto, e prese per me un appartamentino di cinque stanze piene di sole, tutto quello che una vecchia signora può desiderare. Venni a stabilirmi qui con Rosa, Giocondo ed il pappagallo. Il momento di lasciare il Palazzo fu ancora più crudele di quel che avessi immaginato: bisognò tirare fuori e vuotare ceste e bauli che da anni non erano stati aperti, e mi parve di vederne uscir fuori l'esistenza dell'intera famiglia: i pizzi e i ventagli della mamma di Carlo, le livree che i domestici avevano indossato alle nozze di lei, gli abitini di una sorella di Carlo. Poi c'era il Van Dyck, il ritratto di un vecchio uomo che era sempre stato appeso nel salotto. Fu imballato e spedito a Torino da Virginia e mi rincrebbe lasciarlo, come un amico vivo. Finalmente tutto fu portato via ed io camminai attraverso le stanze vuote, dove erano rimaste solo le figure degli affreschi. Ora mi sono affezionata a queste stanze della casa di Via Maria Adelaide. Le risa dei sette figli di Virginia hanno risuonato qui: qui ho dato molti ricevimenti, non così sontuosi come quelli di Palazzo Barberini ma altrettanto riusciti"[15].

Sono lontani ormai i fasti della vita romana e la felicità del matrimonio da favola, le vacanze sulla neve e le belle giornate passate a Venezia e a Parigi. I Bourbon del Monte sono colpiti da una pesante crisi finanziaria e la giovane coppia Agnelli sta vivendo giorni bui fra scandali e liti. Ed è solo l'inizio, più avanti arriveranno guai di gran lunga peggiori.

Capitolo terzo
Un'ereditiera americana: dalla marcia su Roma a Gary Cooper

Jane Campbell, principessa di San Faustino, madre di Virginia Agnelli, merita un posto tutto suo nella storia del costume e della vita italiana dei primi anni del secolo. E di certo il suo stile di vita influenzò e contribuì a plasmare il carattere di Virginia, facendo di lei la donna disinvolta, libera e indipendente che era.
"La guerra era finita, il mondo cambiava, tutti volevano dimenticare, divertirsi, ballare" dice Gabriella di Giardinelli nel suo libro *Una gran bella vita*. Erano "anni di balli, di lussi, di privilegi"[1], mentre sullo sfondo già si addensavano le nubi del crollo della Borsa di Wall Street, del '29.

I *roaring twenties*, i "ruggenti anni Venti", nell'immaginario collettivo evocano un periodo di grande energia, di eccessi, di follie, di profondi cambiamenti in campo sociale, artistico e culturale.

Finita la Prima guerra mondiale, gli Stati Uniti diventano il paese più ricco del mondo; alla Conferenza per la pace di Versailles, nel 1918, l'economista Maynard Keynes (nonché membro del raffinato circolo letterario di Bloomsbury) cerca inutilmente di mettere in guardia la vecchia Europa dalle *Conseguenze economiche della pace*.

È anche il decennio dell'emancipazione femminile, dei capelli "alla maschietta", dell'esplosione del jazz, del cinema sonoro, del Futurismo, del Surrealismo...
Ma è anche l'epoca della "campagna d'Italia" delle ricche ereditiere americane, che, contagiate dal "virus europeo", già alla fine dell'Ottocento avevano cominciato a calare sulle grandi città italiane a caccia di un titolo nobiliare. Una campagna che si svolgerà in modo sistematico e con grandi risultati numerici.
A Roma, con Jane Campbell, poi Bourbon del Monte; sempre a Roma con la famiglia Rospigliosi, dove da Ethel Branson, figlia del re del maple syrup del Vermont, nasce Elena Rospigliosi, poi Lante della Rovere, coetanea di Virginia di cui è amica, anche lei madre di sette figli; molti anni dopo con il barone Nicola Nisco del Reggimento del Genova Cavalleria, sposo di Betty Heseltine, dello stato dell'Arizona. Betty, con il marito, tutti i giorni attraversa Roma dalla sua villa sulla Nomentana vicino alle Catacombe di Sant'Agnese, fino al Galoppatoio militare di Tor di Quinto, in sella al suo morello Valmy, campione di country cross, i capelli rossi che le spuntano dal basso cilindro grigio da dressage, in formazione, con frustino e speroni, seguita dai due figli sui pony e dal maestro di dressage in coda. A Firenze, Margherita Clarke, americana di New Orleans, madre di Carlo, Marella e Nicola Caracciolo, e il padre Filippo sempre tra Napoli, Roma e la villa a Careggi, sopra Firenze, nella loro proprietà che si chiamava "I Cancelli".

È un *deal* molto esplicito: da una parte, con le spose arrivano i mezzi finanziari per riordinare i boccheggianti conti delle famiglie e dei latifondi con le grandi ville di campagna e i fatiscenti palazzi in città; dall'altra, con gli sposi arrivano i cognomi storici e i titoli nobiliari, gli accrediti presso le Corti europee e, a Roma in particolare, presso le gerarchie della Chiesa, e quelle della Corte dei Savoia.
Proprio su questa lunga stagione, che si spingerà fino agli anni Trenta, con continui rincalzi d'oltreoceano, suonerà alto il monito di Jane Campbell che Francesco Saverio Gasparre Melchiorre Baldassarre Caravita, Principe di Sirignano riprende nel suo libro *Memorie di un uomo inutile*[2], con questo racconto: "Tra tanti gentiluomini, una nobile signora domina i miei ricordi di quegli anni: la Principessa di San Faustino, nonna dell'Avvocato più celebre d'Italia, Gianni Agnelli. Era una vecchia signora americana molto simpatica e con uno spiccato sense of humour. Per la sua posizione mondano sociale era la douanière di tutte le signore americane di Roma. Per qualunque italiano d'un certo mondo che sposasse un'americana era quasi un rito d'obbligo presentarla alla formidabile dama. Un giorno, un mio amico fresco sposo di una miss USA, tornato a Roma dopo il viaggio di nozze chiese udienza alla first lady della colonia. E costei, dopo aver sbirciato la sua compatriota, chiese bruscamente al giovanotto: «È ricca?» «Non so, non credo», rispose imbarazzatissimo il poveretto. Al che la vecchia dama gli comunicò

col suo italiano straziante: «Ricordati che le americane senza *dinari* sono come le vacche senza latte»".
Anche Gabriella di Giardinelli traccia un rapido e colorito ritratto di Jane Campbell, sulla spiaggia del Lido di Venezia. "La lunga fila di capanne si divideva in due, da un lato e dall'altro della scalinata dell'Excelsior. Per raggiungere la nostra capanna dovevamo traversare le forche caudine e cioè la capanna della principessa Jane di San Faustino… La principessa Jane, avvolta in veli candidi che svolazzavano nella brezza, sferzava frustate crudeli a chi non le andava a genio. La sua voce stridula intimidiva chi non aveva la risposta pronta e spiritosa. Nonostante il suo sarcasmo e il suo eterno sorriso agrodolce, lady Jane ci divertiva e la sua capanna era luogo di ritrovo"[3].
Con il suo *sense of humour* e il suo spirito caustico, Jane Campbell racconterà i gustosi particolari di quest'epoca sul famoso settimanale "Omnibus", che Leo Longanesi, giornalista, scrittore, disegnatore, pittore, editore aveva messo in edicola un anno prima in tutto il Regno, con grande successo.

Le *Memorie della Principessa di San Faustino* escono infatti in otto puntate settimanali, a partire dal primo aprile fino al 21 maggio 1938 e sono così ironiche e divertenti da indurci a pensare che la versione italiana risenta del felice intervento della penna del grande Leo Longanesi.
Eccone alcuni brani particolarmente godibili.

In quei tempi Carlo Rudinì interessava tutta Roma: fu lui che lanciò Lina Cavalieri. L'aveva trovata davanti alla stazione dei tram a vendere fiammiferi e generosamente l'aveva portata a casa sua per darle una buona cena. Lina lo interessò ed egli capì che quella ragazzina del popolo aveva una bellezza e un'intelligenza fuori del comune. Quando, più tardi, la seppe ammalata all'ospedale, la fece trasportare in una clinica privata, e la circondò di lusso per tutto il tempo della sua malattia. Guarita, le comperò splendidi vestiti e la condusse a Montecarlo. La ragazza gli portò fortuna, tanto che riuscì a far saltare il banco. La gioia e la stravaganza di Carlo non ebbero limiti. Coprì Lina di gioielli, ermellini, zibellini, e vissero in un lusso regale, finché il denaro fu finito: allora tornarono a Roma. Carlo riprese la sua vita mondana e Lina divenne una delle donne più belle ed eleganti d'Europa.

* * *

Un'altra celebrità di Parigi e di Roma era la Contessa (poi marchesa) Luisa Casati. Luisa apparteneva ad una Roma particolare, la Roma di Gabriele d'Annunzio, dove ciascuno scopriva di avere un "temperamento" e cercava di vivere con la minima disciplina possibile.

Di questa Roma Luisa era il più ammirevole ornamento; alta, sottile, con grandi occhi scuri, accentuava ancora il suo tipo facendosi una faccia bianca opaca e le labbra eccessivamente scarlatte. Aveva, del resto, il genio di vestirsi in modo affascinante. La ricordo a Saint Moritz, tutta vestita di bianco, sulla sua lussuosissima slitta, avvolta in enormi pelli d'orso bianco. Bakst fece il suo ritratto, Boldini pure; tutti desideravano ritrarla. Un'estate prese in affitto un palazzo semidistrutto sul Canal Grande, e vi diede dei balli in maschera che non furono mai più sorpassati. Durante uno di questi, i suoi invitati la trovarono in cima ad un

piedistallo, circondata di schiavi, mentre un braciere di incenso ardeva ai suoi piedi. Era vestita d'oro e teneva due leopardi al guinzaglio.
Fu a Parigi che le sue bizzarrie raggiunsero la tragedia. Tutta Parigi parlava di un arcivescovo, ottimo predicatore, che si scagliava contro le follie del mondo elegante. Luisa ebbe subito voglia di conoscerlo, per invitarlo a casa sua e addomesticarlo, ma l'arcivescovo rifiutò ogni invito. Allora gli amici di Luisa non la videro più: seppero che trascurava ogni divertimento, che andava a messa ogni giorno, che visitava i poveri e gli infermi. Questo periodo di virtù durò forse un mese: poi Luisa disse di essere posseduta dal demonio, e mandò a chiedere all'Arcivescovo di venire ad esorcizzarla. L'arcivescovo rispose di essere a letto con la bronchite. Allora Luisa gli fece sapere che non era possibile rifiutarsi di salvare un'anima in pericolo. L'arcivescovo rispose che appena rimesso sarebbe andato dalla marchesa, ma Luisa era troppo impaziente per ammettere indugi e, in piena notte, mandò un amico a suonare il campanello dell'arcivescovo, dicendo che Luisa era morente per un terribile incidente automobilistico, e che lo supplicava di portarle i sacramenti. Era quasi mezzanotte, ma l'arcivescovo malato corse immediatamente alla casa di Luisa. La trovò pronta a riceverlo, appena coperta di veli bianchi con una candela nella mano destra e un giglio nella sinistra. Il colloquio durò al massimo cinque minuti. Non si seppe mai quel che accadde, ma, un'ora dopo la partenza del prelato, i domestici di Luisa trovarono la loro signora prostrata sul pavimento in lagrime.
Due giorni più tardi, l'arcivescovo moriva di pneumonia.

* * *

L'alloggio accanto al mio a Palazzo Barberini era occupato dalla graziosa duchessa Vivina di Sangro. Mi meraviglia ancora come Vittoria riuscisse ad essere felice con un marito che era un topo di biblioteca: Leone era sempre immerso negli studi e seguiva i precetti matrimoniali di suo padre, il vecchio Duca di Sermoneta: «Comportati come un coniglio, entra di corsa nella conigliera, acchiappa un poco di lattuga, e scappa fuori di nuovo». La lattuga era poi Vittoria, sua moglie, la mia grande amica.

* * *

Fui felice di ritornare a New York, ma la città era troppo mutata. Spaventevoli grattacieli crescevano dovunque, e sostituivano le casette in pietra bruna della mia giovinezza. La Quinta Avenue non aveva più l'esclusivo possesso dei "Quattrocento"; cercavo inutilmente il drugstore dove ero andata tante volte per telefonare a Bordy Harriman; perfino le due case gemelle degli Astor erano scomparse, e il nuovo Waldorf Astoria sorgeva al loro posto. Nonostante tutta la sua gaiezza, New York per me era piena di fantasmi: rivedevo me stessa adolescente quando desideravo tante cose che ormai avevo raggiunto e ormai non mi importavano più.

Dopo la solenne dignità della vita romana non riuscivo ad abituarmi alla confusione americana. Invece di vivere tra gallerie di statue, saloni di marmo, sale gigantesche, dovevo abitare in un appartamento modernissimo e comodo, ma monotono come una cella di convento. Vestirsi in dieci minuti, mangiare in mezz'ora, sbrigare in un pomeriggio dodici visite, mi era impossibile. Capii allora di esser diventata un'italiana.

Ogni giorno ritrovavo antichi amici, ma sentivo benissimo che non mi prendevano sul serio. Ai loro occhi ero come una principessa da palcoscenico, lontana e incomprensibile. Le mie amiche di un tempo avevano avuto figlioli americani, i miei invece erano italiani, e portavano un nome straniero.
Le donne americane che sposano un forestiero devono dimenticare di avere un passato: la loro vita comincia quando cambiano nome. Durante tutto il tempo che trascorsi a New York ebbi continuamente l'impressione di non poter tornare indietro, di non poter essere più Jane Campbell. Jane di San Faustino era un'altra donna, e il suo mondo era solamente in Italia.

* * *

Avevamo tutti simpatia per Elsie Moore Torlonia. Nessuno più di lei aveva il dono di considerare gli avvenimenti con umorismo; perfino le sue disavventure coniugali la facevano sorridere.
Era stata una bellissima ragazza e quando i suoi genitori, Mr. e Mrs. Charles Arthur Moore, l'avevano portata a Roma si era subito innamorata dell'aristocratico e grande naso di Marino Torlonia: naturalmente, anche Marino si era innamorato di lei. I suoi numerosi e tempestosi amori lo avevano stancato, desiderava la pace e la grazia innocente di Elsie, e la rapita ammirazione che Elsie gli dimostrava, lo seducevano. Si stabilirono a Roma nel Palazzo Torlonia dove i genitori di Elsie venivano spesso a visitare la figliola e si raccontò, allora, questa storia che, malgrado le preghiere di Elsie a Marino perché facesse ammettere il suocero al Circolo della Caccia, Marino, per evitare di essere spiato, fece in modo da escludere il povero signor Moore.

Per qualche anno la famiglia Torlonia con i quattro bei bambini fu un esempio di felicità domestica. Poi Marino conobbe sulle ridenti colline di Frascati, dove i Torlonia avevano una casa di campagna, due adorabili e innocenti ragazze che desideravano una guida e un bravo maestro. Un bel giorno, Elsie, rientrando da una passeggiata trovò un bigliettino di Marino che l'avvertiva della sua partenza in automobile con le due "innocenti" per un giro d'istruzione attraverso l'Italia. La prima tappa era Bologna.
Senza cambiarsi di abito, Elsie partì per Bologna, e scese all'albergo dove immaginava dovessero capitare i tre viaggiatori. Mentre li aspettava, confidò alla padrona dell'albergo i suoi guai e i suoi propositi: la padrona era una ardente femminista, e così quando Marino arrivò, non si trovò di fronte solo una moglie dal cuore infranto, ma anche una furibonda ostessa. Le due «innocenti» furono messe in fuga dalla eloquenza della bolognese, e Marino fu riportato trionfalmente a casa.
Ma era come una tigre che, allevata a latte e verdure, trova finalmente il gusto della carne sanguinante. Le cose andarono di male in peggio. Elsie andò in America e tornò a Roma solamente quando la sentenza di separazione fu pronunciata. Elsie e Marino si rividero poi a Corte. Marino, durante l'assenza di lei, aveva perduto i denti sostituendoli con una meravigliosa dentiera.
«Marino», gridò Elsie attraverso la folla di invitati, «dove hai preso quei magnifici denti nuovi?».
I figlioli di Elsie le diedero molte emozioni. Suo figlio Alessandro, uno dei più bei giovani di Roma, si innamorò pazzamente della infanta Beatrice di Spagna, e mosse il cielo e la terra per ottenere di sposarla.

* * *

Un'altra americana che rallegrò la società di Roma nel dopoguerra è Dorothy Taylor Dentice di Frasso. La conobbi a Saint Moritz ed ebbi l'occasione di rivederla spesso durante l'anno che passai a Londra. In quel tempo era sposata con Claude Grahame-White, l'aviatore. Poi il matrimonio deragliò. Appena divorziata, Dorothy andò a Parigi dove Lady Paget la prese sotto la sua protezione. Qui conobbe Carlo Frasso, anche lui divorziato recentemente e da una moglie americana. Appena vide Dorothy se ne innamorò. Eppure Dio sa come i due tipi sono differenti. Lui è il vero rappresentante del vecchio mondo, lei del nuovo: eppure i loro caratteri si accordano perfettamente. Carlo è il tipico signore europeo. Le donne lo adorano, le sue parole dettano legge. Se egli dichiara che il più ordinario vino italiano vale il Borgogna 1911, tutti lo sorseggeranno con religione; le sue frasi casuali sono citate come tratti di spirito; è un grande sportivo e spesso ospite del panfilo di Vincent Astor e il duca di Sutherland lo invita a caccia nella sua tenuta in Scozia. Lo sport prediletto di Dorothy è il battagliare. Non lotta mai, veramente, per un suo proprio interesse ma unicamente per quelli dei suoi amici, e le sue qualità di lottatrice sono ammirevoli.

* * *

Un'altra volta, d'estate, Dorothy era a Napoli quando ricevette la lettera di un amico, da Hollywood, che la pregava di usare qualche gentilezza ad un giovane attore del cinematografo che stava visitando l'Italia. Fatte immediatamente le ricerche, si scoprì che il giovanotto era partito per Venezia. Trovato il suo recapito, Dorothy lo chiamò al telefono: «Pronto, parlo con il signor Gary

Cooper? È la contessa Frasso che parla. Per favore venga subito a Napoli».

Una voce assolutamente smarrita le rispose: «Ma ho lasciato Napoli da poco, non posso venire; la settimana prossima devo tornare in America e vorrei veder l'Italia…». Ma le sue obiezioni furono inutili e dovette prendere il primo treno in partenza per Napoli. Dorothy fu sul punto di svenire, quando se lo vide arrivare allo Yacht Club dove lo aveva invitato per fare colazione. Gary Cooper indossava un vestito verde-lucido attillatissimo alla vita. Ma prima che qualcuno lo avesse visto, Dorothy era riuscita a portarlo nello spogliatoio, dove le fu abbastanza facile farsi prestare pantaloni e giacca di flanella bianca; e Gary, rivestito, fu guardato con ammirazione da tutte le dame presenti.

Il giorno seguente, cominciava l'educazione di Gary Cooper. Partirono assieme per Roma, dove camiciai, calzolai e sarti furono chiamati a raccolta, mentre Gary, pazientissimo, aspettava a letto che si preparasse la sua metamorfosi. Quando finalmente tutto fu pronto, Dorothy trionfalmente portò in giro la sua "creazione" attraverso l'intera Europa. I direttori di Gary Cooper telegrafarono da Hollywood ordinandogli di tornare al lavoro, ma Dorothy replicava con telegrammi imperiosissimi, e finì per vincerla, e ottenne un prolungamento di licenza. Gary Cooper, mentre la Contessa battagliava per lui, era là docilissimo ed imparava a stare a tavola e a parlare in società. Dorothy lo introdusse in palazzi aristocratici che non avevano mai accolto attori di cinematografo. Andò con lui a Parigi e lo presentò al Faubourg, a Londra, in Africa, e soltanto quando considerò che l'educazione di Gary Cooper fosse ormai compiuta lo rimandò in America.

* * *

Su Dorothy e Carlo Dentice di Frasso e Gary Cooper esiste un'altra gustosa testimonianza, scritta parecchi anni dopo sempre da Gabriella di Giardinelli.
Ecco cosa dice:

"Carlo Dentice di Frasso era più inglese degli inglesi, pervaso com'era da una mania di *british only*. Amava la pesca, la caccia, il cavallo… Aveva nel parlare e nel muoversi l'innata cortesia del gran signore. In compenso aveva sposato la donna più maleducata d'America, Dorothy di Frasso. Era ricca, volgare, simpaticissima.
Un giorno Dorothy sarebbe venuta nel mio atelier di piazza di Spagna, a Roma, per comprare un vestito. Era accompagnata da un giovane molto bello e così alto da essere impacciato dalla sua statura: le sue braccia e le sue gambe non trovavano mai la posizione giusta. Una delle sartine che avevo chiamato per la prova urlò: «Gary Cooper…C'è Gary Cooper!» Tutte le lavoranti si accalcarono dietro la porta a vetri.
Carlo e Dorothy lo avevano invitato nella loro casa a villa Madama. Si raccontava che Tallulah Bankhead, la bella attrice inglese innamorata e gelosa di lui, gli avesse scritto che gli avrebbe mandato una scimmietta ricevuta in regalo. Infatti la bestia arrivò alla stazione. L'autista incaricato di andarla a prendere telefonò a casa agitatissimo dicendo che avrebbe avuto bisogno di un camion per trasportarla a villa Madama. Poco dopo arrivò a casa una gabbia enorme con uno scimpanzé rintontito chiuso dentro. Fu deciso di lasciarlo libero per il giardino, ma il principe

Cristoforo di Grecia, che era spesso ospite di Dorothy, quando se lo vide davanti scappò inseguito dalle risate della padrona di casa. Dorothy andava matta per questo genere di scherzi. «*Beware of the monkey!*», gridava[4].

Sappiamo del resto che anche Virginia Agnelli conosceva Gary Cooper, anzi ne "era amica", come ebbe a dire suo figlio Gianni, in una delle sue tante interviste: "A me piaceva un certo tipo di attori americani, quelli come Gary Cooper, che veniva spesso a Roma nel periodo fra le due guerre e conosceva mia madre, ad esempio. O Henry Fonda, un altro uomo simpaticissimo. O James Stewart. Erano uomini che 'camminavano'. Oggi non vedo più uomini che 'camminano' in quel modo straordinario, tipico degli uomini di quella generazione. C'è forse Clint Eastwood..."[5]

* * *

Un'altra persona che Dorothy prese a proteggere fu Barbara Hutton, quando l'ereditiera venne a passare una stagione a Villa Madama. Dorothy si era assunta il compito di far diventare Barbara una bellezza e di trovarle un marito. Tutti i giovani disponibili dell'aristocrazia romana cominciarono a far pellegrinaggi verso Villa Madama. Le visite del principe Gerolamo Rospigliosi divennero sempre più frequenti, e si cominciò ad essere certi del fidanzamento. Se ne aspettava, anzi, di giorno in giorno la notizia, quando improvvisamente accadde una strana tragedia: il principe Gerolamo scomparve, lasciando a Barbara una lettera straziante in cui le annunciava la sua ferma risoluzione di uccidersi. Le ricer-

che furono febbrili. Dopo due giorni, quando Barbara pareva sul punto di impazzire, si scoprì Gerolamo nascosto nella casetta del portiere. Barbara, irritatissima, partì il giorno stesso per Parigi, mentre Dorothy restava a lamentarsi per il romanzo interrotto. Anni dopo ebbi occasione di vedere spesso Barbara e il suo marito di allora, il principe Mdivani, al Lido. Non ho mai visto una persona trasformarsi così come fece Barbara: era sottile, tranquilla, pallidissima e silenziosa. Alex Mdivani al contrario era irrequieto, soggetto a sbalzi incomprensibili di umore che lo spingevano a bere troppo e a corteggiare insolentemente altre donne. Barbara, dal cuore dolcemente all'antica, sarebbe stata felicissima con un marito di stile vittoriano, con un'esistenza raccolta, "au coin du feu". Alex era un vero slavo, indisciplinato, indomabile, incapace di far felice qualsiasi donna, meno di tutte poi sua moglie. Parlava spesso del suo grande amore per Barbara, ma pareva non avvedersi mai che il suo modo di agire avrebbe finito per alienargli l'affetto di lei. Il loro divorzio era inevitabile.

Barbara trascorse a Roma l'inverno che seguì il distacco da Alex, conducendo una vita ritiratissima. Veniva spesso a far colazione con me, felice quando poteva sfuggire i suoi innumerevoli adoratori. Era triste e delusa, aveva veduto troppo chiaramente la caccia che si dava al suo denaro, perdendo così ogni fiducia in sé e negli altri. Compresi ancora meglio il suo carattere leggendo un piccolo triste libro di versi composto da lei. Barbara è terribilmente introspettiva, sensibilissima alle impressioni che produce e nello stesso tempo incapace di presentarsi sotto una luce favorevole.

* * *

Una mattina d'ottobre del 1922 a Chiaravalle la mia cameriera si precipita nel mio salotto gridando: «Principessa, i fascisti marciano su Roma!»
Ero stupita: «E chi sono i fascisti?»
«Non lo so, Eccellenza, ma nemici dei socialisti. A Firenze molti sono stati uccisi».
Un'ora più tardi partivamo per Roma io, Ranieri, Rosa, l'autista e un cane. Durante la strada sorpassavamo centinaia di giovani che marciavano cantando.
All'indomani mi trovavo sul balcone del Ministero degli Esteri[6]*, e guardavo la vasta folla che gremiva il piazzale del Quirinale. Cadeva una pioggia leggera, la gente aveva visi apatici ed indifferenti. Improvvisamente le trombe squillarono, e una lunga fila di giovani in camicia nera comparve nella piazza.*
In testa a tutti una figura solitaria procedeva a testa alta. La folla attese in silenzio quando, staccatosi dalla sua schiera, egli entrò lentamente nel Palazzo Reale. Pochi minuti più tardi comparve al balcone, alla destra del Re. La vasta piazza risuonò del grido: «Viva il Re, viva Mussolini!».
In meno di una settimana Mussolini divenne l'uomo più ricercato di Roma. Egli accettava le circostanze con semplicità e dignità, senza orgoglio né diffidenza. Era sempre a suo agio dappertutto, senza ostentazione e senza pose. Il Grand Hotel era affollato di dame della società e quasi tutte rinunciavano al loro sonno del mattino per cavalcare a Villa Borghese nella speranza di incontrarlo durante la sua cavalcata mattutina.
Ottenni di essere ricevuta privatamente da Mussolini a cui volevo chiedere di visitare la mia colonia estiva. Andai a Palazzo Chigi; ero nervosissima e nel salire lo scalone le gambe mi si piegavano.

Finalmente giunsi in un'anticamera, dove entravano ed uscivano, in gran fretta, personaggi. Rimasi lì ed aspettai finché capitò Volpi: «Oh, Principessa, aspettate di esser ricevuta? Venite con me!». Pochi secondi dopo mi trovavo in presenza del Duce, e credo di non aver mai fatto in vita mia così cattiva figura.
Nell'angolo estremo di una stanza interminabile, sedeva il Duce e scriveva. Volpi spiegò scherzevolmente: «Questa è la principessa di San Faustino, che desidera interessarvi alle sue opere benefiche!». Dopo di che non capii più nulla: sotto lo sguardo del Duce appena potevo reggermi in piedi; tentai di parlare, ma inutilmente. Egli mi rivolse la parola in tono incoraggiante, ma non c'era nulla da fare: la mia bocca era chiusa. Allora Mussolini, pensando evidentemente di avere a che fare con una scema, prese una sua fotografia, la firmò rapidamente, e me la diede, per sbarazzarsi di me al più presto. Senza dire una parola uscii dalla stanza.
Lo rividi più tardi ad Ostia. Era uno di quei giorni di gennaio in cui il cielo e il mare sono pallidi, e le montagne, dietro i grandi pini neri, sembrano ritagliate nella carta. Il suono delle onde sulla sabbia, l'abbaiare di un cane, le voci dei bimbi, il mio passo sulla strada, erano gli unici rumori in quella quiete. Improvvisamente vidi un uomo, tutto vestito di cuoio: era Mussolini. Mi si avvicinò, mi strinse la mano: «Sto guardando Castel Fusano», disse. «Qui bisogna fare un parco».

* * *

Dorothy Caruso, la vedova del tenore, si trovava a Venezia nell'estate del 1928. Stava tutto il giorno a prendere il sole sulla spiaggia con i suoi due bambini. In quel periodo era molto addolorata per un litigio con la famiglia del suo scomparso marito: i Caruso avevano voluto imbalsamare il cadavere di Enrico, cosa che era dispiaciuta a Dorothy, la quale aveva dato il suo consenso a malincuore; ma il peggio era venuto poi, quando si seppe che i Caruso esponevano il corpo di Enrico dietro pagamento. Ogni mese si rivestiva il cadavere imbalsamato con un diverso costume d'opera e si distribuivano manifestini per le strade annunciando che Enrico Caruso sarebbe apparso in veste di Turiddu o di Lohengrin.

* * *

Ecco come Jane Campbell descrive il senatore Giovanni Agnelli:

Vidi il padre di Edoardo, Giovanni, per la prima volta quando venne ufficialmente a chiedere la mano di Virginia: aveva allora circa cinquant'anni. Lessi nei suoi occhi di un azzurro metallico una serietà che mi turbò e non sto a dire quanto ne fossi desolata, perché desideravo essere in buoni rapporti con la famiglia di mia figlia.

Dopo la morte di Edoardo i miei rapporti con Giovanni furono assai rari. Nella mia lunga esistenza, non ho mai desiderato l'amicizia di qualcuno come la sua, né mai sono riuscita a conquistarla così poco. Quando ci vediamo, Agnelli si scusa dicendo di non capirmi.

* * *

Finora ho scritto poco di mio figlio ma dalla sua nascita, avvenuta trentacinque anni fa fino ad oggi, i miei migliori ricordi mi vengono

da lui. Ricordo Ranieri a cinque anni quando imparava da suo padre a cavalcare il suo primo pony.
Poi improvvisamente era cresciuto; mi burlava, mi sgridava proprio come Carlo usava fare con me. Abitavamo insieme il Palazzo Barberini e incominciavo a pensare che quelli fossero davvero i migliori anni della mia vita, quando scoppiò un fulmine a ciel sereno. Ranieri mi dichiarò che voleva sposare una ragazza americana: Katherine Linn Sage, figlia del Senatore Henry Manning Sage di Albany. Ero desolata. Non potevo adattarmi all'idea che mio figlio appartenesse ad un'altra donna. Non c'era niente da dire contro Katherine, tranne che le mancava una delle principali qualità capaci di rendere accettabile un'americana in Europa: la ricchezza. Invocai ogni argomento, per supplicare Ranieri di aspettare. La storia si ripeteva esattamente: zie e cugini si alleavano contro la nuova venuta, proprio come si erano alleati contro di me. E anch'io ero diventata un'italiana, e senza difficoltà mi sarei a mia volta nascosta dietro quelle famose tende di broccato, se avessi così potuto indurre Ranieri a rompere il suo fidanzamento. Ma Ranieri aveva ereditato il carattere di sua madre e di suo padre: non cambiava opinione.
Le sue nozze furono le più tristi che abbia mai visto. La signora Sage era troppo malata per intervenire; la sposa era triste, la chiesa fredda e tetra, la colazione nuziale perfida; Katherine era preoccupata per sua madre, e si mostrò verso di me di una gentilezza sostenuta perché sapeva della mia feroce opposizione. Ranieri era nervoso, la famiglia impacciata, ed il Cardinale mangiava i pisellini con il coltello. Fu un sollievo generale quando gli sposi partirono per l'America.
Katherine pensava che gli uomini debbono lavorare, e così Ranieri tornò dall'America come rappresentante di una grande società indu-

striale. Doveva viaggiare attraverso tutta l'Europa, e non era cosa facile per lui, allenato a tutt'altra vita, ma seppe cavarsela bene. Riconosco che, se Katherine non fosse stata mia nuora, avremmo potuto essere amiche fin dal principio. Era intelligente, colta, di idee ardite, ma il suo mondo non era il mio, ed io capivo che Katherine deplorava la mia poca attitudine ai ragionamenti profondi.

* * *

Dieci anni dopo il matrimonio di Virginia persi mia madre, e per la prima volta nella mia vita mi trovai sola, senza più vero interesse per la vita. I miei figli non avevano più bisogno di me e la notte restavo sveglia chiedendomi, con una specie di terrore, come avrei potuto riempire i vuoti anni che mi stavano davanti. Guardavo con pena le donne della mia età che si consolavano della loro solitudine ballando fra le braccia di argentini squattrinati.

Poco prima di morire, Jane disse a Roma ad alcuni dei suoi amici americani più stretti: *Quando starò morendo voglio solo americani attorno a me, perché non sarei mai capace di morire in lingua italiana. Sbaglierei certamente i verbi nelle mie ultime frasi d'addio e invece di dire qualcosa di molto ispirato finirei per dire soltanto delle frescacce.*

Capitolo quarto
Agnelli style a Forte dei Marmi

A Forte dei Marmi si andava per la villeggiatura. Le famiglie, almeno negli anni Trenta, calcolavano i mesi di giugno, luglio, agosto e settembre. Si preparavano, dunque, i bauli e con i treni delle Ferrovie dello Stato – prima classe velluto rosso, seconda classe velluto grigio, terza classe legno – si arrivava alla stazione di Viareggio, che in quegli anni, a imitazione di quella di Firenze, progettata dal team di architetti del Gruppo Toscano guidato da Giovanni Michelucci, aveva anch'essa i pilastri di marmo fasciati da tre ordini di cinture di rame dorato. Le famiglie con più risorse, quelle con le grandi auto scure, i pneumatici di ricambio fissati o nei parafanghi o al baule posteriore, le auto con gli chauffeurs, attraversavano l'Aurelia, dirette verso le ville di Forte dei Marmi. La grande consolare tracciata nel II secolo a.C. da Roma verso il nord, che per lunghi tratti sbuca lungo la costa, dalla bassa Maremma fino a Livorno, scollinando l'Italia centrale, attraversava un paesaggio di case coloniche, aie, pagliai, e molti polli che tagliavano, starnazzando, le strade per lo più in terra battuta, bianche. Chi veniva da Firenze raggiungeva il Forte scendendo da Lucca, il Monte Quiesa, Massarosa, Torre del Lago, Viareggio. Chi invece scendeva dal nord–ovest, Piemonte e Liguria, raggiungeva Forte dei Marmi dall'Aurelia costiera, passando per Genova, la Ri-

viera di levante, poi il Passo del Bracco, le Cinque Terre, La Spezia e il suo Golfo e Bocca di Magra. Venendo giù da Verona, Venezia, Brescia, Milano, Mantova, Cremona, Piacenza, Parma e Bologna, superata la Cisa, si scendeva percorrendo gli stretti tornanti verso la Lunigiana, poi Pontremoli, La Spezia, infine Massa e Carrara.
Forte dei Marmi, per la verità, lo aveva scovato per primo, all'inizio del Novecento, l'Ammiraglio Enrico Morin, che comandava l'Arsenale militare a La Spezia. Scendendo in treno verso Pisa, dopo il largo delta del fiume Magra, la locomotiva, i vagoni e l'Ammiraglio Morin entravano nelle grandi pinete e nei boschi di querce, faggi e castagni, che stringevano il massiccio Forte di guardia costruito in mattoni rossi all'inizio del Settecento, nel tempo delle riforme leopoldine, e che distava dal mare mezzo chilometro. Un'opera, il Forte dei Marmi, solida, di stile Granduchi di Lorena, ai cui piedi sostavano su piccoli binari lunghi carrelli, sospinti fin lì un po' dalla pendenza del clivio, dalle cave di Querceta Serravezza, un po' dalla spinta degli uomini. Arrivati al Forte, i carrelli, carichi di lastre di marmo estratto dalle Alpi Apuane, venivano trainati da buoi oltre il Forte verso il Ponte Caricatore di legno che si inoltrava per cinquecento metri in mare aperto, dove piccoli velieri toscani a due alberi, i navicelli, ormeggiati al ponte, attendevano di sistemare le lastre di marmo nella stiva per poi portarle a nord o a sud, lungo la costa tirrenica con la navigazione mista vela e motore di piccolo cabotaggio, allora ancora dominante in tutto il Mediterraneo. Era stata nei secoli una landa semideserta, quella di

Forte dei Marmi, riservata, appunto, ai carichi marittimi del marmo delle Apuane, e terra di confino carcerario e politico del Granducato di Toscana.
Forte dei Marmi allora era poco più di un borgo in un'area disabitata e acquitrinosa, tra Camaiore, Viareggio e Marina di Massa. Ancora prima dell'Ammiraglio Morin, il Forte era stato scoperto alla fine dell'Ottocento dai ranger tedeschi del gruppo artistico Deutsch-Römer, di pittori e letterati. Particolarmente attivi nel segnalare la località, lo scultore Adolf Hildebrand e il pittore Arnold Böcklin, che affrescò la casa di viale Savoia, negli anni Trenta comperata da Curzio Malaparte, dove nei primi decenni del Novecento avevano abitato Gabriele d'Annunzio, poi Thomas Mann, Savinio e, con Malaparte, Moravia. Prima della grande stagione degli Agnelli negli anni Trenta, arriveranno, prendendo casa, Soffici, Carrà, Messina e Dazzi. Prima che fosse di grande moda, Forte dei Marmi fu anche il luogo dell'amore tra Gabriele d'Annunzio e Eleonora Duse, tra Isadora Duncan e lo scultore Romano Romanelli, come ricorda nel suo libro su Malaparte, *L'arcitaliano*, Giordano Bruno Guerri[1].
Questa costa era di una bellezza particolarissima, con alle spalle l'unica catena di montagne di marmo del mondo, quella indicata appunto come Alpi Apuane: la luminosità delle dune di sabbia finissima e bianca, la polvere di marmo, il mare con i suoi fondali graduali, non profondi, erano solo stati immaginati e intravisti in sogno da molti leggendo la poesia del 1903 di Gabriele d'Annunzio, *La pioggia nel pineto*. Il poeta aveva passato alcuni mesi nella

grande casa all'interno della pineta della Versiliana, a Marina di Pietrasanta. Al mattino e al tramonto cavalcava sulla spiaggia libera, la parte centrale della lunga fascia tra i fiumi Magra e Serchio, il luogo mitico dello splendore marino chiamato col nome classicheggiante di La Versilia. Da Genova, Torino, Milano, Parma, Firenze e Roma, con qualche arrivo anche da Napoli e dalla Sicilia, vi convergevano tra le due guerre i progetti balneari e le ville estive della grande borghesia industriale e dell'aristocrazia terriera legata alla Corte e non ancora organica al regime. Forte dei Marmi, un luogo che è perno di altri siti minori: a sud, Marina di Pietrasanta e Fiumetto sino a Tonfano, Focette, Camaiore e Viareggio. Questi ultimi, frequentati e vissuti dalla fine dell'Ottocento fino all'inizio del secolo dalla piccola e media borghesia toscana sotto la forte influenza dello stile di Giacomo Puccini, addossati al luogo simbolo di quella stagione, il lago di Massaciuccoli, con le opere a Viareggio del grande scultore Lorenzo Viani, con le tradizioni del suo Carnevale con i giganteschi carri e le maschere di cartapesta di Burlamacco, e con una discreta attività di pesca costiera e di cantieristica leggera. Viareggio e le sue frazioni costruite, con i suoi grandi alberghi del lungomare, Royal e Grand Hotel, il leggendario Caffè Fappani e il Gran Caffè Margherita, influenzato dall'Art déco di Galileo Chini e Alfredo Belluomini, oggi in parte libreria Mondadori, e la passeggiata a mare. Un ricalco provinciale italo-italiano della parte alberghiera della Costa Azzurra: la Grande Corniche, Cannes, Nizza, Montecarlo e Mentone.

A nord di Forte dei Marmi, invece, il Cinquale, il Poveromo, Ronchi, fino a Marina di Massa, poi Marina di Carrara e poi, all'interno verso il marmo, il comune di Montignoso, dove dalla metà dell'Ottocento erano insediate le famiglie Sforza e i grandi proprietari, non italiani, delle Apuane, gli inglesi e i belgi.
A circa quattrocento metri dal bagnasciuga, oltre le prime dune e prima della densa pineta marittima, viene steso nell'immediato dopoguerra, intorno al 1920, un nastro di asfalto: il lungomare a tripla carreggiata, da Camaiore fino a Marina di Massa. Sono circa venti chilometri. Lungo questo asse rettilineo, sulla parte interna, sorgono le ville che fronteggiano il mare, e sulla parte esterna, invece, tutti gli stabilimenti balneari fatti di cabine in legno con un padiglione centrale, anch'esso in legno. I trecento metri che rimangono prima dell'acqua sono, d'estate, occupati da tende, ombrelloni, incannucciate e tettoie realizzate con pali di legno, pagliarelle e teli per lo più verdi. A nord di Forte dei Marmi, la villa più imponente, verso la fine degli anni Venti, è diventata quella dei Ruffo di Calabria, seguita dalla grande casa degli Albertini, dalle piccole ville di Carlo Carrà e Mino Maccari. Sul fosso del Cinquale-Ronchi si alza la grande capanna di bambù, "L'Ungherese," una pasticceria che ha però anche una grande rete fissa, a bilancia, per pescare il "novellame", lì all'imboccatura del canale. "L'Ungherese" è una pasticceria considerata il santuario della costa per i suoi sopraffini, umidi *strudel* a foglia leggera, con uvette, pinoli, mandorle e zucchero glassato. Poi, oltre le

ville delle famiglie dei Pellizzi, dei Clerici e dei Fantoli, si entra in paese, e si interrompe per un lungo tratto l'allineamento delle ville che guardano il mare. È quella la zona che viene chiamata "Roma imperiale", vicino all'Hotel Franceschi, e più tardi, alla fine degli anni Venti del Novecento, vicino alla "Capannina," il luogo della notte e della musica della Versilia. Lì intorno si trovano le grandi ville dei Theodoli, dei Baslini, dei Del Drago, dei Ruspoli, lungo la via interna che va verso il Campo sportivo, dove ogni pomeriggio, in bicicletta, il capitano della Juventus Virgilio Rosetta raggiungeva il campo di calcio, lanciava verso la porta un pallone di cuoio scuro, lo riprendeva e poi lo calciava verso il centrocampo, in tuta, con la sua taglia massiccia e la faccia bionda e bianca come quella di Spencer Tracy, così per qualche ora ogni giorno. Si è a metà del paese, lì dove vicino al tennis stanno, nell'allineamento interno, le ville di Annibale Scotti, il grande industriale del cotone, playboy e valente tennista non professionista, quella elegante dei Crespi, dei Riario Sforza, dei Moizzi, dei Mengarini, dei Rolli, fino alla Pensione Pergola e all'Albergo Alcione.
Sul lungomare, invece, in questa parte centrale, ci sono le ville più importanti, quella dei setaioli comaschi Rossi, quella dell'Ambasciatore Bastianini, quella, la più grande, degli Agnelli, quella dell'Ammiraglio Morin e poi, ormai quasi a Marina di Pietrasanta, le ville delle famiglie fiorentine dei Casalini, dei Pandolfini, dei Rasponi, dei Corsini e dei Pucci. Siamo ormai di fronte alla Versiliana, e la villa color mattone che la fronteggia è la Marsilvana del senatore

Virginia Bourbon del Monte a diciassette anni

Princess Jane di San Faustino Bourbon del Monte, al Lido di Venezia (da *Omnibus*)

Il principe Carlo di San Faustino, padre di Virginia, sul suo cavallo da polo, Roma 1914 c.a. (da *Omnibus*)

Nozze San Faustino-Agnelli

La cerimonia religiosa

Roma, Santa Maria degli Angeli, 8 giugno 1919: Virginia Bourbon del Monte Principessa di San Faustino e Edoardo Agnelli, oggi sposi (dal *Giornale d'Italia*)
Sotto: la Balilla degli anni Trenta

Campagna pubblicitaria Fiat del 1919 per promuovere i viaggi di nozze in auto (da *L'Illustrazione Italiana*)

Nella pagina a fianco:
Princess Jane a Roma: dopo la morte del marito, d'estate vestiva tutta di bianco, d'inverno di nero
In alto: Quattro generazioni: Maria Sole Agnelli, Virginia Bourbon del Monte Agnelli, la principessa Massimo, madre di Carlo Bourbon del Monte, e Princess Jane, moglie di Carlo
Sotto, a sinistra: Edoardo Agnelli negli anni '30

:: *COSE* ::

(Fot. Massaglia)

L'appartamento di Donna Virginia Agnelli

nel Palazzo di Corso Oporto a Torino

Dietro le alte frondosità dei platani di Corso Oporto a Torino il Palazzo Agnelli eleva la sua mole grandiosa. Offriamo ai nostri lettori la visione artistica di uno degli appartamenti di questo vecchio palazzo torinese che Donna Virginia Agnelli, romana di nascita (perchè figliuola di donna Giovanna Bourbon del Monte, Principessa di Sanfaustino) ha voluto restaurare con il suo gusto personalissimo, coadiuvata da artisti valenti romani e torinesi.

L'appartamento di Corso Oporto dalla grandiosa scala marmorea policromata (opera di artisti torinesi) all'intimità delle sale superiori, decorate e affrescate dal romano prof. Cisterna) è una casa che anderebbe studiata in tutti i suoi dettagli particolari. Lo spazio tiranno ci permette appena di ricordare i magnifici soffitti a cassettone di « Pezza » e il dettaglio speciale di luce indiretta, opera dell'ing. Wendel. Le fotografie di Massaglia sono del resto più eloquenti di qualsiasi ulteriore descrizione. Il magnifico appartamento ha accolto in una sera di fine maggio le LL. AA. RR. il Principe e la Principessa di Piemonte a un ballo sfarzoso a cui ha partecipato tutta la società torinese. In queste superbe sale vive la grazia squisita della bella Principessa romana che nelle brume della nordica Torino ha saputo circondarsi di una simpatia collettiva e cordiale.

A fianco, Torino, 1933: Giovanni Agnelli e il figlio Edoardo

Sopra: Torino, febbraio 1922, i saloni di corso Oporto (dalla rivista *Cose*)

Villar Perosa, 1922, gruppo di famiglia.
Gli adulti, *da sinistra*: il senatore Giovanni Agnelli, Carlo Nasi, Clara Boselli Agnelli, Edoardo Agnelli, Virginia Bourbon del Monte Agnelli, Aniceta Agnelli Nasi
Sotto: Torino, 1935, *da sinistra*, Gianni, Maria Sole, Giorgio, Susanna, Cristiana, Clara jr., Umberto, Virginia e Edoardo Agnelli

In alto: Forte dei Marmi, 1930.
Da sinistra: Gianni, Clara, Giorgio, Virginia, Susanna e Maria Sole.
Sotto: Torino, 1933, nel giardino di casa, Gianni al volante della sua Bugatti kid

Sopra: Sestrière, 1936: Gianni Agnelli e il nonno, il senatore Giovanni Agnelli
Sotto: Losanna, 1944. I sette figli Agnelli e in primo piano la piccola Ira di Fürstenberg
Da sinistra: Giorgio, Umberto, Clara, Cristiana, Gianni, Susanna e Maria Sole

Pinerolo, 1941.
Il sottotenente Gianni Agnelli in partenza per il fronte ucraino-russo

Dorothy Taylor Dentice di Frasso e l'attore George Sanders (da *Omnibus*)
A fianco: Gary Cooper, a Roma all'inizio degli anni Trenta

Gary Cooper negli anni Trenta
A fianco: Parigi, primi anni Venti, la marchesa Luisa Casati
in un ritratto di Giovanni Boldini (da *Omnibus*)

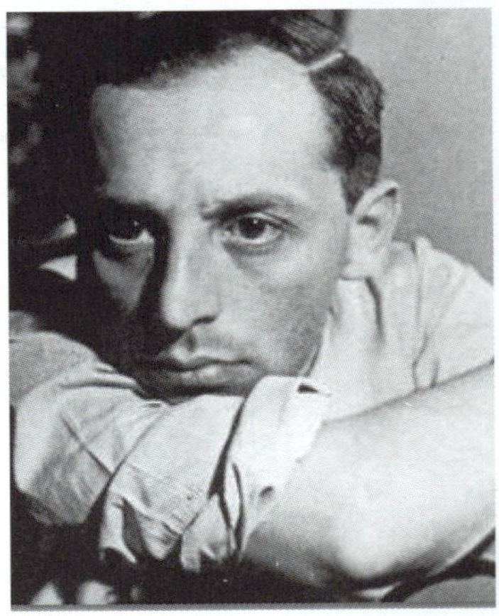

Barbara Hutton col marito Conte Haugwitz-Reventlow (da *Omnibus)*

Sotto, a sinistra: Raimondo Lanza di Trabia; *a destra:* Leo Longanesi, a Roma nel 1938

Paestum, 1935: Curzio Malaparte e Virginia Agnelli (cortesia del *Caffè Michelangelo*, anno II numero 2, maggio-agosto 1997, p. 8)

In alto, a sinistra: Finlandia, 1942, Malaparte: corsa nella neve dopo la sauna
In alto, a destra: Malaparte a Capri, 1953, con Alberto Moravia. *Sotto, a sinistra:* Malaparte in bicicletta a Capri, capo Massullo; *a destra*: Parigi, 1951, Malaparte con Jean Cocteau

Gianni Agnelli con Jacqueline Kennedy e la sorella Lee Radzwill,
Conca dei Marini, Amalfi 1962

Roma, 14 luglio 1943: Pio XII a San Lorenzo, dopo il bombardamento della capitale
A destra: Il colonnello Eugen Dollmann. *Sotto*: Il generale Karl Wolff

Roma, 21 novembre 1940, Piazza del Popolo, i funerali di Arturo Bocchini, capo dell'Ovra. *Primo da sinistra*, il generale Karl Wolff, capo delle SS in Italia *Al centro:* Heinrich Himmler, capo della polizia nazista; *accanto a lui*, *a destra*, il quadrumviro Emilio De Bono

Costa Azzurra, 1948: Gianni Agnelli con due amiche: vita mondana

In alto: Ira von Fürstenberg, l'unica nipote che Virginia abbia conosciuto
Sotto, a sinistra: Strasburgo, 19 novembre 1953. Giorgio Agnelli mentre entra nel castello di Osthoffen dove si svolgeranno le nozze del fratello Gianni con Marella Caracciolo
A destra: Marella Agnelli, 1953

Sestrière 1956, Gianni Agnelli con la sorella Cristiana Brandolini

Sopra: Villar Perosa, Gianni e Susanna Agnelli

Sotto: Torino, 2000, Stadio delle Alpi, Lapo e John Elkann con Gianni Agnelli

A fianco: Ritratto di Donna Virginia Agnelli Bourbon del Monte, realizzato da Léonor Fini
Sopra: Forte dei Marmi 1936, da sinistra: Susanna, Clara, Umberto, Princess Jane, Giorgio, Gianni, Maria Sole e Virginia
Sotto a destra: Il regista Mauro Bolognini

In alto: cancello d'ingresso a Bosco Parrasio, la casa romana di Virginia Agnelli *Sotto, a destra*: la villa di Bosco Parrasio

Forte dei Marmi, Villa Agnelli, oggi Hotel Augustus Lido. *Sopra*: la camera da letto di Virginia Agnelli; *sotto*: l'ingresso della villa. *Al centro*, la casa (*Cortesia dell'Ufficio stampa dell'Hotel Augustus Lido, Forte dei Marmi)*

Sestrière, Particolare del portale della chiesa di Sant'Edoardo: gli agnelli, simbolo della famiglia (*foto Ezio Romano*)

Clara

Gianni con Umberto sulle spalle

In alto Cristiana; *sotto:* Giorgio

In alto, Maria Sole; *sotto:* Umberto

Susanna

Sestrière, 1937, la chiesa di Sant'Edoardo con i grandi portali in bronzo dello scultore Arturo Dazzi. *Sotto*, Agnelli dello scultore François-Xavier Lalanne, nella casa di Gianni Agnelli, ristrutturata da Gae Aulenti, in via Borgonuovo, a Milano

Formelle della porta centrale della chiesa di Sant'Edoardo al Sestrière
(*tutte le foto della Chiesa di Sant'Edoardo e dei particolari sono di Ezio Romano*)

Piero Tosi con un costume di scena per la rappresentazione del "Don Carlos" alla Fenice di Venezia *(foto Fiorenzo Niccoli)*

Carlo Schanzer, con le famiglie delle due figlie, Fulvia e Loda, i Ripa di Meana e i Busiri Vici. Poco oltre, le ville di taglia media degli Aymonino, dei Bertoli, dei Moncada. Arrivando all'Albergo Colluccini a Fiumetto, proprio sulla foce di quel piccolo fiume, l'ultimo prima del grande, solenne e ungarettiano Serchio, tra Viareggio e Pisa, si è ormai quasi all'ultima stazione di avvistamento sulla frazione finale della Versilia, in vista del tratto di lungomare più estremo, incassato da Camaiore a Tonfano e, infine, Viareggio.
L'influenza della nuova formula "Forte dei Marmi-Agnelli" si conclude alle porte di Viareggio con l'imponente e pretenzioso complesso del Castello marino dei Rolandi Ricci preannunciato dalla villa toscana dell'italianista Luigi Russo. Così, riassumendo, si completa la panoramica della Versilia nata dopo la Prima guerra mondiale, quella intuita dall'Ammiraglio Morin e fiorita con la speranza della famiglia Agnelli di lanciare in quel luogo benedetto dalla bellezza naturale, con una propria villa, il modello di eleganza, di stile e di spazio collegato alle nuove esperienze e alle formule marittime e balneari della vicina Costa Azzurra, dopo i fasti franco-anglo-americani degli anni del dopoguerra di *Tenera è la notte*. Si interrompeva, con Forte dei Marmi, la ottocentesca tradizione piccolo-borghese italiana di andare ai bagni con la *rotonda* e il *belvedere,* tra pensioni popolari e villini floreali, lungo l'Adriatico e sul Tirreno dal Golfo di Napoli, a Bagnoli, su fino al Romito e a Cala Furia di Livorno.

Virginia Bourbon del Monte, dopo aver sposato nel 1919 a Roma, a Santa Maria degli Angeli, Edoardo Agnelli, aveva arredato, lanciato e restaurato con artisti romani e torinesi il Palazzo Agnelli a Torino, lungo i grandi platani di corso Oporto. E lì aveva accolto, in una sera di fine maggio, il Principe e la Principessa di Piemonte con un ballo sfarzoso[2]; negli anni successivi era stata incaricata dal suocero, il senatore Giovanni Agnelli, di arredare al Sestrière, il luogo di villeggiatura invernale piemontese, gli alberghi della Fiat.
Subito dopo Virginia spera di affermare, al mare, con lo spazio futuro di Forte dei Marmi, una sintesi di due formule nuove che furoreggiano: la prima proveniente dalla Costa Azzurra e dalle ville di Cap Ferrat, di Cap d'Ail, Cap d'Antibes e Eze-sur-mer, Beaulieu, delle grandi famiglie francesi, americane e inglesi e oltre l'Atlantico, da Long Island a nord di New York, fino ai Breakers a Palm Beach, con i loggiati aperti sul mare, le grandi e luminose stanze da letto, le stoffe, i colori, e le terrecotte provenzali. La seconda, più mediterranea e seduttiva, affidata ai capolavori di architettura estiva di Michele Busiri Vici, con ville e case dai soffitti a volta, l'intonaco grezzo color ruggine. Una suggestione che viene dai casali dei principi romani tra Civitavecchia e Anzio. Virginia Agnelli aveva dunque studiato queste due nuove interpretazioni dello spazio per il tempo della bellezza e del benessere estivo per la sua villa a viale Morin, immersa nella pineta e segnata da grandissimi orci e vasi dell'Impruneta gonfi di ortensie.

"D'estate andavamo a Forte dei Marmi", inizia così Susanna Agnelli uno dei più bei capitoli del suo libro, *Vestivamo alla marinara*[3]. "Quando la vita mi feriva c'era sempre la stessa spiaggia a raccogliermi. Il Forte non era troppo cambiato", così apre il capitolo LXXIX, che è l'ultimo del suo libro fortunato. E Suni si sposa dopo poche righe, prima della fine del libro, appunto a Forte dei Marmi. Nel saggio di Gigi Moncalvo *I lupi e gli Agnelli*[4], si legge che i più forti ricordi di Margherita, la figlia di Gianni, sono per "il luogo che è Forte dei Marmi, la casa di nonna Virginia. Lì passavamo le vacanze cugini, zii e zie".
La casa di Forte dei Marmi rimane centrale nella storia di Edoardo, di Virginia, dei suoi figli e forse, dopo aver letto le parole di Margherita, anche dei suoi nipoti. È la casa degli Agnelli per antonomasia, dove tutti si sentono a loro agio e dove tutti vogliono andare "appena possibile". Da Virginia che l'aveva realizzata, ispirata e curata fino a quando finì la sua vita nella pineta di Migliarino nel novembre del 1945, viaggiando da Roma verso Forte dei Marmi, e da dove, in una calda giornata di luglio di dieci anni prima, 14 luglio 1935, suo marito Edoardo partì per il suo ultimo volo in idrovolante verso Genova. Forte dei Marmi, dove appunto si è sposata la loro figlia Suni, luogo sempre evocato nei diari di Clara, Cristiana, Umberto e, come abbiamo detto, anche dalla nipote Margherita qualche anno fa. Tre generazioni di quella famiglia che, quando le cose sono state difficili a Torino, Roma, in Svizzera, a Londra, in Francia e a New York, ha sognato solo di tornare a Forte dei Marmi.

Forte dei Marmi aveva dei suoi riti precisi: quello all'alba, quando nella bonaccia immobile delle prime ore del giorno dopo la levata del sole, i gozzi dei pescatori della costa stendevano la mezzaluna della grande rete, la *sciabica*, che poi tiravano con dei canapi a tracolla con passi brevi, ritmati, all'indietro, e che a poco a poco emergeva nel ribollire con la sacca finale della rete dove aguglie, raganelle, meduse, sogliole, triglie di fondo, seppie, pesci cappone, piccoli saraghi, rombi, calamari, cicale di mare, granchi, sardine, spigole, orate, merluzzetti, si dibattevano nella rete ormai stesa sulla sabbia bagnata, per poi finire immobili nelle grandi ceste di vimini. I pescatori allora, tutti ancora con le brache umide, iniziavano ad andare su e giù lungo la spiaggia vendendo il pesce alle famiglie. Con il primo vento, verso le otto e mezza, dai bagni privati venivano messi a mare i sei metri, i cutter internazionali a deriva mobile, la grande vela a poppa, la randa e il fiocco, la vela più piccola a prua legata alla punta del bompresso, l'albero orizzontale e frontale. Al centro della barca la chiglia e la deriva mobile e l'asta del lungo timone verso le sartie, con i cavi d'acciaio tirati verso la cima dell'albero maestro. E poi, più o meno alle dieci, si mettevano a mare le canoe con i lunghi remi a cucchiaio, i pattìni da corsa con il seggiolino scorrevole, i primi motoscafi Riva, quelli prodotti sul Lago di Iseo con legni pregiati e potenti motori americani Chrysler.

È utile per il lettore rileggere, se crede, una descrizione di Forte dei Marmi, di quello stesso paese e di quegli stessi anni Trenta e Quaranta, raccontata da un vicino di casa e di spiaggia degli Agnelli, un loro coetaneo che vide quelle due prime generazioni vivere anno, dopo anno, la famiglia di Torino a due passi, e che nel 1999-2000, nel suo libro autobiografico, così ne riferiva dieci anni fa: "...La nostra casa fronteggiava 'La Versiliana'. La villa cupa e quadrata era ormai sempre chiusa, sbarrata, grigia, con le finestre sconnesse. Si sentiva solo nel fondo della pineta, al di là della grande casa, la cadenza metallica della macchina che scrollava le pigne e poi rompeva i pinoli. E arrivava fino alla strada l'aroma penetrante di quel seme, pinus pinea – io in bicicletta rallentavo e ne ero stordito. Forte dei Marmi era il luogo della felicità: oltre ai miei fratelli e alle mie sorelle c'erano i cugini, e avevamo una vita da *Ragazzi della Via Pal*, lotte, partite, tornei di calcio sulla spiaggia, grandi costruzioni di trincee, sistemi di fortificazioni, tende. [...] Vicino avevamo i Corsini, la famiglia dei Principi toscani. [...] Un po' oltre, vicino alla Capannina, abitava Curzio Malaparte, che in paese incrociavamo lentissimo sulla sua bicicletta, i pantaloni lunghi bianchi, una maglia di seta blu e i capelli neri imbrillantinati, con una riga a sinistra e le braccia lucide, abbronzate e depilate.

Più vicino a noi, tra Viale Ammiraglio Morin e il lungomare, c'era la gran casa degli Agnelli con tutti gli accompagnatori e i figli di Virginia: Giorgio (che aveva la mia età e poi morì nel segreto), Umberto, Suni, Gianni, Cristiana, Maria Sole, Clara, e poi un *mare magnum* di loro amici: i Fürstenberg, i Bourbon del Monte, i Lanza di Trabia, i Saint-Just di Teulada, i Caracciolo, i de Robilant, i Rattazzi, i Pandolfini, i Casalini, i Riario Sforza e i Salviati. Dopo il bagno, quando non era più così caldo, tutti loro si incamminavano sulla sabbia bagnata e dura verso la tenda-palazzo verde scuro di un misterioso svizzero ricchissimo, Herr Wildt. Li vedevo avanzare in gruppi di tre/quattro sempre guidati da donna Virginia, alta, bellissima, con la massa di capelli rame e il corpo sensuale e magro, stretto da teli africani.

Noi avevamo solo un pattìno; loro avevano due motoscafi, canoe, barche a vela e pattìni da corsa. Noi avevamo le tende spioventi agganciate in alto alla cima di una lunga pertica, fissate con dei paletti affondati nella sabbia calda, che venivano spostati via via seguendo il giro del sole, e le sdraio; loro avevano i lettini sotto grandi tende bianche tenute alte e fluttuanti da quattro pali verdi, ma soprattutto, all'ora magica del tramonto, salivano sui loro cavalli e galoppavano sulla battigia, e noi no. Così noi, la fanteria, facevamo a quell'ora delle incursioni distruggendo le loro trincee, e loro in risposta contrattaccavano calpestando con i cavalli le nostre fortificazioni. In mezzo, tra noi e loro, si stendeva una breve terra di nessuno, il Bagno Balilla, oggi diventato il meno impegnativo 'Bagno Piero'.

Uno dei segni del privilegio e della potenza della famiglia Agnelli era il trampolino che veniva messo a mare. Un trabattello bianco ancorato al largo che noi, a volte, usavamo clandestinamente, fintanto che il bagnino di turno restava distratto, o fingeva di esserlo, per poi staccarsi dalla riva in pattino e cacciare gli abusivi dal pontone al grido proprietario di 'trampolino privato!'.

Questo mondo estivo era il mio pianeta: le biciclette avevano il contachilometri al mozzo, i coni gelato di Glacia esaltavano anche i più riluttanti, il mercato del mercoledì in piazza era una esplorazione del mondo, le radio a galena con l'ago di rame puntato come ricevitore sul cristallo di solfuro di piombo in una Toscana di terrecotte, di ombrelli verdi, di lenzuola e federe stese sui grandi terrazzi assolati ricoperte di lavanda, di bomboloni e mente di Viareggio"[5].

Gli intellettuali del Forte sedevano il pomeriggio al Caffè Roma al quarto platano: Enrico Pea, Roberto Longhi, Manlio Cancogni, Giorgio Bassani, Mario Tobino, Leonida Repaci, Carlo Carrà, Cesare Garboli, Alberto Moravia, Leo Longanesi, Emilio Cecchi, Curzio Malaparte, Henry Moore, Anna Banti, Luigi Russo, Vasco Pratolini, Corrado Alvaro e tanti altri. Quell'*angolo critico* all'aperto era il contrappeso di quel tempo. L'*angolo dei pareri diversi,* l'angolo della fronda che non teneva conto del regime. E poi, vicino al Caffè Roma, c'era anche la cucina da cui partiva per la spiaggia il re delle focaccine, Pietro, che con il suo gigantesco portavivande/portabibite in alluminio, con un casco coloniale bianco che copriva i capelli rossi e un volto irlandese, percorreva due volte al giorno dieci chilometri sulla sabbia con pantaloni bianchi al polpaccio e la camicia bianca, vendendo focacce calde, mente di Viareggio di zucchero fuso, piadine al prosciutto crudo e chinotti. E verso settembre si incontravano le famiglie stanziali di quella parte della

Toscana, i Cenami Spada, i Manzi, i Fantoli, i Matteucci, i Pizzetti, i Casella. Il più delle volte quando ci si trovava sul marciapiede della farmacia Di Ciolo, all'angolo di Via Carducci, in vista dei grandi vasi di vetro amaranto e dei cassetti di legno d'acero, e accanto alla colonna meteorologica di metallo con tutti i quadranti, termometri, barometri e igrometri sull'angolo della Piazza del Mercato. E poi, spesso tutti insieme a conversare, i tennisti Gianni Cucelli, Marcello del Bello, e l'ultimo che giocava con i pantaloni bianchi lunghi, Francesco Romanoni, campione italiano di Prima categoria del 1942.

In settembre, tra l'altro, Forte dei Marmi ha nei primi metri del mare un fenomeno inspiegabile: l'acqua che è sempre sabbiosa tutti gli altri mesi dell'anno, in settembre crea un fondale di acqua distillata, incolore, quasi fosse versata da una suprema farmacia divina. È il mese anche delle grandi "girellate". In altre parole quando ci si porta un po' lontani dalla riva, dopo una libecciata, si attende con una tavola di legno che arrivi l'onda lunga che ti depositerà, dopo una interminabile scivolata sul ventre e sul legno, sulla sabbia calda della riva. La domenica tutti, per quasi trent'anni fino all'Anno Santo, sono andati sotto i tralci della vigna della Pensione Pergola ad ascoltare la messa delle undici. Uno spazio rassicurante, quello di Forte dei Marmi-Agnelli, non solo per la famiglia che tirava la volata, ma anche per tutti gli altri. In quella pianura stretta tra le montagne di marmo e il mare cristallino di settembre, tutti si sentivano più sicuri. In quella lingua di terra ci si sentiva in una zona franca negli anni Venti e Trenta, fino al Quarantacinque, ispirata alle novità di altri paesi, meno chiusi e meno autoritari di quello italiano. L'impressione era che la Versilia fosse più aperta al mondo, meno invasa dai potenti, non riserva di caccia dei gerarchi, protetta dalla ricchezza privata. In fondo, protetta dalla Fiat, che c'era ben prima del Regime.

Capitolo quinto
Edoardo e Curzio Morte e amore

La chiamava "la mia fidanzata" ed era l'unica donna della sua vita che avesse mai definito così. L'unica con la quale arrivò a un passo dal matrimonio.
La storia d'amore fra Virginia Agnelli e Curzio Malaparte è insieme dramma e commedia (a volte sfiora il ridicolo), con qualche sfumatura di noir: bugie, pedinamenti, tradimenti, fiumi di denaro, mescolati alla politica, al potere, alle sentenze dei magistrati. In mezzo, sette ragazzi innamorati di una madre che proteggono da se stessa e dagli altri.
Il rapporto fra i due, sin dall'inizio, è a cavallo tra la realtà e la trasfigurazione letteraria. Malaparte raccontava agli amici di aver conosciuto Virginia sulla spiaggia di Forte dei Marmi: passeggiava, quando vide una donna seduta vicino al mare. Le si avvicinò e notò che piangeva. Era la sera stessa della morte del marito Edoardo[1].
La fine dell'erede dell'impero Fiat avviene il 14 luglio 1935. Edoardo è al Forte per il week-end. È una giornata calda. I ragazzi Agnelli sono al mare con nonna Jane. Virginia è in Francia, a Bagnoles de-l'Orne con i bambini più piccoli, per seguire una cura. Nulla di grave: fragilità dell'apparato respiratorio, ulcera allo stomaco.

Mentre Gianni, Suni e gli altri passeggiano lungo la spiaggia, vedono sulle loro teste un idrovolante che, si capirà

dopo qualche minuto, ha ai comandi l'asso dell'aviazione Arturo Ferrarin. Dopo poco è sull'acqua. Così, a distanza di quarant'anni, nel 1975, Suni ricorda in *Vestivamo alla marinara* l'arrivo del velivolo Fiat S80: "Scende in mare davanti al tratto di spiaggia dove ci sono le nostre tende. Un pattino si avvicina all'aereo e torna a riva con Ferrarin, che dal seggiolino saluta allegramente con la mano. Mi fa fare un giro in aeroplano; poi uno a Gianni. È la prima volta che voliamo"[2].
Edoardo pranza con tutta la tribù e comunica a Gianni che come punizione per essere stato rimandato in condotta e doversi quindi presentare agli esami di riparazione a ottobre in tutte le materie, dovrà rientrare a Torino in treno nel primo pomeriggio. Tant'è che Gianni, dopo pranzo, accompagnato dal precettore, parte dalla stazione ferroviaria di Viareggio. Edoardo deve anche lui tornare l'indomani a Torino. Ma ha deciso che la prima parte del viaggio la farà volando da Forte dei Marmi a Genova, e di lì proseguirà in treno. Nel tardo pomeriggio l'idrovolante decolla.
L'ammaraggio a Genova è perfetto. Tutto va liscio sino a quando il velivolo, avvicinandosi alla banchina dell'idroscalo, urta un tronco di legno che flotta a pelo d'acqua. L'aereo si rovescia e l'elica del motore ancora in moto colpisce e quasi decapita Edoardo che si era alzato in piedi per scendere. Ferrarin, rimasto seduto ai comandi, resta incolume, nemmeno un graffio. Ma rimarrà scioccato per tutta la vita.
La ricostruzione ufficiale dell'incidente apparve sul "Corriere della Sera" del 19 luglio 1935, in seconda pagina, in

un articolo intitolato *L'inchiesta sulla morte dell'avv. Agnelli* e su "La Stampa" del 19 luglio 1935, pag. 2, col titolo: *L'inchiesta sul tragico incidente che costò la vita a Edoardo Agnelli.* "Il Ministero dell'Aeronautica affidò al generale dell'A.A. Todeschini Lalli il compito di fare un'inchiesta per stabilirne le cause. L'inchiesta, corredata da molte fotografie, da una cartina topografica del porto e da molte testimonianze oculari, è del seguente tenore: [...] Il comandante Ferrarin riuscì a sciogliersi, ad uscire dall'apertura sommersa della cabina di pilotaggio e ad aggrapparsi a un'ala. L'avvocato Agnelli, che per prudenziale consiglio del pilota si era slegato pochi istanti prima dell'ammaraggio, sorpreso dalla capottata, sollevato sul seggiolino per meglio osservare[3], venne per inerzia proiettato contro il vetro anteriore della cabina che si frantumò, consentendo al corpo un ulteriore spostamento in avanti fino a raggiungere con la testa il piano di rotazione dell'elica. Egli venne tratto dall'acqua dal personale della R. Guardia di Finanza di servizio, con una pirobarca, a circa 60 metri dal punto dell'incidente ed immediatamente soccorso. Sottoposto a respirazione artificiale, restituì qualche boccata d'acqua, ma la ferita alla testa prodottagli dall'elica era talmente grave che provocò la morte"[4].

Naturalmente sono molte le congetture sulle ragioni dell'incidente: c'è chi parla addirittura di omicidio e chi se la prende col pilota che sarebbe stato ubriaco. Chiacchiere, cattiverie, insinuazioni, ma prove nemmeno una. In realtà, sembra che l'incidente sia avvenuto solo per una tragica fatalità[5].

A dare la notizia della morte ai ragazzi è Princess Jane, che l'apprende al telefono. La villa del Forte piomba in un cupo silenzio. Il senatore Agnelli, che è a Levanto, parte per Genova subito dopo aver ricevuto la drammatica comunicazione: non sa ancora che il figlio è morto sul colpo. Lo apprende solo quando arriva all'ospedale. La fine, a soli 43 anni, di Edoardo è una prova durissima per tutta la famiglia. Il vecchio padre si ferma a fissare il figlio morto per dieci minuti "senza un gesto, senza una parola, senza una lacrima"[6] nella camera mortuaria del nosocomio di Genova. Raccontano che è sconvolto. Rientra immediatamente a Torino. Al funerale, scoppierà in lacrime davanti alla nuora.

Frattanto anche Virginia e i figli hanno raggiunto Torino. Suni descrive così il suo arrivo a corso Oporto: "Il portone di casa era semichiuso e coperto di drappi neri, come si usava a quel tempo in segno di lutto. La casa era un fiume di gente che saliva e scendeva per lo scalone... Gianni era solo in una stanza, il pavimento coperto di giornali. Mia madre era sdraiata sul suo letto. Si capiva che tutte quelle persone la disturbavano. Era completamente persa. Mi faceva pensare a un animale ammalato dentro la gabbia"[7].

La morte del marito fu per Virginia un autentico shock. Il rapporto con quell'uomo raffinato e mondano non era sempre stato idilliaco: lui non sopportava i continui ritardi della moglie e la rimproverava molto spesso per il suo modo di fare, così diverso da quello tradizionale delle signore alto-borghesi, e per il suo linguaggio sboccato.

Non amava nemmeno le sue inflessioni romanesche che a Torino non erano apprezzate. E poi c'erano stati i tanti pettegolezzi sui tradimenti. D'altronde, anche Edoardo non era stato certo un campione di fedeltà, come abbiamo già avuto modo di raccontare.

Eppure, quell'unione diversa e criticata da molti perbenisti, conservava una sua solidità: Virginia aveva aiutato molto il marito, agli inizi degli anni Trenta, per far sorgere la località sciistica del Sestrière, sul confine alpino con la Francia. E poi Virginia era pur sempre, così diceva il Senatore nelle conversazioni private con gli amici, una donna simpatica, generosa, bellissima, con una vivacità contagiosa. Doti in grado di riconquistare il suo sposo Edoardo, dopo gli screzi. Per quanto riguarda i figli, Virginia era senz'altro una grande madre, affettuosa e divertente. Li amava e ne era riamata. Quella nidiata di sette fra ragazze e ragazzi, inoltre, la rese molto popolare – come già ricordato – presso i gerarchi fascisti: una bella icona da esibire per la campagna a favore dell'incremento delle nascite. Ebbe persino in premio una tessera gratis per i trasporti pubblici di Torino. Naturalmente non la usò mai, ma l'idea di avere un riconoscimento per il suo ruolo di mamma la rese felice. E a Edoardo, decisamente vicino al partito fascista, non dispiacque l'attenzione riservata alla moglie da parte degli esponenti torinesi del Regime, anche se la signora Agnelli di politica non voleva sentir parlare.

La morte di Edoardo provocò, dunque, in Virginia un sincero dolore, accompagnato all'angoscia di trovarsi, a

35 anni, con ben sette ragazzi da crescere e da educare. Il suo sentirsi persa il giorno del funerale del marito era inoltre una sorta di presentimento di ciò che le sarebbe capitato da lì a 18 mesi. Senza riuscire a trattenere le lacrime, partecipò alla Messa funebre, alla quale furono presenti anche il Duca d'Aosta e il Principe di Piemonte, ma non seguì il feretro issato sul carro trainato dai cavalli neri. "Dopo la benedizione in chiesa – racconta Suni – ci siamo seduti in automobile con mammà e siamo partiti per Villar Perosa dove papà sarebbe stato sepolto. Mia madre portava un velo nero che le incorniciava la faccia. Mi teneva sulle ginocchia e mi stringeva un braccio, di tanto in tanto, così forte che quasi mi mettevo a gridare"[8].
Il lutto rinsaldò i legami fra Virginia e il senatore Agnelli: i due collaborarono ed ebbero eccellenti rapporti – gli ultimi ancora civili, nemmeno lambiti dal feroce scontro che sarebbe esploso di lì ad un anno. Insieme si adoperarono, proprio al Sestrière, per la costruzione della Chiesa di Sant'Edoardo nel ricordo del figlio e marito. La Chiesa sarebbe stata edificata interamente in pietra, a tre navate, con porte in bronzo di ingresso dal portico all'interno. Virginia scelse lo scultore Arturo Dazzi, uno dei più valenti artisti di quei tempi, per le porte laterali in bronzo, che avrebbero ricordato, con la rappresentazione allegorica di un gregge, il nome della famiglia. Ma l'opera più importante sarebbe stata la porta centrale. Per questa Donna Virginia aveva già stabilito il soggetto: i bassorilievi in bronzo dei profili dei suoi sette figli, affidati sempre

allo scultore Arturo Dazzi. Nel luglio del '37, due anni dopo la morte di Edoardo, il Vescovo di Susa consacrò la Chiesa omonima affollata di valligiani, familiari e amici di Edoardo, come racconta Vittorio Bonadé-Bottino, nel suo libro *Memorie di un borghese del novecento,* nel capitolo "A sciare con gli Agnelli"[9]. Un'eco di questa decisione simbolica di Virginia, che il Senatore trovò perfetta, e cioè il nesso con il gregge scolpito in bronzo e il nome di famiglia, tornò misteriosamente dopo tantissimi anni, nel 1969, quando, per la sua casa di via Borgonuovo, a Milano, Gianni Agnelli chiese all'architetto che gliela stava ristrutturando, Gae Aulenti, di sistemare nel salone centrale un vero e proprio gregge di dodici agnelli realizzati dall'artista francese François-Xavier Lalanne: una "citazione d'amore" della madre.

Dopo le esequie di Edoardo, la famiglia si trattiene per qualche giorno a Torino. Poi, tutti insieme, compresa la nonna, Princess Jane, ma senza la madre, che torna per qualche giorno in Francia, riprendono il soggiorno marittimo. "Tutte le mattine – scrive Suni – un uomo passeggiava lungo la spiaggia. Dicevano che era uno scrittore che viveva a Forte dei Marmi 'al confino'. Doveva presentarsi tutti i giorni alla polizia e non poteva andare via. Aveva, al guinzaglio, uno strano cane bianco", Febo, un cirneco dell'Etna. "Princess Jane ha detto al bagnino di andare a dire a quell'uomo che voleva parlargli. Si sentiva sola e non l'attraeva affatto l'idea di parlare delle gioie o dei problemi borghesi dei signori che avevano le

ville vicino alla nostra. Avevano molti bambini e poca immaginazione"[10].
L'uomo si avvicinò a nonna Jane e Suni rimase molto colpita dallo sconosciuto. "Era bello, in una strana maniera esotica... Dalla testa ai piedi era coperto di un olio luccicante; aveva le ascelle rasate. Si è seduto al sole e ha incominciato a intrattenere Princess Jane che stava seduta all'ombra. Era un narratore affascinante"[11].
Malaparte stringe dunque un primo rapporto, di quelli da conversazione sotto l'ombrellone, con la madre di Virginia e solo dopo conosce anche la figlia. È sempre Suni a dettare i tempi: "Poi è tornata mia madre. Era bella, fragile, aveva trentacinque anni: era la madre, praticamente squattrinata, di sette figli che avrebbero un giorno ereditato un'immensa fortuna". E ancora: "Malaparte tornava a intrattenere Princess Jane, sulla spiaggia. Guardava mia madre con intensità"[12].

Il corteggiamento inizia con un certo ritardo dunque rispetto ai racconti dello scrittore. In compenso l'amore è quasi immediato: "Qualche volta – sono sempre parole di Suni – mammà ci portava a casa di Malaparte. Ci sedevamo nella stanza quasi vuota e Malaparte ci dava da bere la Malvasia di Lipari, dolce e dorata. Poi ci raccontava di un curioso ragazzo che era venuto a stare con lui. Ce lo descriveva disordinato e zoppicante, e mimava la sua maniera di scrivere sdraiato nel letto. Ci descriveva le collere di Maria, la guardiana, che perdeva la testa dalla rabbia alle macchie d'inchiostro di cui si riempivano le lenzuola. Il ragazzo, timido e aggressivo, si chiamava Moravia...

Seduti per terra lo ascoltavamo incantati, finché metteva la sua mano sulla testa di mia madre, le tirava i capelli e la canzonava. Allora prendevamo le biciclette e tornavamo a casa. Io ero un po' ubriaca e molto felice, pensando a mia madre che era rimasta con lui"[13].

Malaparte, quando sosteneva di aver incontrato Virginia la sera stessa della morte di Edoardo, non diceva la verità. E non sarà certo l'unica affermazione destituita di fondamento che farà durante la sua relazione con la vedova Agnelli. In realtà al momento dell'incidente del marito, Virginia si trovava in Francia. Rientrò per andare subito a Torino. Partecipò ai funerali e ripartì di nuovo, ma a Forte dei Marmi arrivò parecchi giorni dopo i figli.

Diverse testimonianze scritte – come vedremo – oltre a fare giustizia delle trasfigurazioni letterarie dello scrittore, smentiscono anche le invenzioni dei tanti "ben informati" dell'alta società torinese, che datavano la nascita dell'amore tra il '30 e il '31. Anzi, spiegavano la cacciata di Malaparte dalla "Stampa" col diffondersi della notizia che il direttore aveva una relazione con la nuora del proprietario. Non si può escludere che Virginia e lo scrittore si siano incontrati per la prima volta a Torino e che lì abbiano anche avuto qualche frequentazione. Ma è del tutto improbabile che possano aver avuto una storia. In quel periodo, infatti, Malaparte viveva forse il suo amore più importante con colei che nei suoi libri e nelle lettere chiamerà Flaminia, una nobildonna piemontese, molto "presa" dallo scrittore. Malaparte la frequenterà intensamente sino all'inizio della *liaison* con Virginia. Di questa signora

sinora nessuno ha mai scritto nome e cognome, quasi che tutti, anche a distanza di decenni, volessero rispettare il riserbo che si era imposto Malaparte. La sua identità è ormai da tempo accertata e compare anche nei verbali dell'Ovra[14]: si tratta infatti di Bona Morozzo della Rocca, della famiglia dell'eroe medaglia d'oro del Monte Cengio, il Generale dei granatieri di Sardegna, Enrico, capofamiglia dell'amata, sposa di un giovane giurista di una grande famiglia di avvocati e di mecenati, i Borgogna di Vercelli. Flaminia, alias Bona Morozzo della Rocca – dicono i biografi dello scrittore – ebbe con Malaparte una storia che durò dal 1929 al 1935. I due fecero insieme molti viaggi in Europa, e la donna si adoperò per scongiurare, senza riuscirvi, l'esilio dell'amante a Lipari. Sembra che in questo tentativo avesse coinvolto anche il marito.
Difficile immaginare che un legame così importante, con una nobildonna piemontese tanto innamorata, potesse convivere con un'altra *liaison* con una signora che frequentava lo stesso ambiente torinese e che era nientemeno che la moglie dell'erede della Fiat. L'una escludeva l'altra: il carattere di entrambe era così combattivo da far ritenere che avrebbero posto un secco aut aut, un veto incrociato al famosissimo scrittore. Lo conferma la stessa Bona Morozzo della Rocca in una lettera del 1935. Subito dopo essere venuta a conoscenza della nuova storia, nata a Forte dei Marmi, che Malaparte stava spensieratamente vivendo: "Non glielo potevo perdonare", scrive la signora. "Tante altre sì, ma lei no. Con lei non lo potevo dividere; ci trovavamo troppo sullo stesso piano. Perciò,

appena lo seppi con certezza, gli scrissi che non lo volevo più rivedere. E così è stato"[15]. Malaparte non le chiese mai di desistere e la loro storia si chiuse definitivamente. Basterebbero questi fatti per consentire di escludere che l'amore tra Virginia e Curzio fosse iniziato nel '30-'31. Ma c'è un ultimo, decisivo argomento. Nella corrispondenza che lo scrittore intesseva dal confino a Lipari, la cui copia veniva conservata dalla polizia segreta, non figurano lettere a Virginia Agnelli. Non le avrebbe mai scritto? È praticamente impossibile, entrerebbe in contraddizione con il comportamento che Malaparte era solito tenere con tutte le sue donne.
Queste considerazioni, accanto alle testimonianze dello scrittore stesso, di molti suoi amici e di Suni, rendono del tutto credibile che il legame fra Curzio e Virginia sia sbocciato alla fine del 1935. Come vedremo più avanti, l'inizio è databile con una notevole dose di precisione. Resta però da spiegare il fatto che Malaparte sia stato cacciato su due piedi e senza una ragione evidente dalla "Stampa" alla fine di gennaio del 1931. Il senatore Agnelli fu sprezzante con lo scrittore. Enzo Biagi racconta che così lo apostrofò: "Malaparte, qui dentro ci sono i soldi della liquidazione; li prenda e, per favore, mi restituisca la busta"[16].
Se la ragione del licenziamento non sta dunque nei pettegolezzi dei salotti torinesi, che cosa era accaduto davvero? Prima di arrivare alla causa più plausibile, occorrerà scartarne alcune altre: certamente non dipese dal fatto che la direzione malapartiana non avesse giovato al giornale.

Anzi, il quotidiano in quel periodo vendette molto di più e crebbe nella stima dei lettori. E del resto chi conosce il mondo della carta stampata sa bene che diffusione e credibilità sono più raramente di quanto si creda il metro con cui gli editori valutano i direttori. Molto più spesso contano i rapporti interni, o quelli col mondo politico, o altre questioni ancor più imperscrutabili.
Si sa per certo che il senatore Giovanni Agnelli aveva dato mandato a Malaparte, conosciuto a Napoli nel 1928, di confezionare un quotidiano sufficientemente anticonformista da attirare l'attenzione e il consenso di operai e intellettuali, avvicinandoli, al tempo stesso, al fascismo. L'operazione era difficile, ma lo scrittore ci riuscì grazie a un mix sapiente di informazione popolare (fece paginoni di foto), di grafica (assunse Mino Maccari, il più brillante e creativo grafico e cartoonista del tempo) spiritosa e moderna, accompagnata da una terza pagina dove scrivevano tutti i più importanti narratori e letterati italiani. La "Stampa" – questo fu il vero capolavoro – riuscì a non appiattirsi mai sul consenso acritico al Regime, senza diventare però antifascista. Malaparte dunque rese vincente il progetto del senatore Agnelli. E lo realizzò in tempi rapidi, evitando per di più all'editore di spendere troppo denaro.
Ma allora perché mai ci rimise il posto? Delle tante possibili spiegazioni la più plausibile sembra essere quella fornita da Giordano Bruno Guerri: entrò in rotta di collisione con l'amministratore delegato della "Stampa", il ragioniere Giuseppe Colli[17]. Fra i due si sviluppò una lot-

ta a coltello, al termine della quale – come spesso accade in questi casi – vennero cacciati entrambi. Malaparte ci rimase malissimo anche se strappò una super liquidazione: probabilmente più di un milione di lire. C'è chi sostiene che i milioni furono addirittura tre[18]. Lo scrittore però non era un uomo da dimenticare un simile sgarbo: se la legò al dito, tanto che nacque allora in lui una gran voglia di farla pagare cara al senatore Agnelli. Voleva recuperare il suo posto alla "Stampa" e vendicarsi del vecchio editore che aveva cacciato su due piedi il più illustre scrittore italiano. Vedremo più avanti che l'orgoglio ferito del grande Narciso avrà un certo peso nella sua decisione di impegnarsi nella conquista di Virginia[19].
L'inizio dell'amore fra i due è particolarmente coinvolgente. C'è il racconto di Susanna a testimoniarlo, ma ci sono anche le parole di Malaparte: "Fin dal primo giorno, fin da quando, volgendo verso me la tua nera testa di cavallo, mi hai per la prima volta incontrato con lo sguardo (la lunga criniera ondeggiava dolcemente sulle tue spalle bianche), hai sentito quel che di segreto, di misterioso, è nella mia natura. Hai capito che io non sono soltanto un uomo: ma donna, cane, pietra, albero, fiume"[20]. Queste poche righe dimostrano l'intensità che corre fra i due sin da subito. Lo scrittore si sente compreso nella sua più intima natura e amato nel profondo. Amore che dà mostra di contraccambiare con slancio: le parole citate costituiscono infatti la premessa a *Donna come me*, una raccolta di tredici mirabili racconti edita da Mondadori nel 1940. Per lei scrisse anche dei versi:

"Solo per te, Virginia, solo per te/aprirò il cielo notturno alla mia fronte, /il sapore del mio sangue solo per te, /Virginia brucerà la bianca notte d'estate"[21].
Nonostante questi scritti vibranti, ispirati da quella giovane donna conosciuta al Forte, Malaparte era tutt'altro che un amante caldo e coinvolgente. Era anzi piuttosto frigido. La verità – a stare alle testimonianze di tanti amici – è che, nonostante avesse avuto parecchie storie con donne bellissime, nonostante fosse superbo nel corteggiamento, allo scrittore "le donne non interessavano". Non solo si innamorò molto raramente, o forse mai nel senso più pieno, ma non era nemmeno un uomo focoso. Secondo un amico e compagno d'armi (che condivise con lui lunghi mesi di guerra), Lino Pellegrini, "faceva uso di pillole a base di tiroide, per consumar di più e neutralizzare certi desideri"[22]. E perché una scelta così ridicola? La stessa fonte risponde riportando le spiegazioni di Malaparte: "Perché andar con una donna è un affare molto importante, serio. E poi perché ogni volta è un giorno in meno che si vive". Secondo Giancarlo Vigorelli, Lamberti Sorrentino e Arturo Tofanelli, tra i più celebrati letterati e giornalisti di quegli anni, e altri amici che ebbero con lui una lunga frequentazione, Malaparte non aveva neanche bisogno delle pillole per concedersi poco e raramente. Per sua stessa ammissione, infatti, lo faceva al massimo una volta alla settimana, e talora di malavoglia[23].
Insomma, altro che insaziabile maschio latino! Le donne venivano nella scala dei suoi valori dopo la professione, il successo, la mondanità, il denaro. E forse

anche dopo gli adorati cani. Si lamentò a lungo perché Virginia non amava Febo, l'animale che gli fu fedele compagno di confino.

Certo, di conquiste poteva farne quante ne voleva: era bello, era famoso, era affascinante. Di lui era facile innamorarsi, ma era difficile riceverne attenzioni sessuali, impossibile o quasi averne amore. Ebbe – come si raccontava un po' ovunque – molte donne e, anche quando divenne anziano, continuò ad essere un *tombeur de femmes*, conquistando ragazze giovanissime. Si comportava con loro come un padrone, e aveva persino una sottile vena di sadismo. Basta leggere il racconto di Biancamaria Fabbri in un libro autobiografico dal titolo *Schiava di Malaparte*, per averne ulteriore conferma. Un sadismo che si manifestava sotto forma di una maniacale avarizia, al punto di affamare chi viveva con lui[24].

La storia con Biancamaria finì bruscamente: un giorno Malaparte scrisse a "Cianfrugliona" – così la chiamava – che non le avrebbe fatto fare nessun film, e lei lo abbandonò[25].

Anche per Virginia esisteva un nomignolo, una specie di nome in codice, con cui lui la chiamava e con cui lei a volte firmava le sue lettere: "Scianflusciona"[26]. Pare inoltre che ci fosse un'altra donna, un'amica che scriveva all'*arcitaliano* da Boston, (Ocean Drive), negli anni '50, quando ormai Virginia non c'era più, e che spiritosamente si firmava "Virginia the second" o a volte anche "Scianflusciona". Un'altra piccola traccia di Virginia "la prima", se così possiamo dire, si trova nell'Archivio Malaparte: si

tratta di una lettera scritta da Luisa Pellegrini, segretaria di redazione di “Prospettive”, in cui avverte lo scrittore che Virginia gli ha lasciato in via Gregoriana 44A (sede della rivista) un orologio e un biglietto.
Che Malaparte avesse scarsa considerazione dell’universo femminile, lo si desume anche da una sua lettera del 1952 a un giovanissimo Nantas Salvalaggio. Qui si capisce bene come per lui i successi nel lavoro venissero ben prima dell’amore. “Fai bene – scrive – a lavorare. Lavora, dunque. Con gli articoli non si arriva in nessun posto. Servono a far vivere. Ma è con i libri, anche i libricini, che ci si fa largo. Tu, ora sei nel periodo dispersivo. Poi capirai che le donne sono tutte uguali. Se ti innamorerai, allora ti sentirai spinto a provare, agli occhi suoi, e ai tuoi, che sei qualcuno, e ti metterai lavorare. Se poi la donna ti tradisce, allora lavorerai meglio, per dimostrare all’infedele che tu vali più di qualunque altro. La molla della gloria non è la donna come dicono i fessi (Dante, Petrarca ecc.), ma la puttana”[27].
Nelle opere di Malaparte i ruoli e le personalità femminili sono sempre secondari. In una lettera del 1950 a proposito di un film che stava girando scrive: “Non amo mischiare le donne alle storie degli uomini. La vita degli uomini è già tragicamente complicata senza aggiungervi le sdolcinature femminili. Tuttavia, ho dovuto mettere in scena delle donne, perché le donne esistono, nella natura e nella società, il pubblico vuole vedere anche loro in una storia ben bilanciata”[28]. E per descrivere le caratteristiche psicologiche della sua amante ideale, dice:

"Vorrei che avesse in sé... la nobiltà del cavallo... che la sua innocenza fosse ferina..."[29]. Fisicamente, invece, la vorrebbe "alta e bruna, di fianchi pieni e snelli"[30]. Ma sempre e comunque è lui al centro di tutto, il suo narcisismo dilaga e, alla fine, tocca le punte più banali del maschilismo all'italiana. In ultima analisi, ecco che cosa desidera davvero lo scrittore da una donna: "Vorrei che fosse mia madre e avere in lei, amante, la stessa confidenza, lo stesso abbandono che il bambino ha verso la madre"[31]. Il grande uomo, bello, colto, ricco, irraggiungibile, alla fine si rivela: ha bisogno solo della mamma.

Se questa è l'attitudine di Malaparte verso le donne, come riesce a rapportarsi con Virginia? Non c'è dubbio che quest'ultima abbia uno spiccatissimo senso della maternità, ma ha anche ben sette figli sui quali riversarlo. Eppoi, Virginia Agnelli, seppur eterna ragazza, talora sin troppo ingenua, non è certo una donna da poco. È ricca, importante, desiderata e corteggiata da molti uomini di gran nome. Non pende dalle labbra dello scrittore più in voga d'Italia come una diciottenne entrata da poco nel "salotto buono". E infatti Malaparte è gelosissimo, soprattutto di Theo Rossi di Montelera, nobile, aitante e super sportivo: fu anche campione del mondo di motonautica. Lo scrittore, dunque, a modo suo, si innamora di Virginia, che è una delle sole due donne che abbiano contato nella sua vita. L'altra – come già detto – è Bona Morozzo della Rocca, la Flaminia letteraria. Malaparte apprezza molto Donna Virginia – e come potrebbe un simile uomo non farlo? Il ruolo, i legami famigliari, le possibilità di "scalata" sociale e di potere che la sua frequentazione poteva offrirgli non possono non sedurre il grande Narciso. Al tempo stesso però, sarebbe ingeneroso verso lo scrittore sostenere che si trattò solo di questo. Ci fu pure un autentico, anche se contraddittorio, trasporto. Quanto a Virginia, amò Malaparte davvero. Sino a sfidare con fermezza e coraggio le conseguenze altamente drammatiche che quel legame portava con sé. Dei due, era certamente lei la più coinvolta.

A questo punto non resta che svelare da dove provengano tutte queste notizie minute e dettagliate sulla loro storia: è la polizia fascista a fornirle in una serie di rapporti molto precisi, ed è il suo capo Arturo Bocchini, da un certo momento in poi, a essere chiamato in causa per rafforzare quest'opera di occhiuta sorveglianza. I due agenti dell'Ovra che vengono messi alle costole della coppia sono i migliori di cui il Regime disponga: si tratta di Attilio Dubois e di Ezio Attieri[32]. Sono due personaggi molto abili e di alta estrazione sociale, tanto da essere in grado di infiltrarsi con facilità negli ambienti aristocratici e alto borghesi. Risultano inoltre entrambi molto ben pagati. Perché tanta attenzione poliziesca verso questo amore che Virginia Agnelli non nasconde e che Malaparte, in alcune occasioni, addirittura esibisce? Due le ragioni fondamentali. La prima riguarda lo scrittore, che il Regime guardava con molta diffidenza e che aveva condannato al confino prima a Lipari e poi a Forte dei Marmi. Era l'autore di *Technique*

du coup d'État, pubblicato in Francia, dove aveva avuto molto successo. Il saggio, che aveva anche un notevole valore letterario, è stato più volte accostato al *Principe* di Machiavelli. E, fatte le debite proporzioni, ne era in qualche misura l'aggiornamento. "La tesi è meno banale di quanto possa sembrarlo oggi"[33]: la conquista e il mantenimento del potere non dipendono da situazioni politiche e sociali, né tantomeno dalla "bontà" di una rivoluzione, ma da un fatto tecnico. Basta che un gruppo di "Catilinari", di destra o di sinistra, capaci e senza troppi scrupoli si mettano insieme, e riescano con la forza a impossessarsi di alcuni luoghi nevralgici dello Stato, ed è fatta. Per realizzare questo non è necessario il consenso delle masse, né che si verifichino determinate situazioni. Occorrono solo i capi giusti e un ampio e qualificato gruppo di congiurati.
Malaparte porta l'esempio del bolscevismo e di quello che considera il suo leader più capace e affascinante, Lev Trotzskj, da un lato, e del fascismo dall'altro. Trotzskj non gradì – come è noto – "il ruolo che Malaparte gli attribuiva di miglior organizzatore di colpi di Stato"[34]. Quanto a Mussolini, non ne usciva male: veniva presentato come un uomo moderno, freddo, audace e insieme violento e calcolatore. Deciso e capace di ottenere ciò che voleva. Ce n'era abbastanza, comunque, perché il libro non venisse tradotto in italiano: il Duce, che pure non era oggetto di particolari critiche, non poteva sopportare che nel decennale del suo avvento al potere, si parlasse di lui come dell'autore di un colpo di Stato.

Ma chi ce l'aveva davvero con Malaparte, non era tanto Mussolini, che nutriva un sentimento contraddittorio, quanto Italo Balbo[35]. Nello stesso periodo della pubblicazione in Francia della *Technique*, uscì anche un altro libro a sua firma. Il titolo era *Vita di Pizzo di Ferro, detto Italo Balbo*: si tratta di un racconto molto elogiativo, tanto da far sorgere il sospetto – visto che il protagonista era già odiato dal suo autore – che l'enfasi nel dipingere le sue gesta e la bellezza del suo corpo rappresenti un'autentica presa in giro. Voleva in realtà metterlo alla berlina, far passare, dietro le lodi, le critiche. E questo verrebbe confermato dal fatto che qualche tempo dopo l'uscita della *Vita*, in cui il fascismo ridiventa una Rivoluzione e cessa d'essere un colpo di Stato, Malaparte scrisse una lettera a Nello Quilici (famoso giornalista ferrarese, direttore del "Corriere padano", fondato da Italo Balbo), piena di attacchi a Balbo, sapendo benissimo che i due erano molto amici e che la missiva sarebbe finita nelle mani del ministro-aviatore. Lo scrittore, insomma, che pure era stato un ardente sostenitore del fascismo, grazie al suo esibizionismo finì nel mirino di uno dei capi più potenti del Regime. E mal gliene incolse per il presente e per il futuro. La caduta in disgrazia del romanziere potrebbe già di per sé spiegare perché i due amanti venissero spiati in continuazione dalla polizia politica: c'era chi, avendone i mezzi, aveva deciso di tenerlo sotto controllo e forse di ricattarlo. Ma non c'è solo questo. Da un certo momento in poi il pedinamento dell'Ovra diventa particolarmente pressante, pur non essendo accaduto nulla di nuovo fra Malaparte e

gli uomini del Regime che giustificasse questa escalation. L'impennata si verificò in coincidenza con la richiesta da parte di Giovanni Agnelli al capo della Polizia, Arturo Bocchini, di seguire tutti gli spostamenti della nuora. Un importante funzionario della Fiat a Roma, Benedetto Perotti[36], cominciò a inviare a Bocchini una serie di biglietti in cui, per conto del Senatore, manifestava il desiderio che gli spostamenti di Virginia venissero dettagliatamente registrati e trasmessi a Torino.
Le missive a Bocchini sono parecchie. "Il professor Valletta – scrive Perotti l'8 novembre 1936 – non ha potuto vederti stamane, ti manda i suoi saluti a mio mezzo, nell'attesa di farti una visitina nel suo prossimo viaggio a Roma. Domani è nuovamente qui la nota persona e il Senatore ti pregherebbe di voler disporre senz'altro per il noto servizio al solito albergo. Intanto ti saluta e ringrazia infinitamente"[37]. È questa la prima comunicazione rintracciata nelle carte della polizia, ma il tono usato mostra chiaramente che Giovanni Agnelli già da tempo aveva chiesto di spiare la nuora. Si parla infatti di "noto servizio", quando si chiede di fare controlli, e di "solito albergo" quando si indica il luogo dove avvengono gli incontri fra i due amanti. Si tratta dell'Hotel de Russie, Piazza del Popolo – via del Babuino, italianizzato negli anni del fascismo con il meno arciducale nome di Hotel Russia. Insomma, il linguaggio tradisce l'esistenza di una vecchia collaborazione con Bocchini a scapito di Virginia. Seguono poi altri quattro biglietti dello stesso tenore.

Dietro lo strettissimo rapporto Perotti-Valletta-Bocchini contro Virginia-Malaparte si profila direttamente il senatore Giovanni Agnelli. Lo conferma il fascicolo dell'Archivio Centrale dello Stato, "Confinati politici, Malaparte Curzio", che Giordano Bruno Guerri cita nel suo libro *L'arcitaliano. Vita di Curzio Malaparte*[38]. Certo è che Giovanni Agnelli giunse al punto di mandare Vittorio Valletta da Gherardo Casini, allora Direttore generale della Stampa italiana perché gli chiedesse, testualmente, se non poteva "mandare Malaparte in Giappone per qualche mese a fare un'inchiesta, naturalmente a spese della Fiat". Quella volta non venne accontentato, ma è difficile credere a un accidente se, poche settimane dopo la fine della pena al confino, Malaparte venne inviato a fare una lunghissima inchiesta in Etiopia. Né sembra un caso che nel febbraio del '37, all'improvviso, il Gabinetto del Ministero degli Interni dia disposizioni alla PS perché Malaparte non si allontani e non dia luogo, con la sua condotta, a rilievi. Il Capo della Polizia, Bocchini, entusiasta, prende la palla al balzo, rispondendo che "non si può impedirgli di viaggiare, perché Malaparte non è più confinato… bisogna confinarlo di nuovo?" Ma la faccenda non ha seguito[39].

La coppia Malaparte-Bourbon del Monte era dunque da tempo nel mirino della polizia. E lo scrittore rimase molto turbato dalle continue attenzioni dell'Ovra, tanto che una volta, a Forte dei Marmi parlando con Giuseppe Prezzolini del suo nuovo amore, gli indicò due individui che passeggiavano vicino a loro e raccontò: "Sono spie del senatore Agnelli. Sorvegliano per vedere

se rimango anche di notte con lei, perché lui non vuole che la sposi; mi ha fatto sapere che in ogni caso non darebbe neppure una lira"[40].
Ma perché Giovanni Agnelli ci teneva tanto a controllare, passo passo, la vita sentimentale della nuora? In fin dei conti il figlio, alla data dell'8 novembre del '36, era morto da circa un anno e mezzo. Virginia era ancora giovane e bellissima: non era poi un così grande scandalo che avesse una storia con uno degli uomini più affascinanti dell'epoca. Più avanti capiremo bene la ragione che indusse il più grande industriale italiano a rivolgersi all'Ovra per essere tenuto al corrente dei comportamenti della vedova di suo figlio. Il senatore Agnelli aveva motivi ben precisi e poco nobili.

La storia fra Curzio e Virginia è sicuramente iniziata alcuni mesi dopo la scomparsa di Edoardo. Le prime carte di polizia che ne riferiscono sono datate marzo-aprile del 1936. Dal rapporto dell'aprile 1936[41] si deduce che gli informatori (per un certo periodo Dubois e Attieri lavorano insieme) ritengono che l'amore sia sbocciato fra il dicembre del '35 e gennaio del '36. Dopo essersi recato a Torino e a Forte dei Marmi, uno dei due spioni scrive una lunga relazione di ben tredici cartelle. Innanzitutto, dal lungo rapporto emerge chiaramente come i pettegolezzi torinesi siano pesantemente anti Virginia, mentre al Forte la gente non sembra menar troppo scandalo per la storia della signora Agnelli con Malaparte. Il "fiduciario" poi nutre una certa simpatia verso di lei, mentre non nasconde la sua antipatia per lo scrittore. Proprio all'inizio del rapporto afferma: "... Ci sarà così dato seguire il cammino e la lenta metamorfosi subita da questi due esseri, e conoscere qualche lato della loro anima, qualche altro loro sentimento, la rettitudine e l'onestà dell'una, l'ambizione, il calcolo e l'arrivismo dell'altro". Per essere una spia, l'autore di questo rapporto è sin troppo incline a ricostruire i risvolti psicologici e caratteriali delle sue due vittime. Ciò detto, non tralascia di fornire dettagliati particolari, anche i più scabrosi, dei pettegolezzi che ha ascoltato a proposito di Virginia Agnelli. Ma non manca di far notare che spesso questi pettegolezzi contengono molte cattiverie, palesi esagerazioni, nonché vere e proprie calunnie. Come quando, ad esempio, racconta che a Torino le attribuiscono "una vita disordinata, convulsiva, immorale". "Si dice – prosegue il fiduciario – che sia stata l'amante di molti amici di famiglia e tra i tanti si parla di vere e proprie relazioni durate qualche tempo: con un personaggio di Casa Savoia – sembra il Duca di Pistoia – con il Conte di Montelera, corridore di motoscafi, con il pilota Ferrarin e, uno degli ultimi, il Conte Alberti di Torino, al quale attribuiscono la paternità dell'ultimo nato, il piccolo Umberto di circa un anno e mezzo"[42]. Sempre a Torino ne parlano come di una donna "malata, di carattere incostante, autoritario, proclive a godersi la vita", tanto da chiamarla "Messalina"[43].

Tutto questo e altro va davvero preso con le molle. I pettegolezzi torinesi sono i più acidi mai fatti su Donna Virginia. Ciò non significa che l'avvenente giovane signora non abbia avuto più di un'avventura: certamente dopo la morte di Edoardo, e forse anche quando il marito era ancora in vita. Non c'è dubbio però che la città della Fiat non l'amava affatto, e che lei la contraccambiava con identica moneta. Suni in proposito scrive: "Odiava talmente Torino, mia madre. La criticavano perché camminava per la strada senza mettersi il cappello; perché diceva, con un sorriso angelico, parolacce terribili; perché rifiutava di ascoltare i pettegolezzi cattivi delle vecchie, brutte signori torinesi"[44]. Virginia aveva ragione, le carte di polizia lo dimostrano. Del resto, basta spostarsi dal capoluogo piemontese e dai resoconti degli agenti dell'Ovra per leggere su di lei giudizi, dati anche da alcune importanti personalità dell'epoca del tutto opposti. Tra i tantissimi, Tamburi, Dazzi, Carrà, Moravia, Dollmann, Sirignano, Longanesi, Giardinelli, Maccari, Soldati, Fulvia Ripa di Meana e Elena Lante della Rovere.

Anche Edda Ciano, in una lunga intervista rilasciata a Domenico Olivieri (si tratta di una serie di dodici cassette registrate tra il 1980 e il 1990) pubblicata nel 2001 a cura di Nicola Caracciolo, autore anche dell'Introduzione, col titolo *La mia vita*, dice: "Sono arrivata a Lipari il 1° settembre 1945, il giorno del mio compleanno... Dal punto di vista economico... sono arrivata solo con diecimila lire che mi aveva dato Virginia Agnelli, che con me si dimostrò sempre molto gentile, mi venne anche a salutare in manicomio"[45].

Siamo di fronte, dunque, a una personalità notevole, capace di creare due partiti: uno a lei appassionatamente favorevole, l'altro smodatamente contrario. Non è Virginia ad essere "doppia", ma sono gli ambienti che esprimono le valutazioni su di lei a essere radicalmente diversi fra loro: dove regna perbenismo, ipocrisia e conformismo l'attaccano, dove c'è lealtà e apertura mentale, l'apprezzano.

Le notizie torinesi, che vengono riportate dall'informatore dell'Ovra, non ricevono comunque conferma da parte di altre fonti. E del resto sembra non crederci nemmeno chi le scrive. Come abbiamo visto, infatti, il fiduciario esprime – proprio all'inizio del suo rapporto – un'opinione positiva su Virginia e, al contrario, pesantemente negativa su Malaparte. I pettegolezzi, che girano vorticosamente a Torino, sono dunque significativi – e per questo meritano di essere riportati – soprattutto perché attestano di un clima cittadino avvelenato contro la vedova di Edoardo.
Naturalmente, nell'aprile del 1936, circolava anche a Torino la voce – questa volta assolutamente vera – che "Donna Virginia e Mario Kurt Suckert" – le carte di polizia chiamano lo scrittore con questo nome e non con lo pseudonimo che si era scelto – stavano vivendo un'appassionata storia d'amore. I due, secondo i soliti beninformati, quelli cioè "meglio introdotti in casa Agnelli", sarebbero "già fidanzati ma la cosa non verrebbe resa pubblica perché il lutto non è ancora finito". Insomma, a pochi mesi dall'inizio del loro rapporto, in molti si rendono conto che Virginia e Malaparte non stanno vivendo

solo un'avventura, ma un amore che potrebbe sfociare nel matrimonio.
A Forte dei Marmi il tono dei racconti è molto diverso. Si tende a sottolineare l'abile corteggiamento dello scrittore, un vero seduttore che ha conquistato "la donna più interessante" fra le tante e importanti villeggianti della Versilia. Suckert "seppe ben insinuarsi presso tutta la famiglia Agnelli – sostiene un rapporto di polizia – e specie si curò molto delle simpatie dei figli maggiori". Tanto che qualche signora "ebbe a dirgli se era divenuto da scrittore accompagnatore, o bambinaio"[46]. E in verità le due ragazze più grandi, Clara e Suni, furono molto colpite dalle attenzioni di cui venivano fatte oggetto e subirono il fascino di Malaparte. Clara gli inviava persino dei regalini tramite la madre: "Ti ha mandato una cosa che le aveva regalato Valletta. Lo ha voluto fare a tutti i costi"[47]. E Susanna, la più entusiasta dell'uomo di sua madre, ma anche sottilmente ironica, lo ricorda così: "Quando parlava, le cose che raccontava divenivano storie meravigliose. Lo avrei ascoltato per sempre e lui non avrebbe mai smesso di parlare"[48]. Al contrario, Gianni non lo amava affatto. Lo dipingeva così: "Leccato, profumato, con giacche azzurre dai bottoni d'oro, lucido e unto, faceva sempre dei calembour, dei giochetti di parole che non trovavo divertenti. Ad esempio, si chiedeva: Malaparte, che differenza c'è fra lei e Bonaparte? Che perderò ad Austerlitz e vincerò a Waterloo. Non mi pareva molto spiritoso"[49]. Nonostante ciò, quando la madre parlò ai ragazzi di un possibile matrimonio con lui, risposero che lo avrebbe-

ro accettato di buon grado. Nessuno di loro mostrò di provare fastidio. E questa è un'ulteriore prova dell'affetto che le portavano e della loro volontà di compiacerla.

Il corteggiamento dello scrittore a Virginia parte, dunque, da lontano: coinvolge, almeno all'inizio, prima la madre e poi i figli, solo dopo diventa più esplicito e diretto. Il grande seduttore usa tutte le frecce che ha al suo arco. Arriva ad approfittare del fatto che scrive sul "Corriere della Sera" e non esita ad alludere a lei in alcuni articoli che appaiono sul quotidiano[50]. *Dulcis in fundo*, con l'approssimarsi dell'autunno acquista una villa sul viale Savoia, che gli costa ben 400mila lire, e l'arreda con molto gusto ed eleganza, aiutato anche dalle due nuove amiche, Virginia Agnelli e sua madre. Dell'inizio dell'amore sarebbero inoltre al corrente anche Galeazzo Ciano e Edda. Il primo soprattutto intratteneva sia al Forte che a Roma rapporti molto amichevoli con la coppia. Insomma, ce n'è abbastanza perché le voci della storia fra Virginia e lo scrittore comincino a girare, prima con grande discrezione e qualche punto interrogativo poi, dopo il Natale del 1935, con insistenza, dandola ormai per certa. E probabilmente è iniziata proprio in quel periodo: cinque o sei mesi dopo la morte di Edoardo. Non è un caso che allora lo scrittore lasci cadere definitivamente ogni tentativo di riavvicinamento con Bona Morozzo della Rocca, che un paio di mesi prima gli aveva inviato una lettera-ultimatum. Ma, a dare tanta certezza, sono i comportamenti di Virginia Agnelli. Passa infatti, e per la prima volta, tutto l'inverno al Forte insieme con i figli. Gli

anni precedenti era più volte accaduto che, lasciata l'odiata Torino, se ne andasse all'estero. La permanenza nella villa al mare era dovuta anche al fatto che, quelle fra il 1935 e il 1936, erano anche le prime feste natalizie che i ragazzi Agnelli affrontavano dopo la scomparsa del padre. E Virginia, nonostante le sue esuberanze, era una madre sempre molto attenta. È innegabile però che la presenza al Forte di Malaparte rendesse più piacevole il soggiorno. Dopo i giorni bui della fine di Edoardo, la storia con lo scrittore le aveva fatto tornare la voglia di vivere: i postini locali raccontano agli agenti dell'Ovra[51] che Virginia invia due o tre volte al giorno dei biglietti a Mario (sic) Kurt Suckert. Con lui gira la Versilia con la Fiat fuoriserie che guida personalmente. E l'auto, quando non serve per andare al Cinquale, o a Viareggio, o a Castiglioncello, sosta lungamente, anche di notte, davanti alla villa dello scrittore. Per non dire delle romantiche passeggiate dei due sulla riva del mare o lungo viale Savoia. Virginia, raccontano tutte le fonti, è molto presa e, almeno in questa fase, non fa nulla per nasconderlo. Persino Giuseppe Prezzolini se ne accorge e racconta di una "signora innamoratissima, che non sa nulla di letteratura, ma che guarda entusiasta il suo azzimato cavaliere"[52].
Al Forte, chi conosce bene Malaparte confida che stia puntando al fidanzamento ufficiale, a Torino viene dato per certo, anche se la coppia lo annuncerà solo quando il lutto della signora sarà finito. Subito dopo, a distanza di poco più di un anno dalla morte di Edoardo, si sarebbe dovuto celebrare il matrimonio.

Il grande Narciso a questo punto spera di riprendersi ciò che gli era stato ingiustamente tolto, costringendo il senatore Agnelli a fare di nuovo i conti con lui. L'uomo è dunque così cinico e calcolatore? Vedremo più avanti che non è poi tanto disprezzabile, o meglio lo è ma non è solo questo. Malaparte è certamente molto interessato al matrimonio, e non solo per amore, ma Virginia non gli è indifferente: si spende personalmente, a un certo punto – lui così egocentrico – per aiutarla a uscire dall'enorme guaio che le piomba fra capo e collo. E chi giura di aver letto il carteggio fra i due, che risulta però introvabile, afferma che dalle lettere trapela un affetto sincero verso di lei, accompagnato da una notevole gelosia[53]. Giordano Bruno Guerri, infine, principale biografo di Malaparte, si dice convinto che fosse innamorato di Virginia[54].

Sia come sia, si arrivò a stabilire una prima data di matrimonio per il 10 ottobre del 1936[55]. La cerimonia doveva svolgersi nel Duomo di Pisa. Quando le partecipazioni erano già pronte, l'irriducibile opposizione del senatore Giovanni Agnelli bloccò tutto. Della battaglia legale che il suocero scatenò contro Virginia daremo conto più avanti: fu uno scontro spietato che coinvolse la giustizia torinese e quella romana sino ad arrivare in Cassazione. Oltre alla Magistratura, fu coinvolto anche il mondo politico: la faccenda raggiunse persino il Duce, che fu chiamato in causa in almeno due occasioni.
Il senatore Agnelli infatti disse alla nuora che non avrebbe mai acconsentito alla sua unione con Malaparte, se questi

non fosse stato riammesso nel PNF, il Partito Nazionale Fascista: gli Agnelli dovevano difendere il presente e il futuro della Fiat, e non potevano tollerare la presenza in famiglia di un uomo che non avesse un buon rapporto col Regime. Lo scrittore cercò dunque di riavere la tessera, ma Mussolini, che pure non aveva niente di personale contro di lui, preferì lavarsene le mani. Davanti alla richiesta esplicita, reagì con uno stratagemma. Disse che non aveva nulla in contrario, ma che occorreva il consenso di Italo Balbo. Era lui, infatti, a essere stato insultato da Malaparte. Il ministro, chiamato direttamente in causa, fece sapere però che non aveva alcuna intenzione di accettare le scuse dello scrittore e che non ne avrebbe autorizzato la riammissione al Partito[56].

Malaparte se la legò al dito e da allora esacerbò il suo rancore verso Mussolini, un rancore che, prima che politico, era viscerale. Il senatore Giovanni Agnelli sembrò, in quel momento, aver vinto su tutta la linea. Una sensazione fallace: lo scontro con la nuora era appena iniziato.

La vicenda del matrimonio saltato provocò una prima incrinatura anche nel rapporto fra Virginia e Curzio che dichiarò: "Le sole donne che valga la pena di sposare sono le donne poverissime"[57]. A queste parole cariche di delusione, seguirono alcuni comportamenti davvero pesanti dello scrittore. Le carte di polizia raccontano di serate burrascose all'Hotel de Russie, durante una delle quali, in particolare, si susseguirono ben quattro telefonate fra i due amanti. Lui – sembra di capire dal racconto della spia dell'Ovra che le ha ascoltate – aveva deciso di chiudere il rapporto e non voleva ritornare sulla sua decisione, nonostante i pianti e le suppliche di Virginia che, in quelle conversazioni, dimostra tutto il suo amore. È addolorata, chiede il perché di questo cambiamento, afferma che, anche se non c'è stato il matrimonio, lei lo ha amato e lo ama profondamente. Ma Curzio grida che non potrà mai diventare suo marito e che quindi ha deciso di troncare[58]. Dopo questa scenata, Malaparte riprende a frequentare altre donne, e persino due prostitute. La frattura però non è definitiva, e in qualche modo il rapporto continua. Virginia dice in giro che le nozze sono solo rinviate di sei mesi, finché non avrà finito di sistemare una casa meravigliosa che ha preso sin dall'aprile a Roma, affittandola per trent'anni: si tratta di Bosco Parrasio, sede dell'Accademia dell'Arcadia, fondata da Cristina di Svezia. È una villa sotto il Gianicolo. Susanna la descrive come un luogo scomodo ma magico: "Era in pessimo stato ma lei l'avrebbe restaurata... Aveva un giardino su piani diversi... C'era una fontana, un pino enorme e un anfiteatro davanti alla facciata su cui si arrampicava, quasi coprendola, una glicine vecchissima. All'interno c'era una camera rotonda come un battistero e un salone altissimo, simile a una chiesa, con il soffitto decorato di stucco. La scala ripida portava a una grande camera da letto con una terrazza, quella di mia madre, e a una serie di altre stanze piccolissime. Mia madre vi aveva sistemato lettini sovrapposti... La vista era incredibile: Roma si stendeva ai tuoi piedi, dorata, calda, remota, meravigliosa"[59].

Come si vede anche nella scelta dell'abitazione, Virginia dimostra la sua natura. La dimora è lussuosa, ma non di un lusso banale, tranquillo, borghese. Viverci e mantenerla è certamente costosissimo, ma è soprattutto un luogo originale, affascinante, architettonicamente suggestivo, dove mai una famiglia di ricchi conformisti avrebbe deciso di far vivere sette figli. Insomma, la villa di Roma le assomiglia[60].

Il rapporto con Malaparte riprende, i due collaborano a trovare e a far restaurare i mobili per Bosco Parrasio. Solo più tardi, nel marzo del 1937, anche lui affitterà una sua casa a Villa Pepoli[61]. Lo scrittore – siamo alla fine di novembre del 1936 – invia una lettera al senatore Agnelli in cui usa "parole ed espressioni di grande elevatezza morale"[62] verso Virginia e – sembra di capire – cerca di convincerlo a cessare la propria ostilità nei confronti del loro matrimonio. Ma lo scontro non solo non accenna a finire, anzi, le nubi più nere non sono ancora arrivate. Il temporale scoppierà verso la fine di dicembre. Una battaglia durissima in cui emergeranno tutto il coraggio e la forza d'animo di Virginia.

Capitolo sesto
Il grande scontro

“Siamo arrivati alla stazione di Genova; abbiamo spento le luci e abbiamo chiuso le porte dello scompartimento. Non è successo niente. Poi il treno si è mosso lentamente, lasciando la stazione. Dopo qualche minuto il treno si è fermato nuovamente, questa volta in aperta campagna. Sono saliti degli uomini. Andavano avanti e indietro per le carrozze guardando dentro a tutti gli scompartimenti. Sono entrati nel nostro e hanno acceso la luce; uno degli uomini si è rivolto a mia madre.
‘In quale qualità viaggia, lei, signora?’
‘Che cosa intende per quale qualità?’ mia madre tremava.
‘Intendo, che tipo di famiglia è questa?’
‘Una madre con i suoi sette figli’.
‘Ho capito’, e ha fatto cenno agli altri uomini che aveva trovato quello che cercavano. ‘Sarà meglio che scendiate dal treno. Lei capisce, signora, che date le circostanze, questi bambini in questo momento sono stati rapiti’”[1].
Susanna Agnelli racconta così la terribile notte di fine dicembre del 1936, in cui lei e gli altri ragazzi vennero strappati alla madre e portati a Torino. La scena è altamente drammatica e non a caso costituiva una delle parti più intense del film che Mauro Bolognini voleva girare sulla famiglia Agnelli. La sceneggiatura, quasi certamente scritta da Giorgio Bassani e da Cesare Garboli (che ben

conosceva la vicenda, avendo avuto un'importante storia sentimentale con Suni) con la supervisione della stessa Suni – riprendeva il racconto di *Vestivamo alla marinara* e lo rendeva ancora più tagliente. Secondo questa versione, il poliziotto avrebbe detto minacciosamente ai sette ragazzi: "Vi prego di non gridare e di non dare scandalo, peggiorerebbe soltanto la situazione di vostra madre".
"Stia tranquillo. I miei figli sanno come comportarsi", aveva replicato Virginia tesa e accigliata.
Ma che cosa era accaduto di così grave da giustificare il "sequestro" in treno di Clara, Gianni, Susanna, Maria Sole, Cristiana, Giorgio e Umberto, mentre la madre proseguiva per Roma? L'artefice di quella scena era Giovanni Agnelli, che finalmente era riuscito nel suo intento di togliere la patria potestà alla nuora portandole via i figli. Il Senatore non era nuovo a queste imprese: lo aveva fatto anche col genero Carlo Nasi, poco dopo la morte della figlia Aniceta, nel 1928. Nasi aveva subìto in silenzio la prepotenza. Ecco cosa dice di lui Marco Ferrante: "Carlo Nasi era un ingegnere sportivo e tennista…Non è sepolto a Villar Perosa, ma nel cimitero di un altro paese della Val Chisone, San Secondo, in una tomba Nasi. Di lui restano scarsi ricordi, travolto e spazzato via anche lui dal vento maligno che toccò alla sua generazione"[2]. Enzo Biagi, nel suo libro *Il signor Fiat*, dice che il Senatore, dopo avergli tolto la patria potestà dei figli, lo aveva relegato in appartamento, col permesso di vedere i figli ogni quindici giorni[3].
Per organizzare lo "scippo" contro Virginia, invece, il senatore Agnelli aveva dovuto impegnarsi per mesi e mesi.

E aveva dovuto coinvolgere amici molto importanti. Così si spiegano le reiterate richieste di Benedetto Perotti, fiduciario della Fiat a Roma, al capo dell'Ovra, Arturo Bocchini, perché mettesse alle calcagna di Virginia i suoi segugi. La polizia fascista corrispose con solerzia ai desideri di Giovanni Agnelli e gli consegnò tutte le prove – alcuni documenti sono stati già citati in un precedente capitolo ma ce ne sono a iosa presso l'Archivio Centrale di Stato – per dimostrare che la nuora aveva una storia d'amore con Curzio Malaparte[4].
In *Vestivamo alla marinara*, Susanna racconta che la mattina prima di quella brutta notte in treno, la madre aveva ricevuto "un ordine del giudice che le imponeva di lasciare immediatamente la casa. Le sarebbe stato concesso di vedere i suoi figli, fuori di casa, per quarantott'ore ogni quindici giorni. La patria potestà sui suoi figli era data al loro nonno"[5]. Dopo aver letto quel documento, Virginia aveva capito la gravità della situazione e aveva reagito con grande energia. Era sempre stata una madre affettuosa, capace di amare e di divertire i suoi ragazzi. Da quel momento inizierà a dimostrare anche il suo coraggio, la sua forza di carattere, la sua intelligenza: doti che probabilmente il suocero non aveva sospettato. Giovanni Agnelli infatti quando ingaggiò il grande scontro, non immaginava di trovarsi di fronte un osso così duro. Quando arrivò l'ordinanza del Tribunale per i minori di Torino, il 18 dicembre del 1936[6], Virginia corse subito ai ripari[7]: telefonò ai suoi avvocati, riuscì a ottenere un appuntamento col Duce, caricò sul treno i figli per portarli

a Roma. Ma nella capitale arrivò da sola e cercò da subito di incontrare Mussolini. La sceneggiatura del film di Bolognini racconta la sua lunga attesa, durata giorni e giorni, nelle sale di Palazzo Venezia, per vedere il Duce.

Un'ampia sala d'attesa del palazzo. Virginia siede, eretta, pallida nell'abito scuro.
Segretario particolare di Mussolini: "Sono spiacente, Donna Virginia, ma come temevo, anche oggi il Duce non può ricevervi. Voi capite..."
Virginia: "Non importa. Tornerò domani".
Segretario particolare: "Purtroppo temo che anche domani..."
Virginia: "Tornerò domani. E dopodomani. E ogni giorno".
Segretario particolare: "Ma perché? Vi prometto che vi informerò, appena sarà possibile".
Virginia: "No. Avete un solo mezzo per impedirmi di tornare qui: vietarmi l'ingresso a Palazzo Venezia. Vorrà dire che in questo caso aspetterò ogni giorno giù, in piazza, davanti al portone".
Segretario particolare: "Ma signora Agnelli..."
Virginia: "Non sono la signora Agnelli. Sono la madre di sette figli e questi figli mi sono stati sottratti contro ogni giustizia. E questa giustizia io tornerò qui, ogni giorno, a pretenderla... A meno che il nome Agnelli, quello del Senatore s'intende, non sia diventato, in Italia, più importante di quello di Mussolini".

Questo dialogo mette in evidenza con straordinaria efficacia il grave conflitto fra il suocero e Virginia, l'esasperazione di quest'ultima, ma anche il suo temperamento tenace e combattivo.
La ferma insistenza alla fine ebbe ragione di tutto e la signora Agnelli venne ricevuta. Raccontano che la donna, entrata nello studio di Mussolini, lo ragguagliò sul contenzioso famigliare, sul "sequestro" dei figli e concluse dicendo: il Duce non può permettere che "in un paese governato da lui, una madre sia privata dei suoi figli soltanto perché ha un amante"[8]. Mossa abile nei confronti di un uomo che in quel momento – eravamo alla fine del 1936 – sapeva di avere l'Italia intera a suoi piedi e che adorava essere considerato il deus ex machina di tutte le situazioni. Il Duce ne rimase conquistato e si schierò dalla parte di Virginia. Non sembra abbia mai fatto pressioni dirette sui giudici, ma certamente, anche se in modo indiretto, dovette intervenire a suo favore. Il dubbio è d'obbligo: di questo dialogo non c'è traccia nei rapporti dell'Ovra: infatti, i fiduciari sapevano che riferire di scelte fatte dal capo del fascismo poteva essere rischioso. E quindi tendevano a usare allocuzioni generiche ogni volta che dovevano affrontare l'argomento. Susanna ricorda però quell'incontro così: "Mussolini ha accettato il suo punto di vista. La natura battagliera di mia madre gli era simpatica e lo seduceva il ruolo del gigante buono che aiuta una donna sola a cui si vuole fare un torto. Credo che lo attraesse anche la possibilità di mettere mio nonno al suo posto"[9]. Secondo Suni il Duce fu l'artefice dell'ac-

cordo fra sua madre e il Senatore. Ma le cose probabilmente furono più complicate, anche se la voce di Palazzo Venezia si fece sentire.

Per capire la reazione coraggiosa di Virginia, occorre non solo tener conto dell'amore materno ferito, ma anche delle accuse che le erano state mosse dal suocero per strapparle i figli, e di ciò che c'era scritto nel documento recapitato dal Tribunale dei Minori di Torino la mattina del 18 dicembre 1936, a corso Oporto. Secondo l'ordinanza, Virginia non poteva tenere con sé i ragazzi perché "a breve distanza dalla morte del marito aveva contratto una relazione che tuttora perdura, i cui effetti non possono che essere gravemente pregiudizievoli al bene dei minori sotto l'aspetto materiale, morale, educativo"[10]. Insomma, siccome Virginia, sebbene vedova da sei mesi, si era innamorata, si aveva il diritto di toglierle la patria potestà. L'argomento usato era molto fragile: la donna non poteva essere accusata di nulla dal punto di vista penale o civile e, infatti, il giudice usava per condannarla un argomento morale. E ancor meno convincente era il giudizio del Tribunale dei Minori secondo il quale i ragazzi sarebbero stati meglio con il nonno, "dal quale – diceva testualmente la sentenza – potranno avere un'educazione e un'istruzione che già ricevevano dal compianto genitore"[11].

Gianni e gli altri fratelli invece volevano restare con la madre. Quanto al padre, anche quando era in vita per la verità non si era mai occupato molto di loro. In quell'epoca, la cura dei figli era compito esclusivo della madre che,

nel caso degli Agnelli, veniva aiutata dall'istitutrice, quella Miss Parker, attenta ed efficiente, ma anche rigida e fredda. Il nonno, poi, non si era mai occupato dei nipoti prima di quel momento.
La sentenza dunque conteneva più di una forzatura, non aveva base giuridica, non c'era reato di adulterio – reato allora previsto – e dava l'impressione di essere scaturita da un riguardo particolare nei confronti di chi era ricorso alla Magistratura. Basti pensare al credito e al prestigio di cui doveva godere a quell'epoca il senatore Giovanni in tutti gli ambienti torinesi.
Quasi nessuno, o forse nessuno era in grado di dirgli qualche no. Non lo fu certo mai il Consiglio di famiglia, uno strano organismo senza alcun valore legale, che comunque approvò la richiesta rivolta dal Senatore alla magistratura perché venisse tolta a Virginia la patria potestà sui propri figli. Tutti gli esponenti di questo strano consesso, di cui faceva parte persino la madre di Virginia, assentirono. Princess Jane giustificò il proprio comportamento con la figlia, dicendole semplicemente che restando nel Consiglio, avrebbe potuto conoscere dall'interno le mosse del "nemico".

Ma chi era veramente il senatore Giovanni Agnelli? È tempo di fare i conti con la granitica personalità del fondatore dell'impero Fiat. Come molti figli dell'alta borghesia piemontese, aveva avuto un'educazione militare. Era ufficiale di cavalleria quando, nel 1889, sposò Clara Boselli, anche lei discendente da lombi militari. Non di-

sdegnava un certo cameratismo nei rapporti aziendali: larghi sorrisi anche verso i sottoposti, ma voce imperiosa che non ammetteva repliche. La sua famiglia di provenienza era decisamente abbiente ed egli era abituato a una Torino capitale del Regno. Quando però rientrò da Verona nella città natale, la trovò profondamente cambiata. Non era più capitale, né il più grande centro amministrativo d'Italia: continuava a tenersi su, a darsi un tono da metropoli con i suoi viali e controviali che la facevano somigliare a Parigi, ma a fine secolo la sua stella si era offuscata. Era una società che manteneva il suo stile e il suo vecchio ordine, ma era una nobile decaduta con tutte le nevrosi che questo poteva provocare. Dei duecentomila abitanti, oltre il dieci per cento erano camerieri. Meno colletti bianchi e più colf.
Insomma un uomo vivace, solido, con un fisico forte e resistente, capace di reggere a tutto come Giovanni Agnelli, in quella capitale "dismessa" poteva vivere molto agiatamente, ma finiva con l'annoiarsi troppo. Non voleva fare il borghese, provinciale e moderatamente mondano. Preferì rischiare e fondare, insieme ad un gruppo di conoscenti, la Fiat.
Un imprenditore di prima generazione ha grandi responsabilità e si carica di un lavoro pesante, non può vivere come un signore festaiolo e perdigiorno. Deve essere molto concentrato sui suoi affari, viene completamente assorbito da questi. Giovanni Agnelli era così: tutto fabbrica e casa. A proposito di sobrietà e di maniere spicce, l'esibizione più famosa da parte del Senatore avvenne al

matrimonio della nipote Clara col principe Tassilo Fürstenberg. Questa circostanza provocò la calata a Torino di tali e tanti lombi aristocratici, di petti scintillanti di decorazioni, di cappelli impennacchiati, di divise di Cavalieri di Malta, di baffi impomatati, di ereditiere con gioielli da favola, di contesse, marchese, principesse ingioiellate che, finita la cerimonia e, appartatosi con qualche buon amico, Giovanni Agnelli domandò maliziosamente se "l'carnaval l'era finì"[12].

Una buona battuta per un uomo che non era famoso per essere spiritoso. Anzi, era piuttosto tetro, ma, qua e là, si lasciava andare e allora affioravano osservazioni sardoniche niente male. Come quando nel 1937 la Fiat aveva finanziato un film tratto da *La Certosa di Parma*. In occasione della prima a Torino, la sala era affollata di invitati, che evidentemente non avevano pagato il biglietto, e dal cast, comparse comprese, della pellicola. Il senatore Agnelli si era guardato attorno e aveva squadrato a lungo tutta quella gente entrata gratis. La faccenda non gli era andata giù. Era seduto in prima fila, si voltò e a voce piuttosto alta in modo che lo sentissero bene esclamò: "Neanche una lira d'incasso"[13].

Burbero, sobrio, meticoloso. Il più bel ritratto di lui lo fa Susanna che lo descrive seduto a un capo del tavolo – dall'altro c'era la moglie che mangiava lo yogurt preparato da lei medesima – davanti a un piatto fondo dove tagliava lentamente carciofo e pomodoro su cui poi versava un po' d'olio. "Era il suo pasto. Ogni mattina, all'ora di colazione, si preparava la sua insalata e la mangiava lentamente. Intanto beveva un bicchiere di Punt e Mes… e ascoltava le canzonette che trasmettevano alla radio"[14]. Finito il pasto, saliva in camera, si stendeva posando la giacca sulle spalle, secondo l'uso militare, abitudine rimastagli dal tempo in cui era ufficiale di cavalleria. Dopo una siesta di venti minuti tornava alla Fiat, racconta la nipote[15].

E le donne, quanto pesavano nella vita di Giovanni Agnelli? La moglie non era una dea e in più era anche tristanzuola e ipocondriaca. Lui la rispettava così come i precetti richiedevano, ma cercava di passarci poco tempo. Quanto alle altre, se belle gli piacevano, ma nessuna è mai riuscita a fargli dimenticare i suoi doveri di industriale. A Torino si diceva che si offrisse qualche distrazione con le giovani artiste del teatro Maffei. Ma stava attento ai prezzi. Assisteva allo spettacolo, in un palchetto appartato, dove poteva continuare a fumare il suo sigaro e quando una ballerina o una cantante gli piaceva, chiedeva al direttore del teatro di fargli da tramite. Questi andava dalla ragazza, poi tornava e parlottava col senatore che qualche volta restava, ma altre volte se ne andava borbottando: "Troppo cara"[16].

La sua vera passione era la Fiat e come imprenditore era un condottiero. Basti dire che, dopo aver fondato la fabbrica di automobili insieme ad alcuni conoscenti, non impiegò molto a liberarsi di tutti i soci. E poi c'è la vicenda delle speculazioni finanziarie che lo portarono anche a subire un processo; ma venne assolto e nessuno glielo rimproverò più. Anche la sentenza dei giudici con-

tiene un biasimo sprezzante nei confronti degli imputati, Agnelli e Scarfiotti: "Rimase provato un fatto che non si può non deplorare, ma che non si può penalmente colpire, che cioè gli amministratori si abbandonarono a uno smisurato traffico in Borsa sui titoli azionari e affini. Essi non ebbero nessuno scrupolo e ritegno"[17].
Per quanto riguarda i rapporti con la politica, era abile e flessibile: passava da Giolitti al Mussolini interventista, per poi tornare a Giolitti e alla fine appoggiare Mussolini. Il Duce non amava troppo questi ondeggiamenti. Ma il precetto, enunciato poi dal nipote Gianni: "La Fiat è sempre governativa", il nonno lo aveva inventato e applicato per primo.
Giovanni Agnelli veniva considerato dai suoi contemporanei un imprenditore a cui non mancava la protervia, ma al tempo stesso molto capace e efficiente. E così, nel 1918, alla fine della Prima guerra mondiale, la Fiat era diventata il terzo gruppo industriale italiano, mentre nel 1914 occupava il trentesimo posto. Una scalata folgorante. Figurarsi quanto un simile uomo, tutto business, potere e sobrietà, potesse andare d'accordo con una nuora aristocratica, amante del lusso, libertina e sprecona. Eppure, ne subiva il fascino: Virginia era una delle pochissime persone che non l'annoiavano, perché sapeva tenergli testa. Raccontano che i rapporti fra suocero e nuora fossero tesi, ma anche coinvolgenti. C'è un aneddoto che bene li illustra. Un giorno Virginia irruppe nel suo ufficio. Lui rimase seduto sulla sua poltrona, cupo, silenzioso, con un'aria

ostile. Lei, quel giorno particolarmente bella ed elegante, fece una giravolta, un piccolo salto verso di lui e esclamò: "Allora, senatore non ci si alza più per salutare una signora, per aiutarla a togliersi il cappotto?"[18] Agnelli era incantato dal fascino e dall'aggressività ferina di quella donna. La guardò dal basso in alto a lungo, poi scattò in piedi e le porse una sedia. Anche quella volta aveva vinto lei. Riusciva spesso a piegarlo al suo volere, tranne quando si trattava di business: allora il vecchio teneva duro. Ma mai il suocero avrebbe immaginato di dover scoprire in Virginia tanta orgogliosa tenacia, come quella che seppe tirar fuori per difendere il suo rapporto con i figli. Lei era una vera e propria forza della natura e questa caratteristica non era stata addomesticata né da un'educazione aristocratica, né dall'intelligente buonsenso materno, né dalla famiglia Agnelli, né, in particolare dal suocero. Moglie inusuale e divertente, amante appassionata, madre affettuosa, sorella-amica dei suoi ragazzi, sapeva essere anche astuta, tenace ed elegante, quando ingaggiava una battaglia.

Quando Edoardo sposò Virginia nel 1919, la Fiat – come già ricordato – era una potenza industriale di prim'ordine: il suo erede rappresentava dunque uno degli scapoli d'oro più appetibili. Jane Campbell di San Faustino aveva tutte le ragioni di essere felice: quel matrimonio era davvero un gran colpo per un'aristocratica dal gran nome, ma squattrinata. La convenienza del resto era reciproca. Da una parte fiorivano i guadagni e dall'altra

– come sostenne il conte Giovanni Tadini, capo della Consulta Araldica in un'intervista rilasciata nel 1987 – "si trovava la benzina, e ce ne voleva parecchia, per lavare il blasone degli Agnelli"[19].
All'inizio la *liaison* fra i magnati di Torino e l'ultima discendente di Quinto Fabio Massimo fu vista di buon occhio da tutti, compreso il riottoso Senatore. Ma, dopo la morte di Edoardo, quello che nel tempo si era trasformato in un difficile accordo diventò uno scontro plateale. E Virginia dovette reggere alle cariche furiose di Giovanni Agnelli, nelle cui mani si era ormai consolidato e concentrato un grande potere, e alla sua straordinaria abilità manovriera. Un'impresa difficilissima.
Ma a renderla ancora più complicata ci pensò Curzio Malaparte che, sfumata la possibilità delle nozze con Virginia, stabilite per l'ottobre del 1936 nel Duomo di Pisa, a lutto appena concluso, cominciò a fare delle autentiche follie: scenate, minacciose telefonate, ineleganti tradimenti, decisioni stizzose di non "concedersi". Lo scrittore, infatti, aveva sperato di recuperare attraverso la signora Agnelli status e ricchezza, che aveva perso quando il Senatore l'aveva cacciato dalla "Stampa", comunque con una lauta buonuscita. E gli arrideva anche l'idea di portare avanti la vendetta lungamente maturata: farsi riassumere, magari con tanto di scuse, da chi l'aveva fatto fuori senza troppi complimenti[20].
Virginia il 24 dicembre inviava da Torino, dove era rientrata dopo un primo incontro col Duce, un biglietto a Curzio per lamentarsi di quanto stava accadendo: "Sono

affranta, non credevo possibile una cosa simile". Erano passati pochi giorni da quando gli avevano sottratto i figli e lei sentiva il bisogno di spiegare al suo Bog (così lo chiamava) il suo stato d'animo e di rassicurarlo sul profondo sentimento che provava per lui: "Stai tranquillo, sereno, e lavora anche per me. Ti amo"[21].
Il dolore autentico di Virginia rendeva ancor più fastidioso l'agitarsi di Malaparte. Eppure dai suoi interventi un po' retorici e un po' maldestri traspariva un coinvolgimento amoroso inconsueto per lo scrittore. Il massimo possibile per un narciso come lui, per il quale le donne, e più in generale gli altri, contavano poco. Di questo sentimento sono testimonianza alcune carte di polizia[22] e dell'archivio dello scrittore, che riferiscono di un Malaparte pronto ad assoggettarsi alle richieste del senatore Agnelli, purché restituisse i figli alla loro madre: con toni melodrammatici, dichiarava ad un avvocato della famiglia che, subito dopo essere stato costretto a lasciare la donna, se ne sarebbe andato a morire nella guerra di Spagna. E non trascurava di disperarsi per tutte le sofferenze che Virginia stava vivendo a causa sua. Faceva scenate assurde, ma poi si pentiva e si occupava di lei con grande dolcezza, la coccolava come non aveva fatto con nessun'altra. La aiutava a contrattare col suocero la sua liquidazione in denaro: le consigliava di alzare il prezzo[23]. Scriveva ad Aldo Borelli che sulla questione dei figli Virginia "avrebbe tenuto duro". Raccontava che Princess Jane aveva dovuto sostenere uno scontro con Giovanni Agnelli all'interno del Consiglio di famiglia per "opporsi alle prepotenze e alle illegalità del senatore".

Compiangeva l'amata: "Povera Virginia, mi fa un'immensa pena, è molto giù, non si aspettava tanta inumanità"[24]. Tesseva le sue lodi in una missiva alla signora Halévy[25]: "È una donna di prim'ordine, Ne sarete affascinata", ha una "sensibilità straordinaria" e "nobiltà di spirito" e quando va a Torino, "mi sento un po' solo e sperso"[26].
Non sarà un granché, ma il grande seduttore della letteratura italiana non si era mai interessato tanto a qualcuno che non fosse se medesimo. Certo, non era un uomo né generoso né disinteressato. Il suo fascino però risiedeva altrove: la genialità, la conversazione brillante, la bellezza.
Intanto il 21 dicembre del 1936 Donna Virginia prese la residenza e il domicilio nella casa romana di Bosco Parrasio[27]. E questa che apparentemente è una notizia di poco conto, routinaria e burocratica, contribuirà a scatenare le ire del Senatore. I ragazzi – come racconta Suni – stavano a Torino, in un appartamento con Miss Parker che si comportava come se nulla fosse accaduto. C'erano poi altre due o tre governanti che invece erano "rivoltanti": "Non potevano infatti – parole di Susanna – parteggiare per nostra madre perché avevano paura di perdere il posto, d'altra parte temevano, non facendolo, di alienarci per sempre"[28]. Accadeva allora che "ci corteggiavano facendoci piccoli piaceri, insinuando mezze frasi per sentire quale sarebbe stata la nostra reazione, spiegandoci che il Senatore era un grand'uomo e che ci voleva molto bene"[29]. Così passava la giornata dei ragazzi Agnelli nell'esilio torinese, lontani dalla madre che vedevano una volta ogni quindici giorni. Quanto al nonno, non andava

mai a far loro visita e manifestava stupore per il legame che avevano con mammà.
Nella famosa sceneggiatura di *Vestivamo alla marinara* così si racconta il rapporto fra il Senatore e Gianni, che era stato investito del ruolo di ambasciatore dai fratelli.

Senatore: "E così, se continuerete a comportarvi come vi comportate, vi manderò in collegio. Avverti le tue sorelle".
Gianni: "Grazie nonno". Lunga pausa e poi ancora: "Noi vogliamo che la mamma torni a casa".
Senatore: "No. Quando sarai più grande capirai".
Gianni: "Noi abbiamo capito tutto quello che c'è da capire perché la mamma ce l'ha detto".
Senatore: "È lei che vi mette su".
Gianni: "Noi vogliamo che la mamma torni a casa".
Senatore: "Mi sembra che vostra madre non abbia dato prova di tenere molto a voialtri".
Gianni: "Siamo noi che teniamo a lei".
Senatore: "Non sai dire altro?"
Gianni: "Non vogliamo altro che questo. Che torni a casa. Il resto riguarda soltanto lei".
Senatore: "Le volete tanto bene?"
Gianni: "Sì. E vogliamo che torni a casa".
Senatore: "Mi dispiace. Non sarà possibile".

Mentre Virginia faceva la pendolare fra Roma e Torino, il Senatore ogni tanto, ma sempre più di rado, invitava i nipoti a casa sua, sottoponendosi ai loro gelidi sguardi di disapprovazione. Le trattative con la nuora, con Malaparte e con vari intermediari proseguivano. Il contenzioso era vasto: riguardava persino alcuni mobili antichi che Giovanni Agnelli reclamava come di proprietà del figlio e che in realtà erano della nuora[30]. Alla fine, dopo un lungo tira e molla, Virginia riuscì a raggiungere un labile accordo col suocero. Probabilmente, anche se non c'è nulla di scritto, consisteva in questo: lei si impegnava a non fissare la propria residenza a Roma e a non vedere più Malaparte; il suocero, dal canto suo, gli avrebbe restituito i figli. L'avvenuta riappacificazione venne seguita da una festa alla quale il mondo industriale torinese preferì non partecipare, ma i ragazzi Agnelli la trovarono divertente. E del resto era fatta soprattutto per loro: per tirarli su di morale. Nonostante il comportamento dell'arcigna borghesia piemontese, in famiglia tornò l'allegria. Susanna ricorda: "Poi, una mattina è stata primavera. Mia madre non ne poteva più di Torino e ci ha portati tutti a Roma"[31]. Iniziò così una vita spensierata. Virginia era finalmente felice. "Gli amici andavano a Bosco Parrasio e lì si scherzava, si mangiava tutti insieme, si ascoltava bella musica, si intrecciavano corteggiamenti". Tutto era deliziosamente informale e anche un po' sopra le righe: "Non potevo credere – ricorda Suni – che la mia esistenza potesse essere così differente. Qui tutti avevano voglia di divertirsi. L'unica cosa che prendevano sul serio erano le loro storie d'amore"[32].

I ragazzi stavano bene: affetto, calore e qualche bella bisticciata con mammà che li rincorreva da una stanza all'altra tutta nuda. Ma durò poco. La fragile intesa fra nuora e suocero si ruppe e “una mattina piccoli uomini coi capelli neri hanno invaso la casa”[33]. Nuova ingiunzione e nuova deportazione a Torino dei sette figli. Virginia restò sola nella grande villa romana e riprese l’odioso pendolarismo per incontrarli ogni quindici giorni. Che cosa era successo? Perché il Senatore, che era sembrato acquietarsi, aveva vibrato quell’affondo? Alcuni importanti particolari della storia si possono leggere nel ricorso contro il nuovo “sequestro” dei figli, presentato alla Corte di Cassazione dagli avvocati di Virginia in data 31 maggio[34]. È un documento del tutto inedito che fa comprendere meglio le ragioni dei “duellanti” e il perché dei colpi durissimi che i due s’infliggevano, con il Senatore che qualche volta picchiava anche sotto la cintura. Dal ricorso si ricava che Giovanni Agnelli sarebbe venuto a conoscenza che Virginia aveva fissato la residenza e il domicilio a Roma grazie ad un provvedimento dei magistrati della capitale sulla *vexata questio* della proprietà di alcuni mobili e oggetti di antiquariato. Quell’atto sanciva che sulle faccende di Donna Virginia e dei ragazzi era diventato competente il tribunale di Roma. E questo dipendeva dal cambio di residenza. Proprio ciò che il nonno non voleva. Finché tutto si decideva a Torino, il vecchio Senatore sentiva di tenere in pugno l’intera vicenda. Ma nella capitale era tutta un’altra musica. La decisione della nuora era per lui inaccettabile. Pensò che avesse violato i termini della precedente intesa e questa fu la goccia che fece traboccare il vaso. Prima ancora dell’accordo sulla residenza, aveva mostrato la corda anche il patto di rompere la *liaison* con Curzio Malaparte. Nei primi mesi del '37, infatti, accaddero almeno tre episodi che misero sul piede di guerra il Senatore. Arrivarono sul suo tavolo alcuni rapporti dei fiduciari dell'Ovra che contenevano parecchie notizie allarmanti. Nel primo si raccontava che in febbraio Virginia e Curzio Malaparte erano andati a cena in un ristorante toscano molto alla moda, il Buco, che si trovava nei pressi del Collegio Romano. I due non avevano nascosto di fronte ad una piccola folla di aristocratici ed alti burocrati la loro storia: brindisi rumorosi e tenere carezze. Lo scrittore quella sera – e per la verità anche in altre occasioni – dopo aver bevuto qualche bicchiere di troppo, si era lasciato andare a battute irriverenti verso Giovanni Agnelli. Lo aveva definito "vecchio esoso" e "quel rincoglionito del senatore"[35]. Parole che a Villar Perosa fecero scattare la molla della rappresaglia. Era arrivata poi anche la notizia che, tempo addietro, Virginia aveva parlato con i figli del suo rapporto con Malaparte. Un episodio questo già accennato in precedenza, ma sul quale vale la pena di tornare perché i fiduciari dell'Ovra riferiscono anche la reazione del Senatore. Radunati i sette ragazzi, intorno a sé, Virginia avrebbe chiesto loro "cosa pensassero di Malaparte", e "se avrebbero visto volentieri che diventasse il loro secondo padre", o comunque se "avrebbero tollerato che frequentasse la casa come un intimo amico o un parente". Tutti risposero che "lo avrebbero accettato volentieri come patrigno"[36]. Giovanni Agnelli, quando lesse il rapporto di polizia, "andò su tutte le furie". "Non voleva più sentir parlare della nuora", e voleva "rompere subito il patto"[37]. Glielo impedirono sia le pressioni di Umberto di Savoia, sceso in campo per proteggere la vecchia amica, sia quelle della madre Jane. La principessa di San Faustino andava ripetendo "a tutti quelli che potevano riferirlo al senatore" che "fra i tanti dolori e sventure provate, non poteva darsi pace di veder Virginia finire così…"[38]. L'intervento dell'anziana signora probabilmente riuscì a rendere più ragionevole il consuocero, ma solo per un breve periodo. In marzo infatti l'intera questione giunse persino all'orecchio di Vittorio Valletta: ormai il duello stava per riprendere.

Il Senatore aveva deciso di rompere i rapporti con la nuora. E di lì a poco successe un primo inquietante episodio.

Lo denunciano gli avvocati di Virginia nel già citato ricorso. È un racconto di parte, da prendere con grande prudenza, ma molto imbarazzante per un nonno. Il 9 di aprile del 1937, il sedicenne Gianni venne "rapito" dal suo precettore Ferruccio Buratti. La parola "rapito" riferita a un ragazzone di sedici anni è per lo meno esagerata. Forse il sedicenne Gianni accettò di andare a Torino con il precettore sperando di poter intervenire direttamente, come aveva fatto più volte, e perorare presso il nonno la causa della madre. La mattina il ragazzo scomparve da casa. Virginia, dopo lunghe ricerche, riuscì a capire cosa era accaduto. Il professor Buratti aveva indotto l'allievo a scappare da Bosco Parrasio e ad accompagnarlo a Torino. Il dramma spesso si mescola al ridicolo: fa sorridere l'idea che un austero precettore si potesse trasformare in un rapitore di adolescenti. Eppure le cose andarono così e i due fuggiaschi vennero fermati dai carabinieri a Rapallo. Erano a bordo di una comoda Fiat e, dopo aver respirato a pieni polmoni l'aria di mare, stavano per riprendere la strada alla volta del capoluogo piemontese. Virginia, informata che Gianni era stato recuperato, non accettò di chiudere la vicenda senza conseguenze. Era furiosa e decise di presentare denuncia contro il professore per "ratto di minore". Anche perché era certa che dietro al precettore ci fosse la mano del suocero[39].

In realtà non si sa con certezza se Ferruccio Buratti agì in accordo col senatore Agnelli, ma sembra molto probabile. Sarebbe infatti singolare che di propria volontà avesse deciso di portarsi il ragazzo a Torino, sfidando i rigori della legge.

L'episodio testimonia quale stato d'animo ormai regnasse a Villar Perosa e come il Senatore – così racconta Valletta – fosse deciso a rompere la tregua con la nuora[40] e a menar fendenti proibiti. Giovanni Agnelli, infatti, ancora una volta aveva dimostrato di essere un uomo spregiudicato, di quelli che quando decidono una cosa non si fermano davanti a niente. Non si faceva troppi scrupoli né come imprenditore, né come nonno. La nuora lo aveva capito da tempo e si aspettava ormai il peggio: aveva, infatti, già preso contatto con i migliori avvocati romani per far fronte al contrattacco che da lì a poco sarebbe partito da Torino.

Il 18 maggio arrivarono a Bosco Parrasio gli uomini "piccoli e coi capelli neri", di cui parla Susanna, che noti-

ficarono a Virginia un provvedimento preso in data 17 maggio dal Tribunale per i Minori di Torino. Il decreto le ordinava di consegnare i figli al suocero, a cui veniva di nuovo affidata la patria potestà.
Il ricorso degli avvocati si lancia a questo punto in una descrizione dello stato d'animo di Donna Agnelli che merita di essere citato come esempio della retorica giudiziaria dell'epoca: "Qual sia stato lo strazio della madre che non volle abbandonare i propri figli, e la pubblicità e lo scandalo del provvedimento... purtroppo è ormai notoriamente pubblico"[41]. Al di là di questo tono da romanzo d'appendice, non c'è dubbio che Virginia rimase fortemente colpita dal comportamento del suocero e dalla capacità che aveva di ottenere ciò che voleva dalla Magistratura torinese. Oltre al trasferimento della patria potestà, il giudice del Tribunale dei Minori aveva emesso un secondo decreto che ordinava anche il "sequestro dei beni" dei sette ragazzi.
Questo complesso di misure erano minate, però, da una debolezza formale sulla quale gli avvocati di Virginia fecero leva: i giudici piemontesi avevano un difetto di competenza, visto che la donna risiedeva ed era domiciliata a Roma. E su questo punto gli avvocati scatenarono la loro controffensiva in Cassazione.
Ma c'è un secondo punto che metteva alle corde il Senatore. I sette ragazzi venivano portati via alla madre, ma il nonno non li ospitava in casa sua. Il ricorso in Cassazione aveva buon gioco ad affermare con prosa zoppicante: "Si tenga conto che, in virtù di provvedimenti illegittimi e nulli, si ten-

gono lontani dalla madre ben sette minori, la prima di anni 17 e l'ultima di appena 3 [gli avvocati commettono un errore: si tratta dell'ultimo, cioè di Umberto *nda*], ma, quel che è più grave, sottratti all'occhio vigile di qualsiasi parente od affine.. perché, dopo aver arbitrariamente allontanata la madre, esclusivamente in balia di estranei tra i quali quel prof. Buratti… soggetto a procedimento penale per ratto"[42]. Giovanni Agnelli, dopo aver letto il documento ed essersi consultato coi suoi legali, deve aver avuto un brivido alla schiena: c'era il rischio concreto che Virginia la spuntasse di nuovo. Se la situazione per lui dal punto di vista del diritto non era felicissima, ancor meno lo era su altri piani. Dopo il nuovo sequestro, la sua popolarità presso le autorità, gli amici e i famigliari era in caduta libera. Umberto, principe di Piemonte, si mosse di nuovo perché la questione si risolvesse con un secondo, definitivo patto fra suocero e nuora. Mussolini si sapeva bene da che parte stesse. Per non dire di Princess Jane che fu instancabile messaggera della figlia presso il vecchio Senatore. E viceversa. Ma chi determinò la svolta furono i figli. Susanna non ne poteva più di questa seconda deportazione a Torino. A lei e a Clara veniva spesso richiesto di andare a far visita alla nonna torinese, Clara Boselli. La vecchia signora, scontrosa e ipocondriaca, non era fatta per divertire due giovanissime. Proponeva regali come i paltò di pelliccia di castoro che né l'una né l'altra desideravano. Dopo l'ennesimo appuntamento in famiglia, Suni cominciò ad avere strani comportamenti: girava con una serie di coltelli di cui accarezzava la lama, strillava disperata dal cortile di casa che voleva il ritorno di mammà. I vicini la sentivano e la voce di queste esibizioni girava ormai per tutta Torino. Tanto che il Senatore la chiamò al telefono e la minacciò: "Se mi dicono che hai fatto un'altra scenata, ti mando in collegio"[43].

Le visite di Virginia diventavano per i ragazzi un vero dolore. La donna alloggiava in un vecchio albergo vicino alla stazione. Ormai anche lei era triste, mai più quelle grandi risate che si facevano con le battute di mammà, ma solo conversazioni sulle sentenze, le ordinanze, i ricorsi, gli avvocati. La vita era difficile per tutti. I ragazzi ne combinavano di ogni tipo: si ubriacavano col vino rosso, sputavano dai balconi sulla gente che passava, chiedevano ai cuochi piatti raffinati che non assaggiavano e buttavano nelle pattumiere. La casa dove abitavano con uno stuolo di governanti si era trasformata in un inferno[44].

A questo punto Gianni prese in mano la situazione, si recò per la seconda volta dal nonno e gli disse che non si poteva più andare avanti così, che la situazione stava degenerando, che volevano tornare da mammà e basta. Suni racconta[45] che un giudice di Roma aveva dato, proprio in quel frangente, un parere favorevole a Virginia. Per la verità negli archivi non se ne trova traccia, ma è invece sicuro che il nonno era sempre più intrattabile e che nessuno riusciva a parlargli con calma di quella vicenda.

Gianni non smise di portare avanti la sua opera di mediazione: imparò in quella temperie tutte le arti della diplomazia. Alla fine fece breccia e, dopo la sua ennesima perorazione, il Senatore decise di arrivare ad un nuovo accordo con la nuora. Virginia, dal canto suo, non vedeva l'ora di tornare ad occuparsi dei ragazzi anziché degli avvocati. Il vecchio Giovanni Agnelli cedette su tutta la linea: i figli tornarono a Roma, la nuora continuò a tenere residenza e domicilio nella capitale. Quanto a Curzio Malaparte, pur non parlando più di matrimonio, non smise di incontrarlo, almeno sino al 1939, anche se il rapporto d'amore, dopo la grande passione dei primi due anni, si fece meno intenso e più sporadico.

Dell'intesa fra suocero e nuora resta traccia nell'archivio della Cassazione che registra il ritiro del ricorso di Virginia, presentato dopo il secondo "sequestro" dei figli. Ormai la corretta attribuzione delle competenze alla magistratura torinese e romana non serviva più. Con questo atto legale, datato 29 dicembre 1937, terminò il grande scontro[46]. Tornò la pace in famiglia, ma un anno intero di liti e di cause civili e penali non poteva sparire nel nulla: lasciò pesanti conseguenze nello sviluppo della personalità dei ragazzi Agnelli. Soprattutto di quella del più fragile fra loro: Giorgio, nato nel '29, e che nel '37 aveva solo 8 anni. Ma di lui parleremo più avanti.

Il vecchio Senatore, al termine della contesa, dovette ammettere che la nuora era riuscita a farsi amare moltissimo dai suoi figli e che se una donna sa avere un così affettuoso rapporto coi suoi rampolli, è giusto che viva con loro. Quanto a Virginia, era combattiva ma generosa: finita la grande lite, perdonò il suocero dall'oggi al domani. Eppure, con lei era stato pessimo. Se erano comprensibili i timori che lo agitavano per lo stile di vita della nuora e per le possibili ricadute sull'educazione dei nipoti, era difficilmente giustificabile la persecuzione quasi maniacale con cui cercò di strapparle i figli. E soprattutto l'uso spregiudicato che fece dei suoi rapporti con il capo dell'Ovra, chiedendogli di pedinare Virginia notte e giorno. Mettendola in una situazione imbarazzante e persino pericolosa. Ci fu tra il Senatore e Bocchini uno scambio di favori continuo che getta un'ombra sinistra sul suo rapporto col Regime. Per sua fortuna una così intensa collaborazione non venne fuori subito dopo la caduta del fascismo: il prezzo che avrebbe pagato sarebbe stato più alto di quello inflittogli a Torino dalla Commissione per l'epurazione. Nonostante ciò Virginia, finita la querelle giudiziaria, lo incontrò subito e volentieri. Fu quello l'unico momento in cui Giovanni Agnelli espresse un autentico e inequivocabile sentimento di ammirazione e di tenerezza verso la nuora. Susanna racconta: "Sei così bella", ha detto il nonno, "bella e giovane e i tuoi figli ti vogliono bene. Credo che dovreste andarvene tutti dall'Italia, per un po' di tempo. Vai, Virginia, a cercare una bella casa sulla costa Azzurra, dove potreste andarvene in vacanza per l'estate. Divertiti e riposa. Anche per i bambini sarà un cambiamento. E si troveranno bene"[47]. E fu così.

Presero una villa a Cap Martin, bella anche se un po' fatiscente. Aveva decine di camere da letto, "saloni che si aprivano su terrazze e giardini, una quantità di mobili in tutti gli angoli e un'atmosfera di antico lusso"[48].

Fu una vacanza meravigliosa per tutti. Susanna e Gianni, sebbene non avessero l'età, guidavano la macchina come pazzi sulle curve della Costa Azzurra. Lui, insieme agli amici, "usciva con le sgualdrine", racconta Suni[49]. I piccoli facevano spiaggia e pineta. Virginia scendeva a fare il bagno e ogni sera usciva con uomini diversi. Arrivavano a bordo di potenti vetture, lei salutava sorridendo i figli e se ne andava con accompagnatori allegri e imprevedibili. Tutti gli uomini la corteggiavano. I ragazzi scherzavano con la madre e per farla arrabbiare, in presenza delle nuove conoscenze, si esibivano in uno stretto dialetto piemontese, che Virginia detestava[50].
Al mare Virginia era sempre stata particolarmente felice: in Costa Azzura e soprattutto al Forte. Indossava splendidi teli africani e sotto metteva il due pezzi, in un'epoca in cui le signore portavano castigati costumi. Spesso prendeva il sole nuda. La sua fisicità esplodeva. Era tornata alla spensieratezza di un tempo e i figli respiravano a pieni polmoni la sua ritrovata libertà.
La fantasia e la disinvoltura di linguaggio potevano sorprendere i suoi ragazzi, ma Virginia ci metteva tanto umorismo e semplicità che non gliene volevano mai. Era così poco formale che un giorno accolse la principessa di Trabia in bikini mentre la povera Suni, che era fidanzata del nipote Raimondo, sotto voce la pregava di mettersi qualcosa addosso[51]. Lei lo fece subito perché non voleva essere d'ostacolo a quell'amore, anche se il suo innato buon senso la portava a non condividerlo. E più volte,

saggiamente, protesse la figlia dalle follie di quel giovane uomo, arrivando a consigliarla di lasciarlo.
Susanna l'ammirava e voleva somigliarle, anche se quando ne racconta in *Vestivamo alla marinara* spesso ne fa un ritratto riduttivo, senza coglierne lo spessore e la forza di carattere, ma annotandone solo il fascino ingenuo, esuberante, che gliela faceva vivere come una figura da proteggere. Suni è comunque la figlia che più ha cercato di ricordarla e raccontarla.
Stando ai ricordi di Marta Vio (che peraltro non hanno trovato nessuna conferma), Susanna sarebbe stata anche l'unica della famiglia a recarsi al capezzale di Malaparte, quando colpito dal cancro, nel 1957, viveva i suoi ultimi giorni ricoverato in una clinica romana.
Gianni invece mise la figura materna alla base della sua morale, che poggiava su un'estetica della vita. L'eleganza, la fantasia, l'essere fuori dal comune consentivano secondo lui di fare quasi tutto, o forse tutto: bastava non calpestare l'unica vera regola, quella del buon gusto. Colui che diventerà l'uomo più ammirato d'Italia per il suo stile, doveva alla madre il fondamento della sua filosofia libertina. Ma ciò che per Virginia era un modo di essere naturale, per il figlio era una costruzione intellettuale. Quando rimproverava le sorelle perché "innamorarsi va bene solo per le cameriere", non c'è dubbio che avesse davanti ai suoi occhi il corpo snello ed eternamente giovane della madre, quella folta chioma fulva che ondeggiava al vento sulla spiaggia del Forte, e il suo spirito di libertà e indipendenza. Forse possiamo azzardarci a dire che Gianni

traduceva però tutto questo in un freddo e un po' cinico libertinaggio. Aveva anche lui fascino da vendere. Lo stesso fascino di Virginia. Di lei – come scrive Susanna – tutti gli uomini si innamoravano, ma lei sapeva anche amare: il suo rapporto con Malaparte ne fu un esempio. Era appassionata, senza perdere mai il suo grande stile. Raccontano che una sera del 1942, quando ormai da tempo era finita la sua storia con lo scrittore, mentre era a tavola con un gruppo di amici, qualcuno le mostrò una foto di Malaparte nudo, che usciva dalla sauna, coperto solo da un ramoscello di betulla. Lei rigirò quell'immagine fra le mani, la guardò attentamente, e scrollando la testa commentò: "Si è invecchiato anche lui"[52]. Un modo per soffocare un ricordo che la faceva soffrire, mettendo fra quella storia e il presente tanto tempo da cambiare il corpo: il suo corpo e quello dell'amante. Una chiosa che sottolinea un'antica intimità, ma che rappresenta anche una definitiva presa di distanza: come dire, il passato è passato per sempre.
Finito il grande scontro col suocero, Virginia era tornata allegra e spensierata. Aveva trentotto anni, ma già la vita l'aveva messa di fronte a grandi dolori ed enormi difficoltà. Purtroppo, il ritorno della pace in famiglia segnò solo una pausa di felicità. Guai e sofferenze erano in agguato.

Capitolo settimo
La fine delle illusioni

Gianni Agnelli ha diciotto anni e si è appena iscritto all'Università di Torino, facoltà di Giurisprudenza. "Voglio imparare e sapere"[1], dice la matricola con piglio un po' salesiano e un po' piemontese, che poi è forse quasi la stessa cosa. E il senatore Agnelli, il nonno, che appena fonda la Fiat nei primi anni del secolo va negli Stati Uniti, a Detroit, a incontrare Henry Ford e a studiarne la magica formula della catena di montaggio industriale nella produzione dell'automobile, e che per altre due volte nel 1933 e '35 torna negli Stati Uniti in perlustrazione, in sintonia con quel miracolo, prepara il "viaggio d'istruzione" del nipote, erede *in pectore*, affiancandogli il cugino Giovanni Nasi.
Una volta, dal viaggio in America il Senatore tornò con un magone. Per la verità il magone lo aspettava in patria[2]. Partiamo da un dipinto ad olio.

Una grande tela del pittore Lorenzo Delleani, che oggi fa bella mostra di sé al Centro Storico della Fiat, celebra la fondazione dell'azienda. Il quadro rappresenta un salotto di palazzo Bricherasio, al numero 1 di via Lagrange, a Torino. È l'11 luglio 1899. Intorno a un tavolo, nove personaggi (tre dei quali di nobili natali) in colletto bianco inamidato. Presiede la riunione il padrone di casa, conte Emanuele Bricherasio di Cacherano, in panciotto di seta

e baffi a punta. I soci sono: il marchese Alfonso Ferrero di Ventimiglia, il conte Roberto Biscaretti di Ruffia, il banchiere Michele Ceriana-Mayneri, Luigi Damevino (agente di cambio), tre legali, Cesare Goria Gatti, Carlo Racca, Ludovico Scarfiotti e Giovanni Agnelli (gli ultimi due, proprietari terrieri ed ex ufficiali di cavalleria). Vengono ripartite le cariche: la presidenza, a sorpresa, va a Scarfiotti, la vice presidenza a Bricherasio, mentre al più giovane, Giovanni Agnelli, tocca l'incarico di segretario del Consiglio di amministrazione, con il compito di redigere i verbali delle sedute. Capitale della società: 800 mila lire, cioè 4000 azioni al prezzo nominale di 200 lire. Nome dell'impresa: Fabbrica Italiana Automobili Torino. Solo Bricherasio ha qualche perplessità: teme che quel nome, Fiat, abbia un sapore troppo "biblico".
La carica iniziale di Giovanni Agnelli all'interno della società è quindi molto defilata. Eppure non passerà molto tempo prima che il trentacinquenne ex proprietario terriero, ex industriale del baco da seta, che molti continuavano a considerare un provinciale che aveva avuto la fortuna di entrare in società con personaggi aristocratici e più in vista di lui, prenda in pugno la situazione.
Nel 1904 la Fiat viene quotata in Borsa. Il nuovo titolo Fiat del valore nominale di 25 lire, a soli tre mesi dall'emissione è già quotato 425 lire.
L'8 marzo del 1906 Agnelli presiede un'assemblea straordinaria, in cui annuncia utili mirabolanti e una distribuzione di dividendi di 50 lire per azione. Poi, con un vero *coup de théâtre*, annuncia la liquidazione della vecchia

Fiat e la sua immediata ricostituzione con un capitale di 9 milioni, cioè 90 mila azioni del valore nominale di 100 lire l'una. In questo rapido processo di morte e resurrezione dell'azienda, avviene un'indebita moltiplicazione delle azioni Fiat. Nella nuova spartizione, Agnelli appare di colpo l'azionista più importante, insieme con altri due cofondatori, Ludovico Scarfiotti e Luigi Damevino.
Si tratta di "una specie di hold-up operato a tre per ottenere il controllo della Fiat. Per il momento Agnelli non dà peso alle proteste: i risultati gonfiati e i giochi di prestigio finanziari erano consentiti dall'euforia borsistica", dice Marie-France Pochna[3]. Alla fine di giugno le nuove azioni Fiat valgono 2 mila lire e continuano ad attirare un gran numero di risparmiatori.
Ma nell'agosto del 1906 in Borsa cominciano a soffiare venti di tempesta. Si verifica un tracollo, i titoli Fiat precipitano a 60 lire per poi scendere addirittura a 17 lire! Carta straccia per tutti i piccoli azionisti, che vedono andare in fumo i loro investimenti. Cause del crack: gli squilibri generati "da un processo di crescita per lo più artificioso e convulso, che aveva dato luogo a un'offerta esuberante rispetto alla domanda"[4]. Ovviamente a tremare sono le banche che avevano concesso notevoli aperture di credito all'azienda torinese: la Banca d'Italia, la Commerciale Italiana e la Cassa di risparmio di Torino.
Il 27 marzo 1908, nel corso di un'assemblea straordinaria si svaluta il capitale sociale della Fiat a tre milioni e contemporaneamente lo si reintegra a nove. Il collegio

sindacale tuttavia esprime non poche riserve sui dati di bilancio del 1907.
Il 23 giugno del 1908, Agnelli, Scarfiotti e Damevino vengono denunciati per "illecita coalizione, aggiotaggio e alterazione dei bilanci sociali": in pratica si sarebbero resi colpevoli "di manovre fraudolente in Borsa" turbando il mercato finanziario: la colpa del crollo in Borsa sarebbe da attribuire alle loro manovre. Inoltre si addebita al terzetto di "avere dichiarato nel bilancio chiuso il 31 dicembre 1906 utili non realmente conseguiti" per potenziare il valore delle azioni. I capi d'accusa sono di estrema gravità e si riferiscono ad articoli del codice penale. Il 7 luglio del 1908 Agnelli e Scarfiotti sono costretti a rassegnare le dimissioni.
L'istruttoria va per le lunghe. Nel luglio del 1909, Dante Ferraris e Giuseppe Toeplitz, entrati nel nuovo Consiglio di amministrazione, chiedono che Giovanni Agnelli venga reintegrato in pieno nel suo ruolo, concedendogli tutte le deleghe necessarie. Giovanni Agnelli, tornato al timone, imprime una vera e propria sterzata alla Fiat e in pochi mesi riesce a raddrizzarne le sorti: già il bilancio di esercizio del 1909 reca un saldo attivo. Per Agnelli è finito il periodo di quarantena.
Il 22 maggio 1912 il Tribunale dichiara il non luogo a procedere contro Agnelli, Scarfiotti e Damevino "per inesistenza di reato" in ordine all'imputazione di "falso in bilancio e truffa". E in ordine all'imputazione di aggiotaggio, perché non era stata "raggiunta una prova sufficiente e tranquillante"[5].

Il 5 luglio 1913 la Corte d'Appello conferma la precedente sentenza assolutoria.
Come diceva Shakespeare? Tutto è bene quel che finisce bene…

Ma torniamo al 1939 e al "viaggio d'istruzione" di Gianni Agnelli e del cugino.
I due ragazzi partono nel 1939 con il Transatlantico Rex, che aveva vinto il Nastro Azzurro mondiale nella velocità della traversata dell'Atlantico. Il Rex è la fierezza degli italiani sugli oceani, che dura nell'immaginario patriottico altri decenni, ben oltre il tempo del suo disarmo, fino al capolavoro di Fellini, *Amarcord*, dove lo si vede uscire maestosamente dalla nebbia dell'Adriatico, al largo di Rimini.
Il 1939 è anche l'anno dell'inaugurazione della nuova fiammante Fiat-Mirafiori[6], progettata già dal 1936, poiché il precedente stabilimento, quello del Lingotto con la grande pista per le prove di velocità sul tetto, si era rivelato insufficiente e soprattutto inadatto alla nuova tipologia produttiva che il senatore Agnelli aveva attentamente studiato negli Stati Uniti. La nuova fabbrica, progettata dall'ingegner Vittorio Bonadé-Bottino, nasce sui ruderi dell'antico castello Mirafiori dei Savoia, andato distrutto, e viene inaugurata il 15 maggio del '39, alla presenza di Benito Mussolini. È la terza visita del Duce a Torino e per la verità si svolge in un clima di notevole freddezza. Tanto per cominciare, come racconterà più tardi Gianni Agnelli a Enzo Biagi[7] "Mussolini arrivò in un'Alfa o in

una Lancia, e la cosa venne ritenuta di pessimo gusto. Poi interpellò gli operai: 'Avete letto il mio discorso sulle provvidenze sociali e l'orario settimanale?' Seguì un lungo silenzio imbarazzante. 'Allora' sbottò lui, 'tornate a casa e leggetelo!'" Fatto sta che Mussolini venne applaudito solo dalle prime file. La massa degli operai rimase a braccia conserte[8].

Il primo modello prodotto su larga scala nel nuovo stabilimento di "Mirafiori," fu la famosa Topolino. In realtà la piccola utilitaria Fiat 500 A, detta "Topolino", era stata messa in vendita esattamente tre anni prima, il 15 giugno 1936, uscendo dallo stabilimento del Lingotto.

Tutto aveva avuto inizio da un'idea di Benito Mussolini, che nel 1930 aveva convocato il senatore Agnelli per informarlo della "inderogabile necessità" di motorizzare gli italiani con una vettura economica che non superasse il costo di 5.000 lire. Un'idea propagandistica di grande effetto, che Hitler, appena eletto primo ministro, si affretterà a copiare, convocando Ferdinand Porsche e intimandogli di realizzare un'automobile dal costo non superiore ai mille Reichsmark: ovvero il "Maggiolino", un'auto per il popolo, una Volkswagen. Le due vetturette ebbero in effetti una storia quasi parallela, come i due dittatori che le avevano commissionate.

Il primo prototipo della "500 – tutto avanti" aveva fatto la sua prima uscita, con a bordo il collaudatore, il progettista e il senatore Agnelli, nell'estate del 1931. Ma dopo pochi chilometri sulla salita del Cavoretto, la piccola vettura aveva preso fuoco e i tre occupanti avevano dovu-

to saltare rapidamente a terra. Si trattava di una banale fuoriuscita di carburante, ma le conseguenze furono due: il progettista, Oreste Lardone, venne licenziato sui due piedi, e le auto a trazione anteriore vennero per sempre bandite dalla Fiat. A riprendere in mano il progetto, in seguito, fu Dante Giacosa e il 15 giugno del 1936 la prima Topolino 500cc, la cosiddetta *auto per tutti,* seicentodieci chili di peso, venne messa in vendita al prezzo di listino di 8.900 lire: venti volte lo stipendio di un operaio specializzato, ben oltre le previste cinquemila lire!
In quello stesso anno, 1936, in Germania, Porsche aveva già realizzato il prototipo del "Maggiolino", e lo metteva in prevendita a 9.900 marchi, un costo cinque volte superiore allo stipendio di un operaio specializzato.
Ma il 1939 è soprattutto l'anno in cui si annuncia la fine delle illusioni. Va infatti aggiunto un particolare che per molti in Italia è, lì per lì, un particolare minore, ma che minore non è: il 1 settembre 1939 l'esercito tedesco entra in Polonia e occupa la città di Danzica. Inizia la Seconda guerra mondiale.
Le sorelle e i fratelli di Gianni e la madre Virginia sono quell'estate a Forte dei Marmi. Il Governo impone le prime misure di oscuramento e di preparazione dei *rifugi antiaerei.* I fari delle automobili devono essere abbassati e il loro angolo di proiezione della luce girato verso l'asfalto è coperto da una lamina metallica verniciata, piegata anch'essa verso terra. I vetri delle finestre devono essere attraversati da larghe bande di nastri adesivi incollati a croce di Sant'Andrea. Tutti sanno che la Fiat, a cominciare dal temibile tandem

senatore Agnelli–Professor Valletta, il Presidente e l'Amministratore delegato, con documentati argomenti segnala da mesi al Governo le insufficienze dell'armamento di terra, la scarsità nei numeri dei carri armati e delle autoblindo, l'incompletezza della flotta aerea militare, la scadente qualità degli equipaggiamenti delle truppe e, infine, la Fiat riepiloga al Governo, come monito, le cifre esatte dell'insufficienza numerica dei camion per i trasporti di truppe, dei traini per l'artiglieria e per i vettovagliamenti e i materiali per i reparti, dalle retrovie fino agli ipotetici "fronti di combattimento". È una esplicita, pesante pressione per evitare l'intervento dell'Italia a fianco della Germania secondo lo schema degli accordi di principio sottoscritti con l'Alleanza dell'Asse. La pressione della Fiat si vale, soprattutto, del sistema dell'informazione riservata. Appena possibile, però, trapela nell'informazione giornalistica e raggiunge anche la vasta opinione pubblica. Insomma, la Fiat chiede di non applicare alla lettera gli accordi e gli impegni di principio dell'Asse italo-tedesco, l'entrata in guerra, rimandando l'applicazione a tempi migliori, molto successivi. L'Italia ha dovuto, lungo tutti gli anni Trenta, impegnarsi molto nella Guerra d'Etiopia nel lontano Corno d'Africa; poi ha sostenuto con mezzi di trasporto, armamento e truppe la guerra civile spagnola del Generale Francisco Franco contro i repubblicani, riforniti in armi e in aviazione dall'Unione Sovietica e dalle sue imponenti risorse militari. A questo carico per l'Italia si è aggiunta, nella primavera del 1939, l'occupazione del Regno d'Albania con l'annessione del paese skipetaro alla Corona d'Italia. Si è trattato, insomma, di tre spedizioni militari oltremare. Le scorte energetiche di carburante e di materie prime dell'industria italiana verso la fine del 1939 sono al lumicino. Al di là della retorica tonitruante e delle parate del Regime, l'opinione pubblica popolare appare perplessa[9].

Quando il 10 giugno 1940, l'Italia entra nella Seconda guerra mondiale, Virginia e i suoi figli dopo pochi mesi saranno divisi. Gianni interrompe i suoi studi universitari e così racconta: "Nel giugno del 1940, quando fu annunciato il discorso del Duce, mi trovavo a Torino all'Università. La maggioranza degli studenti si attendeva la dichiarazione di guerra. Io nutrivo qualche dubbio, essendo influenzato dal nonno, il quale sperava che rimanessimo neutrali. Ogni settimana ascoltavamo Mussolini parlare al paese e dicevamo tra noi: «È una gran bella cosa non entrare in guerra». Si approvava la "non belligeranza", una di quelle invenzioni giuridiche in cui gli italiani sono maestri! Poi è divenuta la cobelligeranza [….], conclude Gianni"[10].

Dunque, il sovrano Fiat, il nonno, e l'erede al trono, il nipote, pensavano che la guerra fosse un errore, o peggio. Ma "right or wrong, my Country".

Virginia vede partire da Torino, nell'inverno 1941, il suo primo figlio maschio come sottotenente dello Squadrone di Cavalleria Corazzata Lodi, nel Corpo di Spedizione Italiano sul fronte Russo e ucraino, assegnato alla seconda linea italo-tedesca nel vastissimo bacino minerario e carbonifero del Donez, il mantice industriale e militare dello sforzo bellico dello sterminato territorio meridionale della "Patria del Socialismo". "Right or wrong, my Country",

è ancora la risposta che Gianni dà a chi gli chiede come mai lui non sia a Torino e si trovi, invece, non lontano dagli Urali. E nelle operazioni sul fronte russo Gianni passa quasi un anno tra la fine del '41 e la prima parte del '42. Virginia, Clara con il marito principe Tassilo Von Fürstenberg e la loro figlia Ira, Maria Sole, Cristiana, Giorgio e Umberto si spostano in Italia tra Torino e Roma. Gianni rimane un solo inverno in Russia: "Faceva un freddo cane, anche 43° sotto zero". Il suo amico e compagno di armi, che diverrà poi suo cognato, marito di Susanna, Urbano Rattazzi, ricorda così quel periodo: "Spesso dormivamo nelle isbe. Quella di Gianni era surriscaldata. Aveva trovato uno schiavo che faceva funzionare la sua stufa al massimo, e lui circolava nudo nella sua isba come in una sauna. Per terra c'erano due pelli d'orso che probabilmente erano solo di capra. Però facevano lo stesso effetto"[11].
Dopo nove mesi, Gianni rientra dalla Russia richiamato in un reparto di cavalleria montata su carri armati in Africa del Nord. Il Senatore cerca di bloccarlo: "Hai fatto il tuo dovere, ora bisogna pensare alla Fiat". "Quando si è in guerra – aveva risposto Gianni – si preferisce stare con chi la fa piuttosto che con gli altri. Per me è un'esperienza straordinaria»[12].
L'esercito italiano si batteva in Libia contro gli inglesi, e Gianni partì per Tripoli. Eccolo, quindi, nella Guerra del deserto. Dopo lo sfondamento verso l'Egitto, Erwin Rommel, il Generale a capo dell'Africa Korps, anche con due divisioni italiane, la Littorio Corazzata, quella di Gianni, e la Folgore dei paracadutisti, arriva al confine egiziano. Ma il Maresciallo Montgomery stringe la "volpe

del deserto", con i suoi reparti tedeschi e italiani. Li insacca in Tunisia dopo averli stremati distruggendo i carri armati con i mortai e lasciandoli, a poco a poco, nella sabbia lungo tutta la Cirenaica e poi la Tripolitania.
La sorella Susanna, che aveva supplicato la madre Virginia per ottenere dalla Croce Rossa una deroga per il suo arruolamento, nonostante fosse sotto i limiti di età, è imbarcata su una nave ospedale per il trasporto dei feriti gravi lungo la rotta Libia–porto di Napoli. È una grande nave esposta ai siluri dei sottomarini inglesi. Suni incontra sulla banchina del porto di Tripoli suo fratello, e quel giorno, che è l'ultimo prima della grande battaglia nel deserto, Gianni e Susanna visitano le rovine di Sabratha. La giornalista francese Marie-France Pochna, nel suo documentatissimo libro, *Agnelli l'irresistibile*, testimonia con dettagli quella giornata che definisce: "Breve incontro in un clima da fine del mondo. La sorte dell'Africa italiana era segnata. [....] Suni risalì sulla sua nave che nel viaggio successivo fu silurata. Voleva imbarcarsi di nuovo, ma il nonno sardonico e severo questa volta glielo proibisce: «Se fossi giovane», disse, «mi innamorerei di te. Ma non voglio che tu riparta su quelle navi. Cerca di capire, non è per il pericolo, è perché non voglio che mia nipote sia ripescata in camicia da notte da sconosciuti»"[13].
Nel maggio 1943 gli alleati entrano a Tunisi, e la sconfitta dell'Asse in Africa del Nord è conclusa. I resti delle armate italo-tedesche sono asserragliati nella Penisola di Capo Bon. Alcuni aerei rimpatriano gli ufficiali dello squadrone del Reggimento di Gianni. Arriva a notte fonda nella casa di Roma, il Bosco Parrasio. "Sua madre e le sorelle

si affollarono attorno a lui ancora in uniforme, e loro in camicia da notte. Ultima riunione di famiglia prima della fine della guerra", conclude Marie-France Pochna[14].

Il '41 e il '42 Virginia li aveva vissuti in una condizione di stordimento, probabilmente senza ben rendersi conto del quadro d'insieme. Certo, aveva visto che la guerra aveva portato anche su Torino i grandi bombardamenti notturni per colpire le stazioni ferroviarie, gli stabilimenti industriali e quindi, prima di tutto, la Fiat, "la principale fabbrica del Nord"[15]. Nella notte tra il 18 e il 19 novembre 1942, Torino venne sottoposta a un bombardamento a tappeto. Le decine di Fortezze Volanti sopra la città colpirono in più punti anche gli stabilimenti Fiat, e così di seguito ogni notte, per tre settimane. L'ordine di tenere sotto bombardamento Torino e la Fiat era partito da Berna, dove stava, sotto copertura, il Comando dell'Office of Strategic Services (OSS), il Servizio di Intelligence del Pentagono. Lo dirigeva il diplomatico americano Allen Dulles. L'obiettivo era paralizzare, colpendo la Fiat, il centro vitale dell'industria bellica italiana. Distrutte quasi tutte le scorte dei materiali indispensabili, e le riserve di carburante per le lavorazioni. La parte della famiglia Agnelli rimasta a Torino, quando Virginia passò fugacemente diretta in Svizzera, era sconvolta. Lei constatò la distruzione dello stabilimento di Mirafiori, inaugurato appena tre anni prima, e insieme si rese conto del pessimismo della Fiat e dei proprietari.

Il 23 febbraio 1943 il senatore Agnelli annuncia che lascerà la carica di Amministratore delegato, conservando solo quella di Presidente. Vittorio Valletta, ormai in solitario nella responsabilità operativa di amministratore delegato, fino allora condivisa con il Presidente, informa che, per espressa volontà del Senatore, il nipote ventunenne Gianni entra, in quella data, nel Consiglio di Amministrazione della Fiat. Il Presidente affida a Valletta l'incarico di raccogliere tutta la documentazione a scarico delle responsabilità della Fiat per quanto riguarda le forniture militari degli anni della guerra, nel caso prendesse consistenza la minaccia di alcuni ministri del Governo Mussolini di commissariare o addirittura nazionalizzare l'Azienda con l'accusa di gravissime inadempienze, se non persino di tradimento[16]. In parallelo, in quegli stessi mesi, convinti ormai, Presidente e Amministratore delegato, che la sola prospettiva di salvezza fosse quella di proporre agli Alleati una pace separata, inizia un intenso lavoro con la Santa Sede e vengono allacciati contatti diplomatici in Svizzera, di cui naturalmente Gianni e la madre Virginia sono al corrente. L'intelligenza dei Dioscuri Agnelli-Valletta li porta a comprendere che nei tempi medi i vincitori chiederanno conto a chi ha guidato il grande complesso industriale di rispondere del ruolo avuto dalla Fiat come "fornitore di guerra dell'Asse"[17].

Viene quindi impostata una previdente campagna di alleggerimento e di benemerenze per quando verrà il giorno della vittoria alleata e della resa dei conti. Temibile quel giorno, lo sanno benissimo Valletta e il Senatore, soprattutto nelle versioni politiche e ideologiche dell'antifascismo dopo la Resistenza e la vittoria.

Dopo il bombardamento di Torino del 4 giugno 1943, la casa di Virginia rimane seriamente danneggiata. Donna Agnelli con i figli più piccoli si rifugia al Forte[18]. Nel catalogo della mostra "L'Arcitaliano", della Biblioteca di via Senato a Milano, a pagina 111, c'è una lettera autografa di Alberto Moravia a Curzio Malaparte. Riferendosi certo a questo bombardamento, Moravia scrive all'amico: "La casa di Virginia a Torino è rimasta distrutta".
Poi, il 19 luglio del '43 le Fortezze Volanti americane pestano il quartiere di San Lorenzo a Roma e distruggono lo scalo ferroviario tiburtino della Capitale. Tutto ciò sembra preannunciare la fine dello status, tacito, di "città aperta" della Capitale, e un'escalation di offensiva aerea su Roma. Dopo qualche giorno, il 25 luglio, il Gran Consiglio del Fascismo depone il Duce, lo esautora dai compiti di Governo e il Re lo fa arrestare, confinandolo nell'isola di Ponza. L'8 settembre, a Cassabile, in Sicilia, l'Italia firma l'armistizio con i paesi alleati. Il Capo del Governo, il Maresciallo Badoglio, il Re, lo Stato Maggiore e la Corte lasciano Roma e raggiungono, dopo una lunga fuga in automobile, la costa adriatica. Si imbarcano su navi militari e raggiungono Brindisi. Lì è ora il Governo nazionale. È la parte d'Italia già occupata dagli Alleati e liberata dalla presenza delle forze armate tedesche.
A Roma la casa di Bosco Parrasio, tra l'antico Trastevere e il Gianicolo, è ormai una specie di grande Foresteria dove vanno a nascondersi generali in fuga, aiutanti di campo generosi e spericolati, giramondo sociali sradicati dalla guerra. Fra questi, il 9 settembre, il Generale Giacomo Carboni, incaricato della "difesa estrema di Roma" dal previsto attacco

tedesco. Non è più in uniforme, è in abito borghese, e trova il tempo e il buonumore di avvicinarsi alla padrona di casa e sussurrarle: "«Non crede che potrebbe esserci qualcosa fra noi, Donna Virginia? Lei è così affascinante». «Non vedo come ne troveremmo il tempo, Generale», rispondeva mia madre con un sorriso piegando la testa", racconterà Susanna trentun'anni dopo nel suo libro[19].

«Quello ci prova, mentre cade il mondo», confida Virginia al telefono a una sua conoscente. «Ho deciso di dirgli», racconta, «che, come il Maggiore pilota tedesco Manfred Von Richtofen, asso della caccia, veniva chiamato da tutti "il Barone rosso", io non lo chiamerò più Generale Carboni ma "Comandante Auricchio", in ricordo del miglior "provolone" della storia dei formaggi italiani».

Questa "conoscente" ci raccontò parecchi anni fa la confidenza che le aveva fatto Virginia in quell'occasione e oggi, durante questa nostra inchiesta, ce ne siamo ricordati.

Virginia rimane a Roma, come Susanna, che dopo pochi giorni aveva ripreso il suo lavoro di crocerossina. La figlia maggiore, Clara, con il marito Tassilo Von Fürstenberg e la figlia Ira di tre anni, si sono rifugiati a Losanna. Gianni è invece a Torino, e Susanna, quando la Croce Rossa italiana viene bloccata dalla Wermacht e dalla Gestapo romana, raggiunge, anche lei, la Svizzera. A Torino e a Roma si è ormai all'inizio del difficilissimo 1944. Ed è proprio tra la fine del '43, nel periodo del "dopo 8 settembre", e i primi mesi del '44, che Virginia, inaspettatamente, rappresenta una connessione preziosa con l'immediato, incerto futuro.

Il 21 gennaio del 1944 la flotta anglo-americana lancia tra Anzio, Nettuno, fino a Pratica di Mare uno sbarco armato per liberare Roma. La testa di ponte anglo-americana, che si costituisce con gli uomini, i carri, l'artiglieria che sbarcano dalle 243 navi, è riunita sul litorale che, nella parte nord della testa di ponte, dista meno di quaranta chilometri in linea d'aria da Roma centro. Winston Churchill così la ricorderà scrivendone nel 1948, tre anni dopo la fine della guerra: "Io avevo sperato di lanciare sulla spiaggia un gatto selvatico, mentre invece ci trovammo sulla riva con una balena arenata. Questa è la storia della Battaglia di Anzio, una storia di grandi occasioni perdute e di speranze infrante"[20].
Valerio Castronovo, il grande storico italiano che con il suo libro *Fiat, una storia del capitalismo italiano,* è la fonte più autorevole ed esauriente sulla grande industria e la famiglia Agnelli, a pagina 314 così scrive: "Alla Fiat si era rivolto il nuovo comandante militare clandestino di Roma, Generale Bencivenga, per ottenere l'appoggio, in mezzi materiali, per il piano di emergenza in difesa di Roma, in caso di rappresaglie tedesche nell'imminente avanzata alleata sulla Capitale. Ma l'operazione più importante – continua Castronovo – aveva avuto per protagonista del tutto inaspettatamente la nuora di Agnelli, Virginia Bourbon del Monte. Presa in ostaggio nell'ottobre del 1943, per via dei suoi legami di parentela con la famiglia americana della madre, era stata confinata nella Villa San Gregorio al Celio insieme ad alcuni personaggi di riguardo su cui i tedeschi sospettavano, o che sembrava conveniente tenere sotto chiave per servirsene al momento propizio".

A questo proposito, lo storico Andrea Riccardi, nel suo libro *L'inverno più lungo*, uscito nel 2008 per i tipi dell'Editore Laterza, dedica un capitolo a quelle che definisce "isole protette" nella città di Roma. "C'erano comunità con scarsi contatti esterni. È il caso del monastero camaldolese di San Gregorio al Celio, appartenente a una congregazione di monaci eremiti. L'antico edificio sul Celio era diviso tra il monastero e una scuola fascista adiacente. Quest'ultima era stata trasformata, durante l'occupazione, in una sezione del carcere per personalità eminenti, come Virginia Agnelli, il senatore Riccardo Motta, governatore di Roma con Badoglio, il ministro della Real Casa Falcone Lucifero, Ugo Indrio, Luchino Visconti, il senatore Alberto Bergamini, la principessa Colonna di Cesarò. Era, secondo Forcella, una 'prigione-albergo', dove si potevano ricevere visite e, a certe condizioni, anche uscire"[21].
Su Virginia gravava, del resto, anche una denuncia anonima per aver ospitato l'8 settembre (il giorno in cui il Re e Badoglio erano fuggiti verso Pescara per imbarcarsi alla volta di Brindisi) il Generale Giacomo Carboni, l'Ufficiale incaricato di organizzare una "estrema difesa di Roma" contro i tedeschi. Alla fine di dicembre del '43 era riuscita a prendere il largo, con il pretesto di una malattia, dall'internamento a San Gregorio per una Clinica ai Prati, la "Santa famiglia" a via dei Gracchi 134, da cui era poi tornata alla sua Villa sul Gianicolo, dopo una breve convalescenza nella Villa di Marocco, nel Veneto. Era stato il colonnello Eugen Dollmann, rappresentante di Heinrich Himmler in Italia, che Virginia Agnelli conosceva da tempo, a darsi da fare per la sua liberazione[22].

Capitolo ottavo
L'Operazione Farnese

Per capire bene gli obiettivi di questa "importante operazione" di cui parla Valerio Castronovo, e che è passata alla storia col nome di "Operazione Farnese", la sua meticolosa preparazione e le reciproche particolari attese militari, religiose e familiari dei suoi protagonisti, dovremo dare la parola a uno dei due autori decisivi dell'impresa, che sono Eugen Dollmann e Virginia Bourbon del Monte. Paradossalmente, il Capo delle SS nella città di Roma e Virginia Bourbon del Monte, che vive a Roma in uno dei luoghi più incantati della città, il Bosco Parrasio, sono uniti da qualcosa di autentico e travolgente: la passione per la città in cui si trovano, si può dire senza enfasi in questo caso, congiurati per la salvezza del *caput mundi*. Questo li unisce e prevale su altri disegni paralleli ma distinti, di cui noi seguiremo fino al termine ultimo quello di Virginia. È una esperienza, comunque, che va oltre i tempi della liberazione della Capitale italiana, e si proietta fino al raggiungimento della pace in Europa.
Vediamo chi è Eugen Dollmann. Qualche testimonianza prima di dargli la parola. "Eugen Dollmann, all'opposto del nazista classico, con una certa civetteria, si dichiarava antimilitarista e si spingeva abbastanza avanti nella sua opposizione al regime hitleriano. È un esteta, innamorato di via Giulia e dei suoi palazzi unici al mondo. Il suo liri-

smo sulla cupola di San Pietro che si dissolve nella bruma è di buona lega, e lui si vanta, non senza ragione, di essere anche un fine conoscitore della società romana... La raffinatezza con cui sceglie il nome in codice della sua operazione di diplomazia segreta, rivela l'umorismo impassibile del personaggio: «Ho battezzato Farnese questa operazione in omaggio al mio vecchio amico del XVI secolo, il cardinale Alessandro Farnese, il primo a darmi accesso alla Biblioteca Vaticana molti anni fa»"[1].
Così scrive Marie-France Pochna e continua: "Il colonnello è caduto in estasi davanti a Virginia e alla sua casa sul Gianicolo, la Villa del Bosco Parrasio, con la sala da pranzo rotonda nell'antico battistero, e il piccolo anfiteatro coperto di glicine. Nel XVII secolo la villa era stata sede dell'Accademia dell'Arcadia, circolo letterario i cui membri folleggiavano abbigliati da pastori e pastorelle"[2].
"Donna Virginia – scrive Dollmann nel suo libro *Un libero schiavo* –, aveva posto le ricchezze sconfinate degli Agnelli al servizio del proprio buon gusto, trasformando la sua abitazione in uno scrigno di gioielli... Negli anni di pace fu centro di attrazione d'un circolo colto e snobistico insieme. Vi si potevano incontrare esponenti dell'alta società, con alla testa il principe di Piemonte, oppure scrittori e letterati, con alla testa Curzio Malaparte. Parlavano di preferenza in inglese, anzi in americano e questa mania dovette poi giocare un brutto scherzo alla padrona di casa"[3].
L'atmosfera di snobismo era tutt'altro che spiacevole per il colonnello che, tuttavia, in via amichevole, con-

sigliò Virginia di frenare la sua anglofilia, pensando alle intercettazioni della polizia mussoliniana.
C'è un'altra testimonianza diretta su come si presentava il colonnello Dollmann. Ce la offre Fulvia Ripa di Meana, che il 3 marzo del 1944 alla Pensione Trinità dei Monti, in via San Sebastianello, accompagnata e presentata dal buon amico del colonnello, il Principe Francesco Ruspoli, va a perorare, a nome della famiglia Montezemolo, la fine delle torture e il rilascio per cure urgenti del colonnello Giuseppe Cordero Lanza di Montezemolo, catturato in gennaio dalla Gestapo. Montezemolo è a Via Tasso da molte settimane: "Dopo pochi istanti entra il colonnello Dollmann. Alto, magro, elegante, non ha affatto il tipo tedesco, ma piuttosto può sembrare un inglese"[4].
"Fulvia Ripa di Meana – dice Andrea Riccardi nell'*Inverno più lungo* –, racconta nei suoi ricordi come sia giunta a parlare con Dollmann attraverso i contatti dell'ambiente aristocratico romano [...]. Anche Virginia Agnelli, che non nascondeva la sua ostilità ai tedeschi, tra il 'carcere' di lusso di San Gregorio e la sua casa al Bosco Parrasio, ai piedi del Gianicolo, di fronte al monastero dei Sette Dolori, ebbe una serie di contatti con vari ambienti, tra cui i tedeschi"[5].
Ma chi era in realtà questo Eugen Dollmann, che amava distinguersi da quelli che lui definiva con tono un po' sprezzante i "Fouché dei dittatori", vale a dire Himmler e Bocchini, i capi della polizia di Germania e d'Italia?
Allen Walsh Dulles nel suo libro *Germany Underground,* pubblicato a New York nel 1947, scrive: "Eugen Dol-

lmann potrebbe essere definito come una specie di inviato diplomatico delle SS in Italia, il trait-d'union tra le SS e Mussolini." Dollmann osserva: "Dulles ha giustamente inquadrato le mie funzioni. Avrebbe potuto aggiungere che ero una specie di traduttore-interprete dell'Asse"[6].
Bernard Berenson, nel suo libro *Rumor Reflection,* uscito nel 1952 a New York da Simon & Schuster, lo descrive così:
"Vi è un certo Dollmann, di bell'aspetto, sulla quarantina, colto, affabile, uomo di mondo che sostiene di aver passato sedici anni a Roma. Le perplessità riguardano più che altro il suo incarico. Non fa parte della diplomazia né del servizio consolare e non è nemmeno un consulente economico o commerciale. Parla con familiarità delle signore dell'alta società, chiamandole per nome, o addirittura con i loro nomignoli". E conclude: "Come può un civile di così buona cultura, sensibile e giudizioso, essere il luogotenente di Himmler?"[7].
In realtà Dollmann ebbe una posizione insolita di congiunzione non ufficiale tra i due dittatori, che gli consentiva di conoscere persone e cose di quel periodo da un'angolazione molto particolare. Venuto in Italia prima dell'avvento del nazismo per svolgere ricerche storiche, finì per diventare l'interprete tra Hitler e Mussolini e per frequentare innumerevoli personalità coinvolte nelle alterne vicende dei due regimi.
"'Mi svegliai una mattina e mi accorsi di essere diventato un uomo famoso': così di se stesso poté scrivere il giovane Lord Byron. Io mi svegliai una mattina, non un

uomo famoso, ma membro delle SS, 7 novembre 1937 [...]. Quando fui iscritto nelle SS come Oberstürmführer (grado equivalente a quello di tenente nell'esercito), avrei potuto anche rispondere 'no' [...]. Ebbene, io ho risposto sì. Se avessi detto di no, in primo luogo non avrei potuto tornare a Roma, ma questa era solo una sensazione. Inoltre, data la mia assenza dalla Germania che risaliva al 1927 [...] avevo soltanto una vaga idea di Heinrich Himmler e delle SS [...]. Avrei avuto un compito ristretto all'Italia e consistente nel proseguire il lavoro d'interprete, mantenere i rapporti personali acquisiti, restare in stretto rapporto con entrambe le ambasciate tedesche"[8].

Potremmo quasi definire Dollmann un "colonnello per caso", tanto più che non ha mai fatto il servizio militare!

"Un altro storico inglese si chiede: 'Non è chiaro cosa possa aver portato il capitano Eugen Dollmann, uno degli intellettuali di Himmler, nelle SS: era uno storico cresciuto a Roma e parlava correntemente l'italiano. Aveva ingresso libero nelle migliori famiglie ed era in buoni rapporti con il conte Ciano'"[9].

Indro Montanelli, parlando di lui nelle sue "conversazioni" con Tiziana Abate, a proposito della propria condanna a morte da parte dei tedeschi quando si trovava detenuto a San Vittore, dice di essere venuto a sapere dopo la fine della guerra dal suo "buon amico Eugen Dollmann" che dalla Germania era giunto l'ordine di sospendere l'esecuzione[10].

Pare che Roberto Rossellini si sia ispirato fisicamente a Dollmann per il personaggio del colonnello delle SS di

via Tasso, nel film *Roma città aperta,* ma in realtà Dollmann non ebbe niente a che vedere né con quella famigerata strada né con l'eccidio delle Fosse Ardeatine.
Nel maggio del 1984 la giornalista Vanna Vannuccini di "Repubblica" andò a Monaco per intervistare Eugen Dollmann. Fu una delle ultime interviste rilasciate dall'ex colonnello delle SS, che infatti morì esattamente un anno dopo. Il titolo dell'intervista era: *Io me ne andai per ultimo.*
"«Sono nelle sue mani. Nella mia vita ho sempre avuto fortuna con le principesse, spero che le giornaliste non mi trattino male». Eugen Dollmann...ultimo nazista a lasciare Roma all'alba del 5 giugno mentre gli alleati stavano entrando in città da un'altra parte, si congeda con queste parole sulla porta dell'alberghetto dal colore e dal nome azzurro, Das Blaue Haus, nel centro di Monaco, dove l'ho incontrato. Abita qui da trent'anni... Diplomatico senza ruolo, militare senza divisa (la indossò una sola volta, appunto quella mattina del 5 giugno, per andare a congedarsi da Kesselring sul monte Soratte) nazista senza fede, SS che non ha prestato giuramento [...] riconosce semplicemente di aver fatto molte cose che forse nessun altro avrebbe potuto fare. Tra queste [...] l'incontro tra Wolff e il papa alle otto di mattina del 10 maggio 1944 [...]. Oltre a lui stesso e a Donna Virginia che 'aprì le porte del Vaticano', anche Kesselring sembrava interessato a evitare di combattere a Roma"[11].
Qualche mese dopo la sua morte, avvenuta nel maggio del 1985, lo storico e giornalista Paolo Mieli, in un articolo su "Repubblica", intitolato *Sepolti con Dollmann in-*

trighi e segreti di Roma città aperta, gli rende giustizia. Dice Mieli: "Soprattutto per difetto di informazioni da parte degli antifascisti, Dollmann venne identificato come una 'belva', un 'aguzzino', il principale artefice del massacro delle Fosse Ardeatine: il cane lupo che portava sempre al guinzaglio divenne anch'esso simbolo di spietatezza. Gli furono insomma addebitate tutte le atrocità commesse in quel periodo dalle SS. In realtà Dollmann non fu mai un fanatico: continuò anzi ad attivare i suoi canali diplomatici per escogitare soluzioni incruente anche in quel terribile momento. Per esempio aiutò Virginia Agnelli a fuggire dal confino a Villa San Gregorio al Celio e nel maggio del '44 fu a sua volta da lei aiutato a organizzare un colloquio segreto tra il generale delle SS Karl Wolff e il Papa Pio XII per trattare l'evacuazione pacifica dei tedeschi dalla capitale. Dopo l'arrivo degli americani a Roma (giugno '44) Dollmann si trasferì a nord, nella Repubblica di Salò. Anche qui si diede alla tessitura di rapporti segreti, prima con il cardinale Schuster e poi con i servizi segreti alleati per preparare il terreno al momento della disfatta tedesca che ormai riteneva inevitabile"[12].

Fatto sta che colonnello delle SS, spia, agente segreto o storico e letterato che fosse, Dollmann alla fine del conflitto uscì praticamente indenne dai vari internamenti e interrogatori. Passò gli ultimi anni della sua vita in una locanda, Das Blaue Haus, a Monaco, dove morì il 17 maggio 1985. Non si sa né dove né quando sia stato sepolto. "L'unico documento – scrive ancora Paolo Mieli – che attesta il suo decesso – avvenuto quasi certamente a

Monaco di Baviera e per cause naturali, Dollmann aveva ottantacinque anni – è un biglietto fatto pervenire dal suo esecutore testamentario allo storico italiano Gianfranco Bianchi. Un biglietto che oltre alla data di nascita e morte di Dollmann riporta solo la sua decisione di avere una sepoltura anonima e alcuni versi tratti da un sonetto del Petrarca: *Di me non pianger tu; ché i miei di fèrsi /Morendo eterni, e ne l'interno lume, /Quando mostrai de chiuder, gli occhi apersi*"[13].

Silvio Bertoldi, in occasione di una nuova edizione nel 2002 per la Superbur di Rizzoli di *Roma nazista*, scrisse un articolo intitolato *Dollmann, dolce vita sull'orlo dell'abisso*. Anche Bertoldi chiarisce che l'accusa al colonnello delle SS di essere stato coinvolto nella rappresaglia tedesca all'attentato di via Rasella, alla fine si era rivelata sbagliata: a un attento esame risultò infatti che Dollmann era totalmente estraneo a quella terribile pagina di storia. Nella prefazione a *Roma nazista* il colonnello spiega di aver scritto il libro soprattutto per sgravarsi da quell'accusa e dice: "...dal '33 al '45 non aspirai che a fare del bene, sempre lusingandomi di avere evitato il male"[14].

Un'ultima curiosità: pare sia stato Dollmann a tradurre la sceneggiatura per il doppiaggio in tedesco del film *La dolce vita* di Fellini.

Ora diamo la parola direttamente a Eugen Dollmann inserendo le sue pagine asciutte e inoppugnabili dell'"Operazione Farnese". Questo lungo estratto del libro *Roma nazista* di Eugenio Dollmann, (Longanesi, Milano 1951), mai contestato in sede storica, con la sua scrittura scarna, completato con un'altra testimonianza di Fulvia Ripa di Meana, spiega ogni cosa e chiarisce la dinamica dell'operazione. A conclusione noi riassumeremo anche "la parte coperta" nelle intenzioni dei due protagonisti, Dollmann e Donna Virginia:

"Sul finire del periodo della città aperta, nel mese di maggio, donna Virginia Agnelli, nata principessa Bourbon del Monte, assurse a protagonista di un episodio, che è forse da definire 'il preludio della capitolazione tedesca in Italia' [...]. Il parlarne è un onorare la sua memoria.
Nell'autunno del '43, donna Virginia che, dotata di eccezionale intelligenza e spirito di osservazione, non aveva rinunziato nemmeno durante l'occupazione tedesca a esprimere a tavola le proprie idee anche in presenza di numerosi commensali, era stata internata a San Gregorio, una specie di carcere per persone di riguardo"[15].
Ecco come Fulvia Ripa di Meana descrive questa "prigione": "Un edificio dove era, prima, una scuola di economia domestica, una brutta e scomoda casa in mezzo ad un bel giardino [...]. Vi si viveva certamente meglio che a *Regina Cœli* e la vigilanza della polizia non era troppo rigorosa. Gl'internati potevano ricevere il vitto dall'esterno, leggere e conversare.
Le camere piccolissime e intercomunicanti devono essere sempre lasciate aperte. Ippolita Solaro dorme in una cameretta con la signora Brivonesi, la principessa Caetani e donna Virginia Agnelli. Ognuna ha a sua disposizione una semplice brandina e basta. Fa un freddo terribile, le giornate invernali sono eterne"[16].

Ma torniamo a Dollmann: "Una malattia [alla gola, forse una tonsillite, *nda*] le permise infine di prendere il largo, e la polizia romana autorizzò il suo trasferimento in una clinica in Prati, (la Santa Famiglia a via dei Gracchi 134). Dalla clinica la signora Agnelli mi fece pervenire un suo appello e andai a visitarla assieme al medico privato e fiduciario di Kesselring, dottor Niessen, sul quale sapevo di poter contare. Medici curanti, infermiere e perfino (vorrei aggiungere) il giovane agente di polizia imbarazzatissimo per l'incarico affidatogli di sorvegliare «sua eccellenza la principessa», come lui la chiamava, furono rapidamente d'accordo, in nome d'una solidarietà patriottica convalidata dalle condizioni della degente, che era assolutamente splendida nel suo déshabillé in pizzo di Venezia, sulla necessità che la dama si ristabilisse nell'Italia settentrionale. I poliziotti furono impietositi nei riguardi della prigioniera e pieni di rispetto per il mio accompagnatore in uniforme, che del resto avevano scambiato per Kesselring in persona. Lui visitò donna Virginia, fece un gesto appropriato alla gravità del suo stato. Poi le offrì il braccio e, sempre avvolta nei suoi pizzi, ma con un fazzoletto di seta attorno al collo, la condusse alla mia macchina. Le consegnammo un certificato medico munito di timbri necessari e nessuno esaminò più la sua gola, e donna Virginia ebbe l'autorizzazione a partire per il Veneto, dove recuperò la salute nella sua bella villa Marocco.
Nella primavera del '44 ritornò a Roma, a villa Parrasio, sul Gianicolo, e l'incontrai sovente. Donna Virginia riassumeva la situazione politica e militare con molto acume:

la propaganda internazionale appariva unanime nell'invocare la rovina del Terzo Reich, e per contro la propaganda tedesca non sortiva nessun effetto. A suo giudizio, bisognava quindi approfittare almeno delle possibilità che si offrivano in Italia, per svolgere un'azione destinata a salvare Roma il giorno della caduta, ormai imminente, e assicurarsi nel periodo successivo mediatori nell'Italia settentrionale. Riteneva indispensabile la collaborazione di qualche personalità tedesca, e il più indicato finì con l'apparire il generale Wolff, nelle cui mani si accentravano, se non altro nominalmente, i poteri di polizia in Italia e che nel Reich vantava eccellenti relazioni.

Fuor di dubbio era inoltre che il gran passo fosse da compiere presso il Santo Padre: una conversazione segretissima fra il generale Wolff e Sua Santità si sarebbe certamente svolta onorando il comandamento cristiano di non lasciare intentato alcun mezzo per proteggere innocenti e impedire spargimento di sangue e distruzioni. Così, fra il glicine di villa Parrasio, decidemmo che dapprima donna Virginia avrebbe sondato il terreno per accertare se l'iniziativa fosse realizzabile, salvo a mettere Wolff davanti al fatto compiuto e guardandoci dall'informare in precedenza von Weizsaecker, l'ambasciatore tedesco presso il Vaticano. Il primo tentativo fallì in maniera cortese e, però, completa. Un giorno la signora Agnelli m'indusse ad accompagnarla da don Giovanni Ruspoli, degnissimo rappresentante d'una famiglia fra le più illustri dell'aristocrazia nera. Conoscevo il vecchio principe per avere varie volte parlato con lui, nel suo appartamento ottocentesco in un'ala del palazzo di corso Umberto, o sui desideri di casa Pacelli, della quale il principe era molto amico, o sull'Apocalisse di san Giovanni, che l'aristocratico non cessava di studiare per ricavarne interpretazioni attuali; e donna Virginia conosceva a sua volta don Giovanni da epoche assai più liete. Quel nome sarebbe bastato per far aprire senz'altro la porta dello studio del Santo Padre, e la signora Agnelli era sicura, anzi troppo sicura, del fatto suo. Don Giovanni Ruspoli la ricevé con evidente gioia, stette a sentirla sempre sorridendo, e alla fine, nel baciarle la mano, esclamò: «Cara Virginia, tutto quello che vuoi, ma questo proprio no!»

Non ci scoraggiammo. Io continuai a premere sul benemerito padre Pancrazio, il salvatoriano che si prodigò per Roma, e donna Virginia, gira e rigira, ottenne che il cardinale Camillo Caccia Dominioni [che il 2 marzo 1939, in qualità di Cardinale Camerlengo Protodiacono di Santa Romana Chiesa, aveva annunciato al mondo dalla Loggia delle Benedizioni della Basilica di San Pietro l'elezione a Pontefice Massimo del Cardinale Eugenio Pacelli, Papa Pio XII: «Nuntio vobis gaudium magnum...», *nda*] si entusiasmasse dell'iniziativa. Verso i primi di maggio, la meta era raggiunta, essendosi Pio XII dichiarato disposto a ricevere in udienza strettamente segreta il comandante delle SS in Italia: in una delle prossime mattine, padre Pancrazio avrebbe dovuto accompagnare il generale e me dal Convento dei salvatoriani, in piazza San Pietro, fino agli Appartamenti del pontefice.

Il punto essenziale era risolto, ma che avrebbe detto Wolff? [...] Per spuntarla bisognava cogliere Wolff in un momento di buon umore. Il generale subiva in quel periodo il fascino di una bionda straniera, conosciuta a Roma in un locale alla moda. A Palazzo Pallavicino, tutto risplendente nella primavera romana, riuscii a guadagnarlo per il progetto. A tavola era regnata l'allegria e né Wolff, né la bionda amica potevano supporre che a un anno di distanza il generale avrebbe cominciato a girare per i campi di concentramento per trascorrervi anni di opprimente vita. Madama, invece, presa da una disperazione la cui origine è rimasta un mistero, il 4 giugno del '44, entrando le truppe alleate a Roma, si uccise come un'antica romana, recidendosi le vene dei polsi[17].

Wolff non aveva portato abiti borghesi, e rimediammo alla meglio. Nella mattina del 10 maggio andammo alla casa dei salvatoriani in tassì. Padre Pancrazio ci colmò di benedizioni e di auguri per l'imminente solenne incontro, che però ci obbligava ad attraversare in tre piazza San Pietro, sotto gli occhi delle sentinelle scioccamente disposte intorno alla basilica dal più sciocco comandante di Roma, il generale Maelzer, per porre freno alla devozione dei soldati tedeschi cattolici. Al portone di bronzo tutto andò liscio, e così fino all'anticamera e alla sala delle udienze di Sua Santità.

Il colloquio durò circa tre quarti d'ora: Wolff ne uscì sconvolto ed eccitato, come non l'avevo mai visto, dalla figura ascetica del pontefice. Il Santo Padre aveva detto testualmente: «Quante ingiustizie, quanti delitti, quante offese allo spirito cristiano dell'amore del prossimo, quanti malintesi avrebbero potuto essere evitati se lei fosse venuto prima da me!». Parlando di Roma e della decisione che si annunziava sempre più vicina, aveva aggiunto: «Qualunque cosa accada, non lascerò mai Roma volontariamente. Il mio posto è qui, e qui lotterò fino all'ultimo per i comandamenti cristiani dell'umanità e della pace».

Il Santo Padre aveva espresso desideri e formulato lagnanze: aveva chiesto, fra l'altro, la liberazione dell'avvocato Giuliano Vassalli, uno dei capi più in vista della resistenza, e s'era fatto eco di voci giunte al suo orecchio di certi procedimenti in via Tasso. Wolff gli aveva risposto promettendo che nei limiti delle sue forze avrebbe cercato di evitare in Italia spargimenti di sangue e in specie distruzioni a Roma, e che per l'avvenire si sarebbe tenuto a disposizione del Vaticano per quanto si fosse voluto comunicargli, in sua assenza, per il tramite di padre Pancrazio e mio. Dopo l'udienza il generale ordinò a Kappler, che accondiscese malvolentieri, di liberare Vassalli e lo interrogò in merito alla prigione da lui impiantata in via Tasso; di questo Kappler doveva, in realtà, rispondere non a lui, ma esclusivamente al comandante dello SD in Italia, generale Harster, a Verona, che a sua volta doveva rispondere al capo della direzione della pubblica sicurezza del Reich, generale Kaltenbrunner, a Berlino. Kappler batté i tacchi, fissò il superiore con i suoi gelidi occhi azzurri, e diede la parola d'onore che a via Tasso non si era né si sarebbe mai torturato o maltrattato nessuno.

Il risultato più importante dell'udienza fu tuttavia che Wolff, l'uomo di mondo amante dei piaceri, era venuto a contatto con la secolare tradizione del Vaticano e con la personalità di Pio XII, rimanendone indicibilmente impressionato. [...] Io sono convinto che quell'udienza e le parole del Santo Padre determinarono nell'intimo di Wolff la conversione che nella primavera del '45 fece di lui il tedesco deciso alla capitolazione; sono convinto che in quella mattina del maggio del '44, mentre ad Anzio tuonavano i cannoni, in Vaticano si sia svolta la prima conversazione per la pace".

E aggiunge: "Monsignor Pfeiffer poco dopo mi raggiunse e mi chiese notizie di Donna Virginia: potei informarlo che in quello stesso momento si trovava in Basilica a pregare per il successo dell'udienza.

Noi giocammo le nostre carte 'Farnese', e donna Virginia prese l'asso, da giocatrice consumata qual era. Ordinò champagne, francese beninteso, e bevemmo al successo comune della nostra missione"[18].

Eugen Dollmann racconterà ampiamente questo importante episodio anche nel libro successivo, *Un libero schiavo*, pubblicato in Italia nel 1968, dove molto esplicitamente dice: "Senza le carte mischiate dalla gran dama suddetta [Virginia, *nda*] non avremmo ottenuto niente e non ci sarebbe stata l'udienza del generale Wolff da Pio XII, il 10 maggio 1944"[19].

* * *

La Quinta armata americana comandata dal Generale Mark Clark entra nella capitale il 4 giugno 1944 e libera Roma dall'esercito tedesco, dalla Wehrmacht, e dai reparti della retroguardia, le SS, che hanno il compito di lasciare al nemico, nelle ritirate, la terra bruciata.
"Mia madre era stata rilasciata dopo aver subito un'operazione alla gola. Ci eravamo riviste alla frontiera. Adesso, seduta davanti a lei nello scompartimento circondata da sconosciuti, ero incapace di trovare le parole per dirle l'unica cosa che avesse un senso: che le volevo bene.
Alla stazione di Losanna, un'edizione speciale del giornale annunciava che Roma era stata liberata dagli alleati senza sparare un colpo. I tedeschi se n'erano andati senza difendere Roma.
Mia madre si è messa a piangere. «Grazie a Dio», ripeteva «Grazie a Dio».
Le ho messo un braccio intorno alle spalle e, a piedi, ci siamo avviate verso casa. Mi raccontò allora della sua mediazione fra il Pontefice e il generale Wolff, per negoziare il ritiro delle truppe tedesche da Roma senza combattere e senza minarla. Dopo l'udienza segreta il generale Wolff, in segno di gratitudine, le aveva regalato il portafotografie d'oro che tirò fuori dalla borsa, che si apriva in sette cornicette in ognuna delle quali era la fotografia di un figlio. Avevo intravisto il marchio delle SS inciso sul bordo.
«Ti prego mammà. Mettilo via e non tirarlo mai più fuori»"[20].
Susanna segnala, con una nota di protettiva prudenza, il capolavoro storico di sua madre.

E questo ci porta alle cosiddette "seconde intenzioni" che i due cospiratori dell'"Operazione Farnese" non si erano reciprocamente confidati. Per Dollmann l'udienza segreta con il Papa, prima di tutto serviva, sì, a salvare Roma dal rischio di quanto Hitler e Mussolini avevano ordinato ai Comandi tedeschi in Italia: difesa casa per casa per rallentare fino all'ultimo minuto la conquista americana della città. L'ordine nazifascista corrispondeva alla distruzione della città e dei suoi monumenti. L'ordine era sostenuto da Berlino e da Salò con particolari dettagli dalla Repubblica sociale. Era però contrastato dal Maresciallo Kesselring, quindi da una larga parte dell'universo militare, diplomatico, politico del Terzo Reich, inclusi importantissimi segmenti delle SS, del suo capo Himmler e, in Italia, oltre che da Eugen Dollmann, anche dal generale Karl Wolff, considerato un capo militare dotato di senso strategico e cultura storica. Dollmann e Wolff chiedono a Pio XII, come contropartita per il loro impegno a risparmiare Roma, di comunicare al Cardinale di Milano Alfredo Idelfonso Schuster, capo della potentissima Chiesa Ambrosiana, e al Cardinale primate di Torino Maurilio Fossati di accogliere, *le moment venu*, il Generale Karl Wolff per negoziare la resa tedesca nell'Italia del nord, risparmiando rovine e morti a Genova, Torino, Milano, Verona, Venezia, Bologna, Ferrara, Parma, nei giorni della fine della guerra, nei giorni ambigui della tregua e nei primi giorni della pace. Tra le cose da chiedere al Papa vi è poi una presentazione, per vie diplomatiche vaticane, sempre del generale Karl Wolff al plenipotenziario,

l'eminenza grigia americana nell'Europa in guerra, Allen Dulles, che si trovava in Svizzera, esattamente a Berna, come si è già detto.
Virginia, mai come in quel momento madre e farfalla, comprese che per il Senatore, il suocero che l'aveva combattuta spietatamente nelle aule dei Tribunali, ricorrendo alla Polizia segreta del Regime, l'Ovra, per farla pedinare, in pace e in guerra, nei viaggi, in Italia e all'estero, negli alberghi, con le intercettazioni telefoniche su tutto, criticandola con i figli per tentare di tirarli dalla sua parte, contestandole persino le proprietà di oggetti, quadri, mobili, in punizione per le sue passioni e i suoi amori, si sarebbe aperta la lunga stagione dei processi: per collaborazionismo con il Governo fascista e con il Governo nazista; per i profitti di guerra; per l'informazione controllata e pilotata del quotidiano "La Stampa"; per i conflitti del lavoro con le centinaia di migliaia di operai della Fiat e del suo indotto. Sapeva, Virginia, che lui e il suo potentissimo collaboratore Vittorio Valletta sarebbero stati sospesi da ogni ruolo, e immaginava, a ragione, che altri, i Commissari del popolo per intenderci, sarebbero stati alla guida di quell'impero. Capiva bene che *l'operazione Farnese* avrebbe permesso alla Fiat e ai suoi uomini simbolo, il Senatore e il Professore, di riuscire a respingere le accuse e a riconquistare il credito.
Oggi si può, sulla base dei documenti e delle testimonianze, affermare in modo inconfutabile che così fu. Difatti, diamo ancora la parola allo storico della Fiat, Valerio Castronovo, che nelle pagine della sua *Storia*, l'opera

che fa testo nella storiografia internazionale, ricorda il no assoluto del Cardinale Alfredo Idelfonso Schuster, Arcivescovo di Milano, dopo l'incontro, anche questo riservato, con il generale Karl Wolff su istruzione del Pontefice, all'ordine di cattura contro Agnelli e Valletta, spiccato il 26 giugno 1944, dal colonnello Walther Rauff, comandante per le SS dell'alta Italia occidentale:
"Se l'ordine di arresto non venne poi eseguito, fu per l'intervento all'ultimo momento del Cardinale Schuster, allora Arcivescovo di Milano, come attesterà nel novembre 1945 il suo segretario Don Giuseppe Bicchierai"[21].
Valerio Castronovo riferisce, a proposito dell'accordo richiesto da Wolff a Pio XII a Roma nell'udienza segreta per la città di Torino, e dunque direttamente per la Fiat quando fu, come previsto, messa sotto processo:
"Alla fine di ottobre 1944 il comandante delle SS in Italia Wolff si rivolse all'Arcivescovo di Torino, Cardinale Fossati, per tentare di stabilire un contatto con i comandi partigiani al fine di avviare trattative nell'ipotesi di un progressivo ritiro delle truppe tedesche dall'Italia settentrionale"[22].
Siamo nell'agosto del '45. I difensori di Agnelli presentano il 10 agosto all'Alta Corte di Giustizia il memoriale di difesa del Presidente e Senatore. Continua Castronovo: "Anche l'Arcivescovo di Torino, il Cardinal Fossati, intercesse per il Presidente della Fiat rivolgendosi al sostituto Segretario di Stato Giovanni Battista Montini con una lettera che venne poi aggiunta dai legali di Agnelli al fascicolo rimesso all'Alta Corte di Giustizia in cui si diceva tra

l'altro: «In questi ultimi anni personalmente e col mezzo dei suoi diretti collaboratori egli ha favorito efficacemente l'opera di resistenza all'occupazione nazi-fascista. La Fiat ha favorito in tutti i modi la lotta partigiana con contributi di denaro (almeno 500 milioni di lire personali della famiglia Agnelli) e viveri, con l'impedire che anche un solo operaio fosse deportato in Germania, con l'intralciare la consegna di materiale ai tedeschi»"[23].
Tra i diretti collaboratori del senatore Giovanni Agnelli, alla vigilia della decisione se condannare o restituire al Fondatore della Fiat oltre che la sua creatura anche l'onore pubblico, si impose, agli occhi di tutti, per ruolo, Virginia con il pieno risultato della sua "Operazione Farnese". Lo stesso Valerio Castronovo, come abbiamo messo in evidenza nel precedente capitolo, dice testualmente: "L'operazione più importante aveva avuto per protagonista, del tutto inaspettatamente, la nuora di Agnelli, Virginia Bourbon del Monte"[24].

Virginia scompare tragicamente il 21 novembre 1945, 26 giorni prima del Senatore. Il senatore Agnelli non è stato ancora né prosciolto dall'accusa, né reintegrato in Senato. Sa soltanto, per certo, che si concluderà nei prossimi giorni la sua Via Crucis. La sera del 16 dicembre 1945 il suo cuore cede. Il Senatore cade morto nello studio, accanto alla propria scrivania.
Come nel film *I duellanti* di Ridley Scott, la loro fine, di fatto, coincide. Anche loro, come i due ussari del racconto di Conrad a cui il regista si è ispirato, si sono sfidati in

un assurdo duello, eternamente interrotto e ricominciato, che è durato tutta la vita. Solo dopo infiniti scontri, arriveranno all'amara resa dei conti. Un'aura di mistero avvolge i legami tra di loro ed esalta la crudeltà del conflitto. In questa strana storia di onore e di follia, anche fra Virginia e il Senatore, come fra i due ussari, ci sono sprazzi di luce e di generosità, e anche fra loro succederà che uno due salvi segretamente la vita dell'altro. Dopo la Restaurazione, infatti, i due generali napoleonici si trovano in campi avversi e D'Hubert, il biondo, aristocratico normanno, ha l'occasione di impedire l'esecuzione capitale del suo avversario. Come Féraud, più sanguigno e guascone, non saprà mai di dovere la propria salvezza al suo "inseparabile nemico", così anche il senatore Agnelli morirà pochi giorni dopo essere stato riabilitato dal CLN, senza saper di dovere la sua salvezza in gran parte a Virginia.

Persino il funerale a Villar Perosa dell'inventore della Fiat, l'addio al suo spregiudicato e geniale condottiero, ricorda e conferma, con il carattere privato e quasi austero delle esequie, per la presenza di pochi partecipanti al funerale, e per la collocazione della tomba accanto a quelle del figlio Edoardo e di Virginia, che lo spietato scontro, che li aveva prima contrapposti e poi uniti, in un inestricabile finale di sorti parallele, è parte della impossibilità di comprendere e dominare la violenza implacabile delle contese umane.

Capitolo nono
Giorgio, l'angelo caduto e cancellato

Spilungone, elegantissimo, capelli castani e viso pieno di efelidi: Giorgio è il figlio che più somiglia a Virginia fisicamente. Nelle foto da bambino ha l'aria più che imbronciata. Ha un'espressione cupa, inquietante. Sembra un "angelo caduto". Nelle religioni abramitiche "l'angelo caduto" è decaduto da uno stato di grazia e quindi cacciato dal Paradiso. Il paradiso dal quale Giorgio si sente perennemente espulso è il contesto familiare degli Agnelli. E questa per lui sarà una sofferenza insanabile. Per tutta la vita cercherà di essere accettato in quell'Eden di cui gli altri facevano parte a dal quale lui si avvertiva come estromesso. I fratelli e le sorelle, se si fa eccezione per Maria Sole, lo tenevano lontano. La sua vicenda umana fu popolata di fantasmi, dolori, droghe, follie. Poi la fine, a soli 35 anni, misteriosa. E la rapida cancellazione dalla memoria di tutti: da quella dei fratelli, dei cugini, dei nipoti. Un oblio totale, voluto in particolare da Gianni, che desiderava occultare il fratello diverso, malato.
Il lettore avrà forse notato che fino alla conclusione della guerra, che sarà anche la fine di Virginia, entrano ed escono dal fondale della madre soprattutto Gianni, Suni, Clara e appena Maria Sole. Degli altri figli, poco o nulla. Si capisce: gli altri erano troppo giovani, erano *i piccoli*. Sopravviveranno alla madre e l'informazione

non li ha mai persi di vista. Due dei sette sono tuttora vivi. Uno, però, Giorgio, ha condiviso con la madre, pur vivendo altri vent'anni oltre la sua fine, qualcosa di misterioso: la rimozione della sua memoria, o meglio l'intenzionale cancellazione dal libro ufficiale della sua famiglia. E noi, paradossalmente, per cercare di capire la storia *intera* di Virginia, dobbiamo se non altro per la particolare protezione che lei ha avuto per questo suo figlio difficile, rievocare chi fu e come andò la vicenda umana di Giorgio Agnelli, nato nel 1929 e morto nel 1965, in una clinica a Rolle, in Svizzera, dalle parti di Losanna. (Non siamo riusciti a trovare giorno e mese di queste due date: forse un altro segno di noncuranza, di indifferenza nei suoi confronti).
Virginia, con quel potente istinto materno che la caratterizzava, aveva avvertito per prima il dramma di Giorgio. Anche se forse non ne aveva lucida coscienza, avvertiva la sensazione di avere a che fare con una persona emarginata, bisognosa di aiuto, incompresa e osteggiata dai fratelli. Una ragione in più per stare vicina a questo figlio, soverchiato dal carattere e dai privilegi di Gianni. La madre se lo teneva sempre vicino, giocava con lui più che con ogni altro, lo accarezzava, ci scherzava con quel suo fare ingenuo e un po' infantile. Sulla spiaggia del Forte capitava spesso di vedere loro due da soli, mentre guardavano il mare o facevano castelli di sabbia. Lui l'amava di un sentimento assoluto e profondo.
Tutti i figli – come già detto – adoravano Virginia. Ma Giorgio ci metteva un trasporto particolare. A lui come

agli altri era mancato il padre. E troppo presto perse anche la madre. E questo fu probabilmente il dolore più grande della sua vita, anche se preferiva non parlarne. Difficile riempire quello straordinario "buco" affettivo che l'essere orfani apre sempre e comunque nel cuore di un ragazzo. Figurarsi, quanto tutto ciò fosse terribile per Giorgio, considerato uno dei piccoli, ma secondo, fra i maschi, solo a Gianni. L'Avvocato sarà il suo incubo per tutta la vita. I due vissero un conflitto profondo, insanabile[1]. Ciò che Giorgio sommamente non sopportava era quella regola del "maggiorasco" imposta dal senatore Giovanni Agnelli che metteva nelle mani del fratello maggiore un enorme potere, concedendogli la doppia quota nell'accomandita che controllava le proprietà di famiglia, e che gli assegnava il diritto di veto.
Anche per Umberto i privilegi di Gianni costituirono un problema molto serio. Ma lui reagì prendendo più volte le distanze dal fratello maggiore nelle decisioni importanti, caratterizzandosi per condurre una vita normale, lontana dalla mondanità. Fu un ottimo padre: e infatti i suoi figli crebbero in un'atmosfera molto più tranquilla ed equilibrata rispetto a quelli di Gianni. Accettò, *obtorto collo*, la posizione subordinata in Fiat, ma là dove operò ce la mise tutta e guadagnò anche molti soldi.
Insomma, grazie a un carattere coriaceo, che lo portò a strutturare una figura di manager e di uomo meno affascinante di quella del fratello, ma coerente, fattiva, concreta, resse l'urto del perenne confronto con chi era sempre e comunque un passo avanti a lui. Scommise sulla diversità,

soffrì, ma ce la fece. Era avvantaggiato dal fatto di essere molto più piccolo di Gianni (13 anni di differenza) e il paragone con lui sino ad età matura non fu possibile.
Giorgio invece, quando il fratello maggiore era un giovanotto molto seducente da tutti i punti di vista, navigava fra l'adolescenza e la prima giovinezza, e perciò il confronto sin da allora – in un periodo di grande fragilità – era all'ordine del giorno.
Ma chi era davvero l'angelo caduto, tanto adorato da Virginia? La persona che più ha parlato di lui e che più lo ha amato è stata la poetessa Marta Vio. E non resta che ricorrere alle testimonianze che ha fornito. Si incontrarono per la prima volta al Forte. Lei aveva la casa vicina a quella degli Agnelli. Faceva parte di una famiglia di importanti banchieri per parte paterna. La madre, Primavera Gioconda, detta Pripri, era una donna bellissima che non disdegnava il lusso e i salotti. In seconde nozze sposò il più celebre medico italiano dell'epoca, quel professor Pietro Valdoni che salvò la vita a Togliatti ferito in un attentato. Priprì, poi, aveva nel suo albero genealogico Gabriele D'Annunzio[2]. Una gran famiglia insomma, di quelle che gli Agnelli frequentavano sempre volentieri.
Marta vide per la prima volta Giorgio sulla spiaggia del Forte nel 1946: lei sedici anni, lui diciassette. Arrivò al mare e subito si spogliò per gettarsi in acqua, ma non riusciva a togliersi la camicia, che era allacciata – come usava all'epoca – sotto l'inguine. Marta si accorse di questa piccola difficoltà e l'aiutò. Si conobbero così e si innamorarono. Passavano insieme giorno e notte. Tanto

che Umberto, il più piccolo, era un po' geloso. Così lei ha raccontato l'inizio della loro storia a Marco Ferrante: "Ci riconoscemmo subito. Erano tempi strani quelli della fine della guerra. Ci si piaceva e ci si accoppiava. C'era una tempesta, un caos sessuale. Fu il primo amore della mia vita. Giorgio allora era curioso delle droghe. Successivamente accusarono anche me di esserlo, ma a me non sono mai interessati gli stupefacenti. Giorgio era castano, con le lentiggini, gli occhi azzurri. Ed era un angelo caduto. Non c'era niente di costruito in lui. Era un'anima in difficoltà capitata in un mondo avverso. Di certo a sedici anni era una persona disturbata. Del resto anche i suoi fratelli erano condizionati dall'industria e figli di una madre ribelle"[3].
Anche Marta Vio conferma che la madre "proteggeva Giorgio", e aggiunge: "Gli Agnelli erano piacevoli fisicamente, simpatici, energici, magari uno li avrebbe strozzati, ma avevano fascino giovanile. Forse Giorgio, che era nella fascia dei più piccoli, nei primi anni ebbe il problema di affermarsi. Ma c'era qualcosa di originale e caratteriale in lui"[4]. Insomma, il male di vivere era stampato nel suo Dna: un destino doloroso fissato sin dall'inizio.
Per dieci anni Marta e Giorgio stettero insieme. I primi tempi, lei andava a Roma, dove lui faceva l'università, per incontrarlo, poi cominciarono a vedersi a Milano. Negli anni Cinquanta trascorrevano le vacanze estive insieme a Cap d'Ail, in Costa Azzurra. L'ultima volta che passarono una quindicina di giorni insieme, lui se ne andò e salutandola scoppiò in lacrime. Stava malissimo. In re-

altà i sintomi si aggravarono quando Giorgio passò un anno all'università di Harvard. Lì aveva probabilmente conosciuto quel gruppo di giovani che stava intorno a Timothy Leary, un insegnante molto famoso negli anni Sessanta perché sostenitore dell'assunzione di sostanze psichedeliche. Tornò dagli States – è sempre Marta Vio a parlare – portando con sé una bella quantità di una sostanza allucinogena estratta da un cactus e assunta da certi indigeni messicani: la mescalina. Questi la prendevano per partecipare ad alcuni riti, non ne facevano un consumo continuo. Il gruppo di Leary invece ne abusava. Giorgio, che aveva letto avidamente *Junkie*, di William Burroughs (in italiano uscì per i tipi di Rizzoli, nel 1962, col titolo *La scimmia sulla schiena*) entrò nel giro e, quando lasciò Harvard, ne fece una ricca provvista. Purtroppo non si fermò alla mescalina – come racconta Marta Vio – ma arrivò anche alla morfina.
A questo punto è ineludibile una domanda: Giorgio certamente era un uomo eccentrico, con una reattività fuori dal comune, esaltata dall'uso di allucinogeni, ma era anche pazzo? In famiglia molti lo consideravano tale. Fratelli e sorelle davano di lui giudizi profondamente diversi. C'era già chi aveva il sospetto che desse segni di schizofrenia. E poi accadde la terribile storia dello sparo contro Gianni: puntò l'arma e premette il grilletto. Ogni tanto qualcuno accenna vagamente a questo episodio. Ma nessuno ne ha mai fornito una versione compiuta[5]. Quello che è certo è che il rapporto con Gianni era difficilissimo. Secondo Marta Vio "lo odiava", mentre secondo sua sorella Maria

Sole "semplicemente non ne sopportava l'atteggiamento di perenne sfottò".

Marco Ferrante racconta: "C'è un'evocazione di Giorgio nella *Fine di A* di Ludovica Ripa di Meana. Giorgio compare senza nome come una Voce. Parla con Cassandro (suo nipote Edoardo) e racconta di sé, dei suoi scherzi, le trappole per i cavalli sulla spiaggia del Forte, le biglie lanciate tra i piedi della gente, il serbatoio di una moto riempito d'acqua, il sapone nelle torte per le feste dei bambini e la volta in cui sparò a Gianni"[6]. Comportamenti al limite e oltre il limite.

Marta Vio racconta del suo malessere. Della sua dipendenza dalla famiglia: viveva spesso a casa di qualche sorella, e quando prendeva un appartamento tutto suo, era in genere un luogo piuttosto brutto, alla periferia di Milano. Secondo un nipote di Giorgio è interessante indagare lo stato d'animo che muoveva lo zio: "Dava segni di schizofrenia per un senso d'inferiorità verso Gianni, ed ebbe delle esplosioni di violenza nei confronti del fratello". Marta Vio conferma questa interpretazione che le "sembra psicologicamente corretta"[7]. Ma non era solo contro il fratello che si scatenavano i suoi comportamenti inusitati e pericolosi. Nicola Caracciolo ne ha raccontato uno a Marco Ferrante accaduto "al tempo in cui trascorse un periodo nella loro casa di via della Lungarina. Giorgio – ricorda – una volta sparò con un fucile ad area compressa a una finestra". Carlo Caracciolo nella sua lunga intervista a Nello Ajello ha parlato brevemente di lui: "Il primo Agnelli che abbia conosciuto era il fratello minore di Gianni e si chiamava Giorgio. Lo incontrai sulla fine degli anni Quaranta in America, nel college di Harvard che lui frequentava (io ero alla Law School). Fu per suo tramite che conobbi il mio futuro cognato. Giorgio sarebbe morto assai presto"[8]. Non una parola di più forse per non girare il coltello nella piaga della famiglia Agnelli e di tutti coloro che avevano conosciuto e amato quel giovane uomo disperato, forse in osservanza della privacy, o forse, più probabilmente, per assecondare la voglia di oblio di Gianni. Sta di fatto che Carlo Caracciolo non va oltre queste quattro righe, sebbene avesse conosciuto piuttosto bene Giorgio. Insieme, infatti, crearono, a partire dal 1950, "L'anno", un periodico che riassumeva gli eventi più significativi consumatisi nei precedenti 365 giorni. Durò due anni e si stampava in una tipografia, acquistata da Giorgio, che però lavorava saltuariamente a quell'impresa editoriale. Eppure era un progetto importante che coinvolse una folta e qualificata pattuglia di collaboratori: Giovanni Spadolini, Aldo Garosci, Enzo Forcella, Emilio Cecchi, Massimo Mila, Giulio Carlo Argan, Alberto Moravia, Irene Brin, Paolo Monelli. Nel comitato direttivo c'era Ettore Sottsass. Prima della nascita della rivista, quest'ultimo aveva conosciuto Giorgio per tutt'altre ragioni. Verso la fine degli anni Quaranta, Sottsass, che diventerà uno dei più importanti architetti-designer italiani, incontrò l'Avvocato. Era andato a parlare con lui per esporgli il progetto di una rivista. A Gianni Agnelli quel giovane colto e brillante era piaciuto molto. Prima gli chiese di disegnargli una palestra da costruire in casa sua, poi di occuparsi di Giorgio. Andò in porto solo il secondo incarico. Sottsass iniziò a frequentare quel giovane che lì per lì gli sembrò un miliardario stravagante, nulla di più nulla di meno. Gli piaceva correre in macchina a 200 all'ora, al ristorante cominciava dal caffè e poi passava agli spaghetti. Comportamenti eccentrici, messi in atto per stupire gli altri o magari per studiare le loro reazioni. Più avanti però Sottsass andò a far visita a Giorgio, che era stato ricoverato in una clinica. Lo trovò molto ingrassato a causa dei farmaci. Capì probabilmente che il suo stato mentale era compromesso, che era andato ben oltre quella che all'inizio gli era sembrata una semplice stravaganza.

Nel periodo in cui Carlo Caracciolo lo conobbe ad Harvard, Giorgio – come già ricordato – aveva iniziato a consumare allucinogeni. Dolore per la scomparsa della madre e fascino del proibito lo avevano portato su quella strada pericolosa. Aveva cercato di far fronte alla sofferenza e ai conflitti con la famiglia abusando delle droghe più dannose per il cervello, quelle che nel tempo gli logoreranno del tutto il fragilissimo e instabile equilibrio. Marta Vio non ha paura di pronunciare la terribile parola: schizofrenia. Ricorda che ad un certo punto la sua malattia lo portò ad avere bisogno di vere e proprie cure, con tanto di ricoveri obbligatori. Prima – era Natale – venne messo in una clinica di Milano, poi lo spedirono in una clinica fra Ginevra e Losanna. Marco Ferrante riporta una testimonianza del nipote Sebastiano Fürstenberg, che studiava in un collegio nei pressi della città svizzera. Una volta suo padre lo venne a trovare e decise di "portarlo a far visita a Giorgio, che gli era simpatico". Quando lo rivide lo trovò "molto cambiato": "si era dilatato, sino a superare i cento chili, aveva gli occhi di un tredicenne". "Mio padre – testimonia il nipote – non gli parlava mai della famiglia"[9]. Aveva la netta percezione che da lì, da quell'insanabile conflitto nasceva la malattia.

La storia con Marta Vio finì. Dopo dieci anni, lei si rese conto che "non c'era prospettiva". Eppure, nel 1953 – quando già erano chiaramente emersi i sintomi della schizofrenia – a Giorgio venne scattata una foto il giorno del matrimonio fra Gianni e Marella, davanti alle colonne del castello di Osthoffen, a Strasburgo. L'immagine lo ritrae in compagnia di Carlo Caracciolo e Andrea di Robilant. Sembra in buona forma, elegantissimo, sigaretta in mano, è bellissimo, molto somigliante alla madre. Non ha lo sguardo cupo e allucinato che compare in alcuni scatti. Uno squarcio di normalità e, comunque, di lontananza dal male oscuro che lo corrodeva.

Morì in totale solitudine. Secondo Marta Vio "si lanciò nel vuoto dalla finestra della clinica". "A me lo comunicò Ferruccio Buratti, che era l'amministratore degli Agnelli, e mi rispedì i miei quadri che teneva con sé. Ma non partecipai al suo funerale"[10]. La sorella Maria Sole smentisce però l'ipotesi del suicidio. Secondo lei se ne andò "perché il suo corpo si era molto indebolito"[11].

E così la misteriosa vita di Giorgio si chiuse con il giallo della sua scomparsa, di cui non si è mai saputa con certezza la causa.

Dopo la morte, gli Agnelli preferirono non parlare più di quell'infelice creatura. Lo occultarono in tutti i modi. E del resto anche in vita se ne tennero lontani. La sera che ricevette la tragica notizia, Gianni Agnelli era a Como, a Villa d'Este, per un convegno. Cenò con Niccolò Pignatelli, ma non fece alcun cenno al lutto che lo aveva colpito. E anche John Elkann ammette: "Mio nonno non ne parlava". Quella sera, Lupo Rattazzi vide "piangere una cameriera"[12]. Certamente Ferruccio Buratti fu una delle persone che gli vollero più bene.

Questo comportamento si può spiegare con un esasperato bisogno di difendere la privacy e insieme con il desiderio di non mostrare in nessun modo i propri sentimenti: una ritrosia che tutta la famiglia ha sempre avuto. Oppure con una volontà di cancellazione per paura del diverso. Sta di fatto che Giorgio così somigliante a sua madre fisicamente, come lei venne accantonato nella memoria di famiglia. Alcuni nipoti ammettono di aver visto per la prima volta lo zio solo nel 2004, quando uscì il libro intervista di Carlo Caracciolo che pubblicava quella foto davanti alle colonne del castello di Osthoffen, a Strasburgo. La medesima immagine è apparsa di recente in una mostra dedicata all'avvocato. Ebbene, nella didascalia il nome di Giorgio non compare[13].

L'unica che parla dello zio e che soprattutto ne dà un giudizio diverso è Margherita Agnelli. Anche di recente non ha nascosto di considerarlo un uomo speciale, con un cervello simile a quello del protagonista del film *Beautiful mind*[14]. Una strana combinazione ha voluto che Margherita stabilisse la sua dimora, quella con il secondo marito, in una zona prossima alla clinica dove Giorgio morì.

Dei fratelli, "Maria Sole fu quella che gli volle più bene e l'unica che ne custodisce la memoria"[15]. Nella sua tenuta agricola a Castellombardo Maria Sole conserva infatti una piccola testa di Giorgio, una terracotta scolpita da Francesco Messina negli anni Quaranta. Questa scultura si trovava a Villa Bianca, al Lido di Camaiore, la casa che apparteneva a Ferruccio Buratti, precettore dei ragazzi Agnelli e poi amministratore dei beni della famiglia Agnelli dal 1935 al 1972. Alla morte di Giorgio la scultura era stata regalata a Ferruccio Buratti, che gli era sempre stato vicino. Nel marzo del 1998, quando Buratti morì, gli arredi e gli oggetti che si trovavano nella villa vennero messi all'asta dalla figlia. La terracotta policroma di Messina a grandezza naturale partiva da un prezzo base di 60-80 milioni di lire. Maria Sole la comperò[16].

Solo Marta Vio, Marco Ferrante, Ludovica Ripa di Meana e per ultimo, qui, Carlo Ripa di Meana hanno dato notizie per fare più luce sul caso di Giorgio: "Giorgio aveva la mia stessa età. Nella guerra a Forte dei Marmi, tra due bande di ragazzi che si affrontavano d'estate sulla spiaggia, quella degli Agnelli e dei loro amici era guidata da Giorgio, quella della tenda, Aymonino, Busiri Vici e Ripa di Meana, da me perché nella nostra versione di ragazzi italiani ispirati da *I ragazzi della via Pal*, volevamo due capetti della stessa età. Loro spianavano le nostre trincee sulla sabbia con i cavalli e noi cercavamo di stroncare i loro cavalli con buche molto profonde mascherate con canne e giornali, disarcionandoli. Dopo i destrieri azzoppati ogni estate facevamo a Villa Agnelli una merenda di riconciliazione. Giorgio, mio pari grado, il capitano, preparava il kalumet della pace: era un segmento di canna di bambù chiuso sul fondo, aperto in alto e cavo, con una cannula infilata su un lato: dentro, c'era la barba secca delle pannocchie di granturco che bruciava lentamente con un fumo acre per alcuni minuti e Giorgio ogni volta si sbellicava, trascinandomi in un ripostiglio che chiamava 'la mia fumeria d'oppio'". Per il resto, ci ha raccontato Carlo, "posso solo aggiungere che Marta Vio, che conosco da cinquant'anni, ha raccontato su Giorgio tutte cose assolutamente vere, che risultano anche a me".

Capitolo decimo
Ultimo viaggio per Forte dei Marmi

Idarica Frascara Gazzoni era una cara amica di Virginia Agnelli e molto spesso la ospitava nei mesi dell'estate del 1945 nella sua casa di campagna, la Badia, a Sezzadio in provincia di Alessandria, una grande tenuta con una chiesa del Mille. La guerra era finita da poche settimane e la Badia era un porto di mare.

Quando Virginia arrivava, la grande casa risuonava della sua voce argentina. Virginia infatti aveva il dono di portare con sé una gioia allegra e diffusa, merce rara in quei mesi ancora molto vicini al tempo fosco della guerra. Arrivavano tanti amici che la guerra aveva disperso, alcuni rientravano dai campi di concentramento, dalla clandestinità o più semplicemente da campagne lontane dove si era sfollati. Correvano nei prati, si divertivano a rincorrersi, nascondendosi dietro i grandi lecci dell'alberata che portava fino al bosco: in quella specie di arcadia, di mondo sognato, dove ci si poteva quasi aspettare di veder spuntare un fauno o una pastorella da dietro un albero, o di udire il suono dolce della siringa del dio Pan, le loro voci festose e le risate erano sopraffatte soltanto dal trapestio della ghiaia quando arrivavano e ripartivano rade automobili con i copertoni carro armato, e la grande Guzzi-Alce, un residuato di guerra, si diceva, della Campagna di Russia, ancora verniciata grigio-verde, con

il parafango posteriore altissimo sulla ruota; una foggia motociclistica che sarebbe arrivata trent'anni dopo con le enduro della Paris-Dakar.
Anche Urbano Rattazzi aveva il privilegio dell'amicizia di Idarita Frascara e anche lui trovava a volte ospitalità nella grande tenuta di Sezzadio.
Alain Friedman, il noto giornalista economico americano del "Financial Times", nel suo libro *Agnelli and the Network of Italian Power*, descrive Urbano Rattazzi come "a freelance seeker of adventure"[1], raccontando i suoi esordi politici e culturali e il suo coraggio controcorrente vissuto, a proposito delle ideologie di quei decenni, quasi con una fierezza eccentrica.
Durante quell'estate del 1945 Urbano Rattazzi si preparava alla laurea. Finiti gli anni militari, come il suo amico Gianni, con il ritardo di chi aveva fatto la guerra.
Viveva quasi clandestino a Forte dei Marmi nella villa Agnelli, perché, dal '43 al '45, era stato in armi portando le insegne fasciste estreme della X Mas di Junio Valerio Borghese, ed era ricercato dai tribunali militari.
La villa era rimasta miracolosamente intatta, nonostante l'interminabile inverno di combattimenti del 1944-'45, quando lungo il litorale Viareggio-Forte dei Marmi si organizzò il presidio tirrenico della Linea Gotica che, scavalcata la Toscana nord, l'Emilia e la Romagna, raggiungeva la costa adriatica. La Linea Gotica da Viareggio-Forte-Pontremoli era tenuta da reparti americani, brasiliani e italiani, ma i cannoni e i *panzerfaust* tedeschi avevano risparmiato villa Agnelli dove, dal maggio '45, Urbano aveva riparato.

"Mi chiese di ospitarlo a Forte dei Marmi", scrive Suni in *Vestivamo alla marinara,* "dove nessuno lo conosceva e avrebbe potuto rimanere per un po' di tempo fuori dai piedi. La casa di Forte non era stata danneggiata né derubata. I guardiani avevano salvato tutto. Era una delle poche case della zona rimaste in piedi e fornita di letti e lenzuola, così che tutti i nostri amici, in va e vieni fra Roma e Torino, facevano tappa lì per fermarsi a dormire. Gli alberghi erano stati tutti requisiti dagli alleati e, senza amici che ti ospitassero, muoversi attraverso l'Italia era ancora molto difficile. Mia madre era d'accordo. Io tornai a Bologna promettendo a Urbano che, appena riuscivo a farmi dare una licenza, sarei andata a trovarlo"[2]. [Susanna era rientrata nella Croce Rossa e guidava un'autoambulanza, in servizio in tutta l'Emilia e Romagna, *nda*].
"Il Forte non era troppo cambiato. La casa era piena di gente. Tutti dormivano con tutti, dimenticando qualsiasi discrezione. La fine della guerra aveva portato un'esplosione di sesso. Mangiavamo arselle, pesci, pane nero. La Capannina era aperta e la gente ballava tutta notte a piedi nudi. Gli alleati portavano con sé DDT e whisky. Soldati negri scorrazzavano in jeep avanti e indietro da un villaggio di follia nella pineta di Migliarino dove ragazze, bambini e militari vivevano in una pazza orgia, rubando dagli enormi depositi degli alleati, vicino a Livorno, tutto quello su cui riuscivano a mettere le mani.
Il mercato nero era scatenato. Si poteva comprare qualsiasi prodotto americano; armi, uniformi, cibo, prodotti di bellezza, alcolici, medicine.

Urbano studiava per l'esame di procuratore. Era magro, pallido, e i suoi occhi verdi lucevano. Gli sono passata davanti mentre andavo al mare. Ha alzato gli occhi dal libro. «Hai gli occhi come le mandorle verdi», gli ho detto, e ho proseguito pensando alla sensazione vellutata che dà la superficie della mandorla quando la cogli dall'albero. [....]
Mia madre è tornata in Svizzera. In casa eravamo rimasti solo Urbano e io. Chiacchieravamo seduti in pineta. L'ho guardato negli occhi e ho sorriso. Quando ci siamo baciati l'ho chiamato 'mandorlino'".
E nelle ultime due pagine del fortunato libro di Suni: "Erano passati nove giorni dalla mia partenza da Bologna. Topazia, Marilise e Annamaria sono arrivate per il matrimonio. Come una superstizione inglese impone, portavo un vecchio vestito e un paio di zoccoli nuovi, un golf blu, un nastrino rosa sulla bretella e un velo in prestito sulla testa. Topazia, al volante della sua ambulanza, mi ha portato fino alla Chiesa di Forte dei Marmi. Gianni mi ha accompagnata all'altare zoppicando. Quando mi ha lasciata mi ha stretto le dita.
Urbano aspettava.
Ho guardato nei suoi occhi verdi e ho pensato che la vita sarebbe stata un prato verde, verde come i suoi occhi, pieno di bambini che correvano"[3].

Era il 18 agosto del 1945.
Al matrimonio di Susanna quindi non è presente la madre Virginia, che era stata, invece, la grande regista delle nozze della sua prima figlia, Clara, nel 1940, sposa del

Principe Tassilo Von Fürstenberg. Un matrimonio quasi di guerra, ma in una cornice con il forte aroma della Mitteleuropa delle grandi famiglie. E Virginia in qualche modo aveva colmato, scortando all'altare la figlia maggiore, anche il vuoto lasciato cinque anni prima dalla scomparsa del padre Edoardo.

* * *

Nell'immediato dopoguerra, nel 1944-'45, Curzio Malaparte è dominato da due sole preoccupazioni: iscriversi al Partito Comunista e accelerare tutti i suoi progetti letterari e cinematografici, *Kaputt*, *La Pelle*, eccetera. Fin quando, impreviste, gli piovono addosso iniziative giudiziarie promosse dalle Magistrature militari alleate americane che, per quattro volte, lo arrestano a Napoli e Capri con brevissime soste nel carcere di Poggioreale, contestandogli supposte responsabilità penali per il suo passato fascista. Solo dopo la liberazione di Firenze, nel luglio del 1944, i Tribunali lo condannano agli arresti domiciliari e a sanzioni minime. Lui, in quei mesi, collabora con i quotidiani e i periodici della Quinta armata, e anche con "l'Unità," prima quando era a Napoli, poi quando è ai domiciliari a Livorno, Firenze, Roma e Forte dei Marmi. La nostra tenace ricerca non ha trovato traccia di Virginia nell'universo di Malaparte di quel tempo. Di incontri con Virginia non vi sono segnali, né nelle cronache pubbliche né nelle carte private. Nessuno lo può escludere, anche perché prima del luglio 1944, mentre Malaparte invita nella sua bellissima casa di Capri, chiamata *Casa come me,* costruita da Vittorio Libera sullo sperone roccioso di Capo Massullo, sotto la Villa di Tiberio, lo stato maggiore del PCI, Palmiro Togliatti, Mario Alicata (il suo più ostinato oppositore), Velio Spano, Maurizio Valenzi, Giorgio Napolitano, Eugenio Reale, lo scrittore giornalista, divenuto ormai anche regista, dispone di un imprevisto oblio-immunità da parte della sinistra italiana con, appunto, il potente Partito Comunista della svolta di Salerno che lo esamina da vicino per valutare se accogliere o meno la sua candidatura e formale iscrizione. Curzio Malaparte, dunque, "vede gente", in tutti i luoghi e in tutti i salotti diplomatici del primo dopoguerra italiano. Ma il pensiero e il mondo emotivo di Malaparte non risultano neppure in contatto indiretto con Virginia[4].

Va detto tuttavia, per dovere di cronaca, che in una recente intervista, la poetessa Marta Vio[5], che per dieci anni fu compagna di Giorgio Agnelli, dice di aver passato l'estate del '45 al Forte, ospite di Malaparte, e di aver conosciuto Virginia proprio in quel periodo. Stando al ricordo di Marta Vio, esisterebbe quindi la possibilità che nell'estate del '45 Virginia e Malaparte si siano rivisti. Ci permettiamo di esprimere solo una perplessità in proposito. Per due motivi: il 18 agosto del '45, come abbiamo detto, Susanna sposò Urbano Rattazzi, con una cerimonia semplice, quasi un matrimonio di guerra, al quale Virginia non era presente, visto che "era tornata in Svizzera"[6]. Inoltre Marco Ferrante, nel suo libro *Casa Agnelli*, racconta che

Marta Vio e Giorgio Agnelli si conobbero sì sulla spiaggia del Forte, ma nel 1946[7], quando Virginia non c'era più. Il che ovviamente non esclude che Marta Vio abbia conosciuto e frequentato Virginia l'anno prima.
Tuttavia pare, e lo raccontarono a quel tempo alcune sue amiche, tra cui Elena Rospigliosi Lante della Rovere, anche lei figlia di una ereditiera americana, Ethel Branson, quasi coetanea di Virginia e madre di sette figli, che Virginia nell'ottobre del '45 fosse amareggiata e delusa dal comportamento di Malaparte.
In quel periodo lo scrittore frequentava assiduamente "una signora straniera sposata con un italiano" che Giordano Bruno Guerri ha conosciuto a Capri e che nel suo bel libro *L'arcitaliano* chiama semplicemente "Anne", perché lei stessa ha preferito restare anonima[8].
"Come sono mutevoli, questi intellettuali! Come sono incapaci di essere seri!" scrive Malaparte l'11 ottobre del '45 alla sua Anne. "Seguono la moda intellettuale. Almeno io seguo come osservatore il mondo della 'fashion' e della 'smartness', ma per trarne argomenti e senza che ciò mi obblighi a seguire un certo indirizzo morale e intellettuale. E tu non fai che rimproverarmi. Il mio compito voglio che sia anche quello di dipingere la decadenza della civiltà in Europa attraverso le classi alte. È un modo come un altro di far la critica del mondo moderno. E con ciò? Che trovi da rimproverarmi?»[9]"
Se Virginia avesse potuto leggere questa lettera, certo la sua amarezza sarebbe stata ancora più grande, forse quella frase, "la decadenza delle classi alte", l'avrebbe ferita

e forse avrebbe confidato alle amiche: "Invece di farmi sapere almeno dove si trova o qual è il suo numero di telefono, dove poterlo chiamare, ho letto che ha scritto a una certa Anne. E chi sarà mai questa Sibilla Cumana alla quale risponde imbarazzato, con una coda di paglia lunga quanto la fettuccia di Terracina, quasi scusandosi per avermi frequentato!"

È l'ultimo segnale che abbiamo trovato (o immaginato) prima della partenza da Roma di Virginia Agnelli, destinazione Forte dei Marmi, nella mattinata del 21 novembre 1945, con una Fiat 1500 rinforzata nei sedili anteriori con tubi d'acciaio cromati, fuori serie, per assicurare in caso di incidente al pilota e al viaggiatore accanto una protezione supplementare. Il personale di servizio della Villa del Forte è stato informato perché la casa venga riscaldata e la cena sia pronta verso le otto di sera, e la stanza da letto di Donna Virginia preparata con il cambio delle lenzuola e degli asciugamani e accappatoi nel bagno.
L'auto corre a velocità moderata, Virginia ripensa forse alle sue ultime giornate a Roma o alla piccola Ira, la sua unica nipotina, una bella bambina di cinque anni, nata dal matrimonio di Clara con Tassilo von Fürstenberg. Ancora oggi Ira la ricorda con molta tenerezza e ripensa a quando Virginia la portava a passeggio per le vie di Losanna e le diceva, con una punta di civetteria: "Non chiamarmi nonna, chiamami mamma"[10].
Superata Livorno, ancora sull'Aurelia, e ormai viaggiando nel tratto tra Livorno e Pisa che sfiora la pineta di San

Rossore-Migliarino, verso le 17,30, con i fari accesi, la Fiat 1500, per superare una jeep militare che viaggia a circa 70 km/h, si allarga sulla sinistra e, appena immessa, si trova di fronte un gigantesco camion militare americano, Tre assi Chevrolet, carico di mattoni. È un attimo, e l'autista non può far nulla. Virginia batte il capo contro l'arco di acciaio e letteralmente si spezza l'osso del collo. L'autista del camion e il cappellano militare che è nella cabina, un sacerdote cattolico americano, sono salvi. Così, egualmente, è salvo l'autista italiano della Fiat. Il sacerdote si china su Virginia, le tiene il polso poi si rialza e torna alla cabina del Tre Assi Chevrolet. Sale, dopo un tempo breve scende, svolge una stola verde al collo e in piedi recita a voce bassa una benedizione davanti al corpo senza vita. La polizia sopraggiunta chiama il numero della casa di Forte dei Marmi, e poi quello della casa di Torino. Informa la famiglia e i domestici. A Torino c'è solo Susanna, malata, e suo marito Urbano Rattazzi. Gianni è a Oslo ad affrontare con i partner scandinavi problemi che si pongono nella Riv in Svezia e in Norvegia per i centri di produzione dei cuscinetti a sfera, e la notizia non gli è comunicata direttamente perché a quell'ora risulta introvabile. Il Senatore viene informato, e via via gli altri figli e tutta la famiglia larga. Dopo le nove chiamano da Torino e informano che nella notte partiranno verso Forte dei Marmi Urbano Rattazzi in auto e un furgone mortuario per riportare a Torino, e poi a Villar Perosa, le spoglie di Virginia.

Nel numero del 23 novembre "La Nuova Stampa", che su richiesta del Comitato di Liberazione Nazionale ha sostituito in edicola il quotidiano storico della città, "La Stampa", per sottolineare la *discontinuità* con il giornale che dopo l'era giolittiana aveva, dalla direzione di Curzio Malaparte in poi, sostenuto fino al 25 aprile 1945 il Regime fascista, riporta, in cronaca di Torino, una prima ricostruzione del crash. L'indomani, il 24 novembre, "La Nuova Stampa" ne dà nuovamente conto con una mezza colonna di cronaca che oggi, sessantacinque anni dopo, riproponiamo:

"La salma di donna Virginia Agnelli Bourbon del Monte è giunta a Torino in autofurgone ed è stata fatta proseguire subito per Villar Perosa, dove questa mattina alle 10 si svolgono i funerali in forma privata. I figli che si trovavano in Svizzera sono pure arrivati con un'automobile mandata ad incontrarli a Domodossola e anch'essi hanno proseguito il doloroso viaggio a Villar Perosa. L'unico assente dei sette figli dell'estinta è il primogenito Giovanni, che come dicemmo, si trova a Oslo.

L'autista che accompagnava la signora nel viaggio ha narrato che lo scontro è avvenuto quando già la strada era buia. L'automobile ha cozzato violentemente contro l'autocarro alleato che era carico di mattoni e il cofano della macchina si è incastrato nell'urto sotto quello dell'altro. Per il contraccolpo la signora che sedeva accanto all'autista fu sbattuta all'indietro e batté la nuca contro la maniglia metallica posta sulla spalliera spaccandosi il cervelletto. Un tentativo di soccorso fu fatto da un cappellano che viaggiava sull'autocarro, ma vedendo che la povera signora era spirata le impartì l'assoluzione. Donna Virginia Agnelli

poco tempo fa aveva corso grave pericolo in un accidente d'automobile e scherzando diceva: «Questa volta è andata bene. Ma la prossima?». Era un fatale presentimento?"
Da questo articolo della "Nuova Stampa" abbiamo comunque un'altra notizia che avrebbe certo amareggiato Virginia: il suo primogenito, Gianni, non era presente "nel doloroso viaggio verso Villar Perosa", perché trattenuto a Oslo, dove si trovava per ragioni di lavoro.
L'indomani, il 25 novembre, ancora "La Nuova Stampa," sempre in cronaca cittadina, in apertura, sette centimetri di cronaca sui funerali, riferisce il percorso del breve corteo funebre che, muovendo dalla Chiesa parrocchiale, si inerpica su per la collina "quasi a dominare con un segno di pace l'operosa cittadina". Nella pagina dei necrologi ve n'è uno solo, quello ufficiale della famiglia. Il giorno prima, è apparso un solo necrologio, non familiare. È quello della Scuola Convitto «Edoardo Agnelli» per infermiere professionali della Croce Rossa Italiana, che ha voluto "ricordare Donna Virginia morta per un tragico destino che ha stroncato il suo cuore infinitamente buono e generoso".

* * *

Nel 1975 la figlia Susanna ha scritto un libro che ricorda anche la madre, *Vestivamo alla marinara*, preparandone poi la versione cinematografica e televisiva. Due anni dopo, nel 1977, il fratello Gianni ha ricomprato dalla sorella e dall'editore Arnoldo Mondadori i diritti cinematografici e televisivi per impedire la realizzazione di un film e di uno sceneggiato, mentre il regista Mauro Bolognini stava iniziandone le riprese. Piero Tosi, il grande costumista, che aveva avuto il compito di lavorare con il suo amico coautore e regista, ci ha dato in lettura la sceneggiatura inedita. Questa decisione del figlio Gianni, di cui esistono precedenti di vera passione per la madre in vita, di censurarne il ricordo, seppure problematico, dopo la scomparsa, svela, forse, un uomo intento a confermare il proprio mito. E si sa, i miti non hanno parenti.

Questo nostro libro colma quindi un ricordo interrotto, anzi soffocato dal giorno della fine di Virginia.

Era tempo che si tornasse a ripercorrere la vita di una donna italiana del ventesimo secolo. La Principessa di San Faustino, che aveva sposato Edoardo Agnelli, esce dalla nostra ricerca come una persona di notevole qualità. La vita non le ha risparmiato il dolore, che lei ha affrontato con grazia e coraggio. Ha attraversato il suo tempo con passo lieve: toccata dalle tragedie, ma risparmiata da opportunismi e compromissioni. La definizione profetica di sua madre si è avverata: "Il suo volto era di quelli che lasciano intravedere un destino non comune… di chi non si sarebbe accontentata di ciò che fa felici le altre donne".

Fu madre e farfalla, ma seppe anche mostrare coraggio, intelligenza e grande forza. Ed era anche giovane, bella e in apparenza fragile. Doti che la aiutarono almeno in due occasioni importanti: prima, quando seppe tenere testa al suocero, il senatore Giovanni Agnelli, che le voleva sottrarre la patria potestà dei sette figli, e più tardi, quando si adoperò con tenacia e lungimiranza per rendere possibile la famosa udienza segreta del 10 maggio 1944 tra il generale Karl Wolff, capo delle SS in Italia, e Pio XII. Incontro che, non dimentichiamolo, scongiurò la distruzione di Roma.

I romani sapevano bene che i ponti della città erano già stati minati e che le cariche di esplosivo erano già innescate. Come riferisce Dollmann nel suo libro *Libero schiavo*, Mussolini e Hitler erano follemente decisi a tenere Roma a oltranza, battendosi se necessario strada per strada. E aggiunge:

"Non voglio atteggiarmi a salvatore di Roma: è un ruolo che più tardi si sono assunti uomini molto più importanti e rappresentativi di tutte le parti. Da Sua Santità Pio XII al più piccolo dei suoi preti, da ambasciatori e generali all'ultimo dei loro collaboratori, dai neo-fascisti ai combattenti della Resistenza, tutti hanno salvato Roma"[11].

E più avanti: "Esisteva un ordine di Hitler per la difesa di Roma, a cui si aggiunse l'opinione di Mussolini favorevole ai combattimenti. Ragioni strategiche e militari sconsigliavano [...] una pacifica evacuazione di Roma [...] Nelle sue memorie, Kesselring scrive: 'Fu mia decisione irrevocabile evitare il combattimento dell'interno di Roma'. Non posso che confermare queste parole" continua Dollmann. "A un certo punto il Duce inviò a Roma un prefetto, personalmente uomo per bene e altamente stimabile. Il signor Zerbino in gran segreto mi pregò di condurlo da Kesselring al Monte Soratte e di fargli da interprete [...] Potei così sapere quello che lui e il suo mandante volevano dal Feldmaresciallo: niente di meno che una battaglia per Roma. Casa per casa, strada per strada, palazzo per palazzo. Mi presi la testa tra le mani e mi chiesi se sul lago di Garda fossero usciti di senno. Possibile che non si rendessero conto di ciò che avrebbe significato per il mondo la distruzione anche parziale di Roma? [...] Zerbino, pur mostrando comprensione, obiettò: "Siamo del parere che la guerra, se la si vuol vincere, non deve essere una visita ai musei. Inoltre il Duce è d'accordo nel protrarre i combattimenti, soprattutto lungo i ponti del Tevere, che si spera siano da tempo minati"[12].

Le affermazioni di Dollmann vanno sicuramente prese con un certo distacco: forse Zerbino, appena nominato Ministro degli Interni della Repubblica Sociale Italiana[13], peccava di un eccesso di zelo. Resta tuttavia inoppugnabile che solo l'incontro del generale Wolff con Pio XII (e più tardi con Kesselring) poté allontanare l'eventualità di una battaglia nella città di Roma.

Se Dollmann parla con tanta enfasi di quest'operazione, lo fa sicuramente anche *pro domo sua*, sa che la Germania nazista sta per crollare e cerca di impedire di esserne travolto. Ma non può certo dirsi lo stesso di tante altre testimonianze importanti che abbiamo raccolto nel corso di questa nostra ricerca. Andrea Riccardi, ad esempio, fondatore della Comunità di Sant'Egidio e valente storico del mondo contemporaneo e in particolare del

Cristianesimo, nel suo recente libro *L'inverno più lungo* sottolinea l'importanza dell'intervento di Virginia per la realizzazione di quell'incontro segreto: "Il 10 maggio 1944 Pio XII ricevette in segreto il generale Wolff, che oltre al grado nelle SS era anche generale nella Wehrmacht. *L'incontro fu voluto da Virginia Agnelli* [il corsivo è nostro] che, tramite il cardinale Caccia Dominioni e padre Pfeiffer (che accompagnò il militare dal papa) aveva ricevuto la disponibilità vaticana. Dollmann (membro delle SS, ma meno identificato ideologicamente con il partito) si attivò presso il generale"[14].

Quindi è proprio grazie all'operazione Farnese se allora i romani poterono volgere lo sguardo all'arcangelo Michele, in cima a Castel Sant'Angelo, e dirgli con un cenno che anche quella volta poteva rinfoderare la spada, come aveva fatto tanti anni prima nella visione di papa Gregorio I, quando aveva preannunciato la fine dell'epidemia di peste.
Virginia è quindi una donna che entra a pieno diritto nella storia e non è esagerato dire che non solo all'arcangelo Michele, ma anche a lei tutti i romani devono gratitudine per aver contribuito alla salvezza della loro città.

NOTE

CAPITOLO PRIMO

1 Marie-France Pochna, *Agnelli l'irresistibile*, Milano, Sperling & Kupfer, 1990, p. 113. Che Gianni Agnelli tenesse un'immagine della propria madre accanto al letto, è confermato anche da Marco Ferrante, in *Casa Agnelli,* Mondadori, Milano 2007, p. 58, ma con qualche differenza. Secondo Ferrante, non si tratta del dipinto di Léonor Fini, ma di una fotografia. Ecco cosa dice: "Nella stanzetta di villa Frescott, travi di legno scuro e letto monacale, tiene la fotografia di sua madre, capelli sciolti (e il leopardo) accanto a quella del re." Quest'ultima versione ci è stata confermata a voce anche da Mario d'Urso, che di Gianni Agnelli era amico. Ma forse non c'è contraddizione, visto che si tratta di immagini, luoghi e tempi diversi.

2 Susanna Agnelli, *Vestivamo alla marinara*, Milano, Mondadori, 1975.

3 Marie-France Pochna, *op.cit.*, p. 114.

4 Henry James, *Ritratto di signora,* Roma, Newton & Compton, 2004.

5 Jane Campbell, *Memorie della Principessa di San Faustino*, in "Omnibus", 2 aprile 1938, prima puntata.

6 *She didn't have to be rich* , in "The Reader's Digest", settembre 1938, vol. 3, n. 177, p. 57.

7 Marito della zia materna di Jane, era ministro d'Olanda in Italia.

8 Jane Campbell, *Memorie della Principessa di San Faustino*, in "Omnibus", 9 aprile 1938, seconda puntata e 16 aprile 1938, terza puntata.

9 Susanna Agnelli, *op, cit.*, p. 36.

10 Susanna Agnelli, *op. cit.*, p.7.

11 Émile Zola, *Tre città: Lourdes* (1894), *Roma* (1896) e *Parigi* (1898).

12 Marella Caracciolo Chia, *Una parentesi luminosa. L'amore segreto fra Umberto Boccioni e Vittoria Colonna,* Milano, Adelphi, 2008, p. 49.

13 Jane Campbell, *Memorie della Principessa di San Faustino,* in "Omnibus", 14 maggio 1938, settima puntata.

14 Susanna Agnelli, *op. cit.*, pp. 45-46.

15 Giordano Bruno Guerri, *L'arcitaliano. Vita di Curzio Malaparte,* Milano, Bompiani, 1980-2008, p. 174.

16 Curzio Malaparte, *Fughe in prigione,* Firenze, Vallecchi, 1936, p. 99.

17 Susanna Agnelli, *op. cit.*, p. 68.

18 Susanna Agnelli, *op. cit.*, p. 70.

19 Vittorio Bonadé-Bottino, *Memorie di un borghese del Novecento*, Milano, Bompiani, 2001, p. 281.

20 Vittorio Bonadé-Bottino, *op.cit*, pp. 283-284.

21 *Idem*, p. 289.

22 *Idem*, p. 295.

23 *Idem*, pp. 295-296.

24 Gabriella di Giardinelli, *Una gran bella vita,* Milano, Mondadori, 1988, pp. 71-73.

25 Dal 1931 al 1935 "la Juventus è cinque volte di seguito campione d'Italia, la 'zebra' diventa la 'signora' o, meglio ancora, la 'fidanzata' d'Italia". Vedi Marie-France Pochna, *op. cit.*, p. 94.

26 Marie-France Pochna, *Ibidem.*

27 Vittorio Bonadé-Bottino, *op. cit.*, p. 287.

CAPITOLO SECONDO

1 Jane Campbell, *Memorie della Principessa di San Faustino*, "Omnibus", 14 maggio 1938.

2 *Ibidem.*

3 Jane Campbell, *Memorie della Principessa di San Faustino*, "Omnibus", 30 aprile 1938, quinta puntata.

4 Valerio Castronovo, *Fiat. Storia di un'impresa 1899-1999*, Milano, Rizzoli, 1999, p. 11.

5 Italo Pietra, *I tre Agnelli,* Milano, Garzanti, 1985.

6 Susanna Agnelli, V*estivamo alla marinara*, Milano, Mondadori, 1975, p. 79.

7 Jane Campbell, *Memorie della Principessa di San Faustino*, "Omnibus", 14 maggio 1938, settima puntata.

8 Susanna Agnelli, *op. cit.*, p. 24.

9 Susanna Agnelli, *op. cit.*, p. 14.

10 Susanna Agnelli, *op. cit.*, p. 37.

11 Italo Pietra, *op. cit.*, p. 146.

12 Susanna Agnelli, *op. cit.*, p. 28.

13 Archivio Centrale dello Stato (Acs), Polizia politica, fascicoli personali, busta 12, fasc. 79.

14 *Ibidem.*

15 Jane Campbell, *Memorie della Principessa di San Faustino,* "Omnibus" 21 maggio 1938, ottava puntata.

CAPITOLO TERZO

1 Gabriella di Giardinelli, *Una gran bella vita,* Milano, Mondadori, 1988, p.17 e p. 27.

2 Francesco Caravita di Sirignano, *Memorie di un uomo inutile*, Milano, Mondadori, 1981, p. 130.

3 Gabriella di Giardinelli, *op.cit.*, p. 28.

4 Gabriella di Giardinelli, *op.cit.*, pp. 50, 54 e 55.

5 *Gianni Agnelli*, Prefazione di John Elkann. Introduzione di Henry Kissinger, Milano, Rizzoli, 2007, p. 35.

6 A quel tempo il Ministero degli Esteri stava effettivamente nel Palazzo della Consulta, davanti al Quirinale. Più tardi Mussolini lo avrebbe spostato a Palazzo Chigi, destinando il Palazzo della Consulta al Ministero delle Colonie.

CAPITOLO QUARTO

1 Giordano Bruno Guerri, *L'arcitaliano*, Milano, Bompiani, 1980/2008, p. 173.

2 Vedi il settimanale illustrato "Cose", settembre 1921: "L'appartamento di Donna Virginia Agnelli nel palazzo di corso Oporto, a Torino".

3 Susanna Agnelli, *Vestivamo alla marinara,* Milano, Mondadori, 1975, p. 29.

4 Gigi Moncalvo, *I lupi e gli Agnelli,* Firenze, Vallecchi, 2009.

5 Carlo Ripa di Meana, *Cane sciolto,* Milano, Kaos edizioni, 2000, pp. 13-16.

CAPITOLO QUINTO

1 Franco Vegliani, *Malaparte,* Milano-Venezia, Guarnati, 1957, p. 95.

2 Susanna Agnelli, *Vestivamo alla marinara,* Milano, Mondadori, 1975, p. 39.

3 Che si tratti di una litote, di un'espressione diplomatica per dire che in realtà non si doveva fare?

4 "Corriere della sera", 19 luglio 1935, p. 2 e "La Stampa", 19 luglio 1935, p. 2.

5 ACS, Polizia politica, Fascicoli personali, busta 12, fasc. 79.

6 Italo Pietra, *I tre Agnelli,* Milano, Garzanti, 1985, p. 144.

7 Susanna Agnelli, *op. cit.*, p. 42.

8 Susanna Agnelli, *op. cit.*, p. 43.

9 Vittorio Bonadé-Bottino, *Memorie di un borghese del Novecento,* Milano, Bompiani, 2001, p. 304.

10 Susanna Agnelli, *op. cit.*, p. 45.

11 *Ibidem.*

12 Susanna Agnelli, *op. cit.*, p. 46.

13 *Idem*, p. 47.

14 ACS, Polizia politica, Fascicoli personali, busta 12, fasc. 84.

15 Franco Vegliani, *op. cit.*, p. 95.

16 Enzo Biagi, *Il signor Fiat,* Milano, Rizzoli, 1976 /2003, p. 44.

17 Giordano Bruno Guerri, *L'arcitaliano. Vita di Curzio Malaparte*, Milano, Bompiani, 2008, p. 128.

18 Marie-France Pochna, *Agnelli l'irresistibile,* Milano, Sperling & Kupfer, 1989, p. 103. Valerio Castronovo in *Fiat storia del capitalismo italiano,* parla di una "cospicua buona uscita", p. 205.

19 Il sospetto trapela da numerose carte depositate all'Archivio Centrale dello Stato, Polizia politica, fascicoli personali, busta 12, fasc. 84.

20 Curzio Malaparte, *Donna come me,* p. 9.

21 Curzio Malaparte, *L'Arcitaliano e tutte le altre poesie*, p. 394.

22 Giordano Bruno Guerri, *op. cit.*, p. 99.

23 Per tutto questo brano a proposito del disinteresse di Malaparte per le donne, cfr. Giordano Bruno Guerri, *op. cit.*, pp. 99-100.

24 Giordano Bruno Guerri, *op. cit.*, pp. 114-115.

25 Giordano Bruno Guerri, *op. cit.*, p. 104. Sempre nel volume *Schiava di Malaparte*, Biancamaria Fabbri parla di un carteggio tra Virginia e Curzio, che lei avrebbe visto e letto durante un soggiorno nella villa dello scrittore a Capri.

26 Da una conversazione con Matteo Noja, Conservatore della Fondazione Biblioteca di via Senato, via Senato 14, Milano, dove quest'anno è stata allestita un'ampia e ricca mostra dedicata a Curzio Malaparte.

27 Giordano Bruno Guerri, *op. cit.*, p. 101.

28 *Ibidem.*

29 Curzio Malaparte, *Donna come me*, Milano, Mondadori, 1940.

30 *Ibidem.*

31 *Ibidem.*

32 I nomi dei due fiduciari dell'Ovra sono ricavati dal libro di Mauro Canali, *Le spie del regime,* Bologna, il Mulino. Ogni spia aveva un numero, attraverso i quali lo storico è riuscito a risalire ai nomi.

33 Giordano Bruno Guerri, *op. cit.*, p. 135.

34 Giordano Bruno Guerri, *op. cit.*, p. 138.

35 Giordano Bruno Guerri, *op. cit.*, pp. 141-161.

36 Benedetto Perotti che scrive ad Arturo Bocchini biglietti su carta intestata dell'azienda, risulta essere il direttore della filiale romana della Fiat. Segnaliamo tuttavia che anche Valerio Castronovo in *Fiat, una storia del capitalismo italiano*, cita due volte un certo conte Giuseppe Perotti, che definisce "fiduciario di Agnelli a Roma".

37 ACS, Polizia politica, Fascicoli personali, busta 12, fasc. 84.

38 Giordano Bruno Guerri, *op. cit.*, p. 170.

39 Giordano Bruno Guerri, *op. cit.*, p. 176.

40 Enzo Biagi, *Il signor Fiat*, Milano, Rizzoli, 1976/2003, p. 44.

41 ACS, Polizia politica, Fascicoli personali, busta 12, fasc. 84. Il rapporto è datato 15 aprile 1936. È un documento di ben 13 pagine, scritte con grafia fittissima, che riassume lo stato delle informazioni a quella data.

42 *Ibidem.*

43 *Ibidem.*

44 Susanna Agnelli, *op.cit.*, p. 59.

45 Edda Ciano, *La mia vita,* Milano, Mondadori, 2001, p. 94. Il "manicomio" di cui parla Edda Ciano era la Maison de Santé de Malévoz, dove passò gli ultimi mesi della guerra, dal gennaio '44 in poi.

46 ACS, Polizia politica, Fascicoli personali, busta 12, fasc. 84.

47 *Ibidem.*

48 Susanna Agnelli, *op.cit.*, p. 46.

49 Enzo Biagi, *op.cit.*, p. 44.

50 ACS, Polizia Politica, Fascicoli personali, busta 12, fasc. 84.

51 ACS, *Ibidem.*

52 Enzo Biagi, *op.cit.*, p. 44.

53 Marco Ferrante, *Casa Agnelli*, Milano, Mondadori, 2007, p. 59.

54 Giordano Bruno Guerri, *op. cit.*, p. 176.

55 Malaparte III, nel terzo dei dodici volumi in cui la sorella Edda Ronchi Suckert raccolse documenti, lettere, memorie di Curzio, editi da Ponte alle Grazie, a p. 728, in una lettera di Malaparte ad Aldo Borelli si trova un riferimento alla data del matrimonio e al luogo in cui si sarebbe dovuto svolgere.

56 L'intera storia si evince da una serie di racconti contenuti in Malaparte III, pp. 675-734. L'episodio è contenuto solo nelle carte di Malaparte e non trova alcuna conferma altrove. Va quindi preso con beneficio d'inventario anche perché dopo la caduta del fascismo, lo scrittore e in seguito i suoi familiari, fecero di tutto per accreditare l'immagine di un duro scontro fra questi e il Regime per evitare i rigori della Commissione d'Epurazione.

57 Giordano Bruno Guerri, *op.cit.*, p. 100. "Venti domande a Malaparte", "Tempo", 28 luglio 1955.

58 ACS, Polizia politica, Fascicoli personali, busta 12, fasc. 84.

59 Susanna Agnelli, *op.cit.*, p. 58.

60 In ACS, Polizia politica, Fascicoli personali, busta 12, fasc. 84, leggiamo che a trovare la villa fu un comune amico di Malaparte e Virginia, lo scrittore Diego Angeli. Si dice pure che Virginia ha affittato la casa per trent'anni, in ragione di 600 lire mensili e che si impegna ad eseguire i lavori di risanamento.

61 ACS, Polizia politica, Fascicoli personali, busta 12 fasc. 84. Le carte di polizia dicono che in realtà ad affittare la casa di Villa Pepoli sarebbe stata Virginia Agnelli.

62 Giordano Bruno Guerri, *op.cit.*, p. 130. ACS, Polizia politica, Fascicoli personali, busta 12, fasc. 84.

CAPITOLO SESTO

1 Susanna Agnelli, *Vestivamo alla marinara*, Milano, Mondadori, 1975, p. 53.

2 Marco Ferrante, *Casa Agnelli,* Milano, Mondadori, 2008, p. 146.

3 Enzo Biagi *Il signor Fiat*, Milano, Rizzoli, 1976/2003, p. 42.

4 Ci sono ben quattro biglietti dell'identico tenore di quello già riportato nel precedente capitolo. ACS, Polizia politica, Fascicoli personali, busta 12, fasc. 84.

5 Susanna Agnelli, *op. cit.*, p. 52.

6 Ordinanza del Tribunale per i Minori di Torino, ACS, Polizia Politica, Fascicoli personali, busta 12, fasc. 84 .

7 Susanna Agnelli, *op. cit.*, p. 52.

8 *Ibidem.*

9 Susanna Agnelli, *op. cit.*, p. 56.

10 Ordinanza del Tribunale dei minori di Torino, Polizia politica, ACS, Fascicoli personali, busta 12, fasc. 84.

11 *Ibidem.*

12 Susanna Agnelli, *op. cit.*, p. 80.

13 L'episodio, come pure quello che riguarda l'attrice del teatro Maffei, viene raccontato anche da Marie-France Pochna, *Agnelli l'irresistibile*, Milano, Sperling & Kupfer, 1990, p. 102 e da Enzo Biagi, *op. cit.*, p. 50.

14 Susanna Agnelli, *op. cit.*, p. 56.

15 *Ibidem.*

16 Marie-France Pochna, *op. cit.*, p. 102.

17 Giancarlo Galli, *Agnelli. Il tramonto di una dinastia,* Milano, Mondadori, 2003, p. 35.

18 Marie-France Pochna, *op. cit.*, p.108.

19 Alain Friedman, *Agnelli and the Network of Italian Power,* London, Harrap, 1988, p. 34.

20 Numerosi sono gli aneddoti su comportamenti e aspirazioni di Curzio Malaparte in ACS, Polizia politica, Fascicoli personali, busta 12, fasc. 84.

21 Si tratta di un biglietto di Virginia a Malaparte che l'Ovra è riuscita ad avere e che ha dattiloscritto. ACS, Polizia politica, fascicoli personali, busta 12, fasc. 84.

22 *Ibidem.*

23 *Ibidem.*

24 Malaparte III, pp. 729, 732-733.

25 Si tratta della moglie di Daniel Halévy, storico e critico francese, amico di Malaparte. Nel periodo in cui lo scrittore visse a Parigi, Daniel Halévy gli affittò un appartamento accanto al proprio.

26 Malaparte III, p. 729.

27 Nel "Ricorso per regolamento di competenza" alla Suprema Corte di Cassazione del Regno del 31 maggio 1937, protocollo n. 144: "...sin dal 21 dicembre 1936, osservando tutte

le formalità di legge, essa ha trasferito in Roma, nella sua abitazione di Porta S. Pancrazio 32 il suo legale domicilio e la residenza sua e dei figli minori." (Porta San Pancrazio 32 è l'indirizzo di Bosco Parrasio).

28 Susanna Agnelli, *op. cit.*, p. 55.

29 *Ibidem.*

30 ACS, Ricorso per regolamento di competenza alla Suprema Corte di Cassazione del Regno del 31 maggio 1937. A p. 9 punto 4 si legge: Reclamo proposto dalla ricorrente contro il decreto 17 maggio 1937 emesso dal Presidente del Tribunale dei Minorenni di Torino che ordinava, inaudita altera parte, il sequestro giudiziario di beni dei minori"- E precedentemente a p. 2 era specificato: "mobili erroneamente elencati in un inventario come appartenenti al defunto marito, mentre effettivamente erano beni di proprietà della ricorrente".

31 Susanna Agnelli, *op. cit.*, p. 60.

32 *Idem*, p. 61.

33 *Ibidem.*

34 ACS, Corte di Cassazione, Ricorso per regolamento di competenze nell'interesse di N.D. Virginia Bourbon del Monte, vedova Agnelli, 31 maggio 1937, n. 144.

35 ACS, Polizia politica, Fascicoli personali, busta 12, fasc. 84.

36 *Ibidem.*

37 *Ibidem.*

38 *Ibidem.*

39 ACS, Corte di Cassazione, Ricorso del 31 maggio 1937.

40 ACS, Polizia politica, Fascicoli personali, busta 12, fasc. 84.

41 ACS, Corte di Cassazione, Ricorso del 31 maggio 1937, p. 4.

42 ACS, Corte di Cassazione, Ricorso del 31 maggio 1937, p. 14.

43 Susanna Agnelli, *op. cit.*, p. 62.

44 *Idem*, p. 63.

45 *Idem*, p. 66.

46 ACS, Corte di Cassazione, I Sezione civile. Udienza del 13 dicembre 1937 pubblicata a norma dell'art. 366 Cod. Proc. Civ. dell'udienza di oggi, 29 dicembre 1937. Prot. Sentenza sul ricorso proposto da Bourbon del Monte Donna Virginia, fu Carlo, 29 dicembre, n. 362.

47 Susanna Agnelli, *op. cit.*, p. 66.

48 *Idem*, p. 67.

49 *Ibidem.*

50 Susanna Agnelli, *op. cit.*, pp. 67-69.

51 *Idem*, p. 106.

52 Giovanni Ansaldo, *Il vero signore*, Milano, Longanesi, 1983, pp. 247-248.

CAPITOLO SETTIMO

1 Valerio Castronovo, *Fiat una storia del capitalismo italiano*, Milano, Rizzoli, 2005, p. 272.

2 Italo Pietra, *I tre Agnelli*, Milano, Garzanti, 1985, pp. 38-39.

3 Marie-France Pochna, *Agnelli l'irresistibile*, Milano, Sperling & Kupfer, 1990, p. 30.

4 Valerio Castronovo, *op. cit.,* p. 17.

5 Valerio Castronovo, *op. cit.,* p. 28. Per tutta la vicenda giudiziaria ci siamo valsi delle pagine 19-29 di questo testo.

6 Valerio Castronovo, *op. cit.*, pp. 270-271, Marie-France Pochna, *op. cit.*, p. 125 e Enzo Biagi, *op. cit.*, p. 55.

7 Enzo Biagi, *Il signor Fiat*, Milano, Rizzoli, 1976, 2003, p. 55.

8 Vedi anche Valerio Castronovo, *op. cit.*, p. 271.

9 Sulla "chimera della non-belligeranza", vedi Valerio Castronovo, *op. cit.*, pp. 280-281 e Enzo Biagi, *op. cit.*, p. 55.

10 Da un'intervista rilasciata da Gianni Agnelli a Torino, il 23 gennaio 1989. In Marie-France Pochna, *op. cit.*, p. 129.

11 Intervista con Urbano Rattazzi, Milano, 14 novembre 1987. In Marie-France Pochna, *op. cit.*, p. 129.

12 Enzo Biagi, *op. cit.*, p. 57 e Marie-France Pochna, *op. cit.*, p. 130.

13 Susanna Agnelli, *Vestivamo alla marinara,* Milano, Rizzoli, 1975, p. 126.

14 Marie-France Pochna, *op. cit.*, p. 132.

15 Valerio Castronovo, *op. cit.*, p. 290.

16 *Idem*, p. 294.

17 *Idem*, p. 304.

18 ACS, Polizia Politica, Fascicoli personali, busta 12, fasc. 84.

19 Susanna Agnelli, *op. cit.*, p. 159.

20 Winston Churchill, *The Second World War,* 5th volume "Closing the Ring", *The Anzio Stroke,* London, 1948.

21 Andrea Riccardi, *L'inverno più lungo*, Bari, Editori Laterza, 2008, p. 194.

22 Valerio Castronovo, *op. cit.*, p. 314.

CAPITOLO OTTAVO

1 Marie-France Pochna, *Agnelli l'irresistibile,* Milano, Sperling & Kupfer, 1989, pp. 143-144 e Eugen Dollmann, *Un libero schiavo,* Bologna, Cappelli editore, 1968, p. 340.

2 Marie-France Pochna, *Ibidem.*

3 Eugen Dollmann, *op. cit.*, p. 341.

4 Fulvia Ripa di Meana, *Roma clandestina,* Roma, Kaos edizioni, 2000 (terza edizione) p. 171.

5 Andrea Riccardi, *L'inverno più lungo*, Bari, Laterza, 2008, p. 287.

6 Eugen Dollmann, *op. cit.*, pp. 116-117.

7 Eugen Dollmann, *op. cit.*, p. 114.

8 Eugen Dollman, *op. cit.*, pp. 113-114.

9 Eugen Dollmann, *op. cit.*, p 115. Per la verità in un'intervista concessa nel 1984 a Vanna Vannuccini, Dollmann ammise di essere stato in buoni rapporti con Graziani, ma cattivi con Ciano.

10 Tiziana Abate, *Indro Montanellli: Soltanto un giornalista,* Milano, Rizzoli, 2003, p. 109.

11 Vanna Vannuccini, *Io me ne andai per ultimo*, "la Repubblica", 26 maggio 1984.

12 Paolo Mieli, "la Repubblica", 5 novembre 1985.

13 *Ibidem.*

14 Eugen Dollmann, *Roma nazista*, Milano, Longanesi, 1951, p. 10.

15 Eugen Dollmann *op. cit*, p. 251.

16 Fulvia Ripa di Meana, *op. cit.*, pp. 80-81.

17 Dan Kurzman, un ex giornalista del "Washington Post", nel suo libro *A Special Mission: Hitler's secret plot to seize the Vatican and kidnap Pope Pius XII*, Cambridge, 2007, da una versione un po' diversa di questo episodio (pp. 211-223). In realtà Karl Wolff non aveva nessun bisogno di essere persuaso a questo incontro, anzi, lo desiderava ardentemente. Benché incaricato da Hitler della missione di rapire il Papa e depredare il Vaticano, Wolff, che aveva intuito come stavano volgendo le sorti della guerra, era alla ricerca di benemerenze che alleggerissero la sua posizione agli occhi degli Alleati, ormai sul punto di entrare in Roma. Tra Dollmann, Wolff e Virginia ci fu dunque una specie di corto circuito: tutti e tre desideravano che avvenisse questo incontro con Pio XII, ciascuno per motivi diversi.

18 Eugen Dollmann, *Roma nazista,* cit., pp. 252-255.

19 Eugenio Dollmann, *Un libero schiavo*, cit., pp. 340-345.

20 Susanna Agnelli, *op. cit.*, p. 176.

21 Valerio Castronovo, *op. cit.*, pp. 319-320.

22 Valerio Castronovo, *op. cit.*, p. 325.

23 Valerio Castronovo, *op. cit.*, p. 256.

24 Valerio Castronovo, *op. cit.*, p. 314.

CAPITOLO NONO

1 Marco Ferrante, *Casa Agnelli*, Milano, Mondadori, 2007-2008, p. 192.

2 Marco Ferrante, *op. cit.*, p. 191.

3 *Idem*, p. 192.

4 *Ibidem.*

5 Marco Ferrante, *op. cit.*, p. 193.

6 *Ibidem.*

7 Marco Ferrante, *op. cit.*, p. 193.

8 Nello Ajello (a cura di), *Carlo Caracciolo, l'editore fortunato,* Milano-Bari, Laterza, 2005, p. 79.

9 Marco Ferrante, *op. cit.*, p. 195.

10 Marco Ferrante, *op. cit.*, p. 195.

11 *Ibidem.*

12 *Ibidem.*

13 Gigi Moncalvo, *I lupi e gli agnelli*, Firenze, Vallecchi, 2009, p. 89.

14 Gigi Moncalvo, *op. cit.*, p. 92.

15 Marco Ferrante, *op. cit.*, p. 91.

16 In "Corriere della Sera", *Così Agnelli diventò avvocato. All'asta la tesi di laurea,* 17 marzo 1998.

CAPITOLO DECIMO

1 Alan Friedman, *Agnelli and the Network of Italian Power,* London, Harrap, 1988, cap. 2, "Beginnings", p. 41.

2 Susanna Agnelli, *Vestivamo alla marinara,* Milano, Mondadori, 1975, p. 222.

3 Susanna Agnelli, *op. cit.*, pp. 229-231.

4 Giordano Bruno Guerri, *L'arcitaliano. Vita di Curzio Malaparte*, Milano, Bompiani, 2008, pp. 217-218.

5 Intervista rilasciata da Marta Vio, febbraio 2010.

6 Susanna Agnelli, *op. cit.*, p. 230.

7 Marco Ferrante, *Casa Agnelli,* Milano, Mondadori, 2007, p. 191.

8 Giordano Bruno Guerri, *op. cit.*, p. 9 e p. 102.

9 Giordano Bruno Guerri, *op. cit.*, p. 221.

10 Testimonianza diretta all'autore, febbraio 2010, Roma.

11 Eugen Dollmann, *Un libero Schiavo*, Bologna, Cappelli editore, 1968, p. 312.

12 Eugen Dollmann, *op. cit.*, p. 339.

13 Paolo Zerbino morì insieme con altri gerarchi a Dongo e venne anche lui appeso in piazzale Loreto.

14 Andrea Riccardi, *L'inverno più lungo 1943-44. Pio XII gli ebrei e i nazisti di Roma,* Bari, Editore Laterza, 2008, pp. 156-157.

Bibliografia

Abate, Tiziana, *Indro Montanelli: Soltanto un giornalista,* Rizzoli, Milano, 2003

Ajello, Nello (a cura di) *Carlo Caracciolo, l'editore fortunato,* Laterza, Roma-Bari, 2005

Agnelli, Susanna, *Vestivamo alla marinara,* Mondadori, Milano, 1975- 1978

Ansaldo, Giovanni, *Il vero signore*, Longanesi, Milano, 1983

Berenson, Bernard, *Rumor Reflection,* Simon & Schuster, New York, 1952

Biagi, Enzo, *Il signor Fiat*, Rizzoli, Milano, 1976-2003

Biondi, Marino, *Il signore degli Agnelli,* Libreria dell'Orso, 2006

Bonadé-Bottino, Vittorio, *Memorie di un borghese del Novecento*, Bompiani, Milano, 2001

Bourbon del Monte di San Faustino, Jane, *Memorie*, in "Omnibus", 7 aprile-21 maggio 1938

Canali, Mauro, *Le spie del regime*, Il Mulino, Bologna, 2004

Caracciolo Chia, Marella, *Una parentesi luminosa. L'amore segreto fra Umberto Boccioni e Vittoria Colonna*, Adelphi, Milano, 2008

Caravita di Sirignano, Francesco, *Memorie di un uomo inutile,* Mondadori, Milano, 1981

Castronovo, Valerio, *Fiat. Storia di un'impresa 1899-1999*, Rizzoli, Milano, 1999

Castronovo, Valerio, *Fiat, una storia del capitalismo italiano*, Rizzoli, Milano, 2005

Churchill, Winston, *The Second World War*, London, 1948

Ciano, Edda, *La mia vita*, intervista di D. Olivieri, a cura di Nicola Caracciolo, Mondadori, Milano, 2001

Dollmann, Eugen, *Roma nazista*, Longanesi, Milano, 1951

Dollmann, Eugen, *Un libero schiavo*, Cappelli editore, Bologna, 1968

Dulles, Allen Walsh, *Germany Underground,* New York, 1947

Fabbri, Biancamaria, *Schiava di Malaparte*, Edicoop, Roma, 1980

Ferrante, Marco, *Casa Agnelli,* Mondadori, Milano 2007-2008

Forcella, Enzo, *La resistenza in convento,* Laterza, Bari, 1987

Friedman, Alan, *Agnelli and the Network of Italian Power,* Harrap, London, 1988

Galli, Giancarlo, *Gli Agnelli, il tramonto di una dinastia,* Mondadori, Milano, 2003

Di Giardinelli, Gabriella, *Una gran bella vita,* Mondadori, Milano, 1988

Guerri, Giordano Bruno, *L'arcitaliano. Vita di Curzio Malaparte,* Bompiani, Milano, 1980- 2008

James, Henry, *Ritratto di signora*, Newton & Compton, Roma, 2004

Kurzman, Dan, *A Special Mission: Hitler's secret plot to seize the Vatican and kidnap Pope Pius XII*, Cambridge, 2007

La Capria, Raffaele, *Un amore al tempo della Dolce Vita*, Nottetempo, Roma, 2009

Loy, Rosetta, *La parola ebreo*, Einaudi, Torino, 1997

Malaparte, Curzio, *Opere complete*, Vallecchi, Firenze, 1963

Malaparte, Curzio, *Malaparte*, XII volumi (a cura della sorella Edda Ronchi Suckert), Ponte alle Grazie, Firenze, 1991

Moncalvo, Gigi, *I lupi e gli Agnelli,* Vallecchi, Firenze, 2009,

Pietra, Italo, *I tre Agnelli*, Garzanti, Milano, 1985

Pochna, Marie-France, *Agnelli, l'irresistibile,* Sperling & Kupfer, Milano, 1990

Reader's Digest, September 1938

Riccardi, Andrea, *L'inverno più lungo,* Laterza Editori, Bari, 2008

Ripa di Meana, Carlo, *Cane sciolto,* Kaos Edizioni, Milano, 2000

Ripa di Meana, Fulvia, *Roma clandestina,* Kaos Edizioni, Milano, 2000

Ripa di Meana, Ludovica, *La fine degli A*, Aragno, Torino, 2006

Vegliani, Franco, *Malaparte*, Guarnati, Milano-Venezia, 1957

Woolf, Virginia, *Gita al faro*, Rizzoli, Milano, 2007

Zola, Émile, *Tre città: Lourdes (1894), Roma (1896), Parigi (1989)*

Gianni Agnelli, una vita straordinaria a cura di Marcello Sorgi, Skira, Milano, 2008

Gianni Agnelli, Prefazione di John Elkann. Introduzione di Henry Kissinger, Rizzoli, Milano, 2007

Malaparte, Arcitaliano nel mondo, a cura di Laura Mariani Conti, Matteo Noja, Biblioteca di via Senato Edizioni, 2010

Articoli di giornale

Bertoldi, Silvio, *Dolce vita sull'orlo dell'abisso*, "Corriere della Sera", 24 marzo 2002

Luti, Giorgio, *La natura dello scrittore*, "Caffè Michelangiolo", Anno II, n. 2, maggio-agosto 1997, Firenze, pp. 4-11

Mieli, Paolo, *Sepolti con Dollmann intrighi e segreti di Roma città aperta,* "La Repubblica", 5 novembre 1985

Parri, Mario Graziano, *Malaparte, il tempo del purgatorio*, "Caffè Michelangiolo", Anno II, n. 2, maggio-agosto 1997, Firenze, p. 3

Pilolli, Carla, *Donne contro in casa Agnelli. Le mordaci battute di nonna Jane e l'indipendenza di spirito di mamma Virginia*, "Trovanozze.it"

Solinas, Stenio, *Casa Agnelli,* "Linea Quotidiano", 2 ottobre 2007

Vannuccini, Vanna, *Io me ne andai per ultimo,* "La Repubblica", 26 maggio 1984

"Il Giornale d'Italia" 8 giugno 1919

"Corriere della Sera", 19 luglio 1935 *L'inchiesta sulla morte dell'avv. Agnelli*

"Cose", Settimanale illustrato, settembre 1921

"L'Illustrazione Italiana", 22 giugno 1919

"La Stampa", *L'inchiesta sul tragico incidente che costò la vita a Edoardo Agnelli"*, 19 luglio 1935

"La Nuova Stampa" 24 novembre 1945. *È giunta la salma di donna Virginia Agnelli*

"La Nuova Stampa" 25 novembre 1945, *I funerali di Donna Virginia Agnelli*

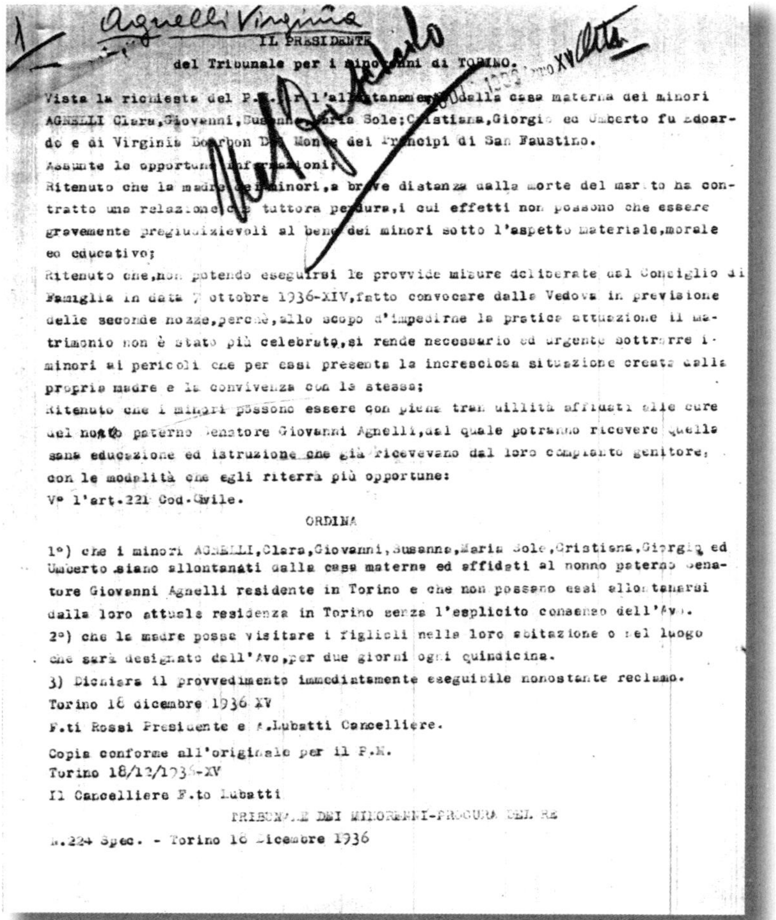

1 Agnelli Virginia

IL PRESIDENTE
del Tribunale per i minorenni di TORINO.

Vista la richiesta del P.M. per l'allontanamento dalla casa materna dei minori AGNELLI Clara,Giovanni,Susanna,Maria Sole;Cristiana,Giorgio ed Umberto fu Edoardo e di Virginia Bourbon Del Monte dei Principi di San Faustino.
Assunte le opportune informazioni;
Ritenuto che la madre dei minori,a breve distanza dalla morte del marito ha contratto una relazione che tuttora perdura,i cui effetti non possono che essere gravemente pregiudizievoli al bene dei minori sotto l'aspetto materiale,morale ed educativo;
Ritenuto che,non potendo eseguirsi le provvide misure deliberate dal Consiglio di Famiglia in data 7 ottobre 1936-XIV,fatto convocare dalla Vedova in previsione delle seconde nozze,perchè,allo scopo d'impedirne la pratica attuazione il matrimonio non è stato più celebrato,si rende necessario ed urgente sottrarre i minori ai pericoli che per essi presenta la incresciosa situazione creata dalla propria madre e la convivenza con la stessa;
Ritenuto che i minori possono essere con piena tranquillità affidati alle cure del nonno paterno Senatore Giovanni Agnelli,dal quale potranno ricevere quella sana educazione ed istruzione che già ricevevano dal loro compianto genitore, con le modalità che egli riterrà più opportune:
V° l'art.221 Cod.Civile.

ORDINA

1°) che i minori AGNELLI,Clara,Giovanni,Susanna,Maria Sole,Cristiana,Giorgio ed Umberto siano allontanati dalla casa materna ed affidati al nonno paterno Senatore Giovanni Agnelli residente in Torino e che non possano essi allontanarsi dalla loro attuale residenza in Torino senza l'esplicito consenso dell'Avo.
2°) che la madre possa visitare i figlioli nella loro abitazione o nel luogo che sarà designato dall'Avo,per due giorni ogni quindicina.
3) Dichiara il provvedimento immediatamente eseguibile nonostante reclamo.
Torino 18 dicembre 1936 XV
F.ti Rossi Presidente e A.Lubatti Cancelliere.

Copia conforme all'originale per il P.M.
Torino 18/12/1936-XV
Il Cancelliere F.to Lubatti

TRIBUNALE DEI MINORENNI-PROCURA DEL RE
N.224 Spec. - Torino 18 Dicembre 1936

Ordinanza del Tribunale dei Minori di Torino, 18 dicembre 1936
trascrizione alle pp. 275-276

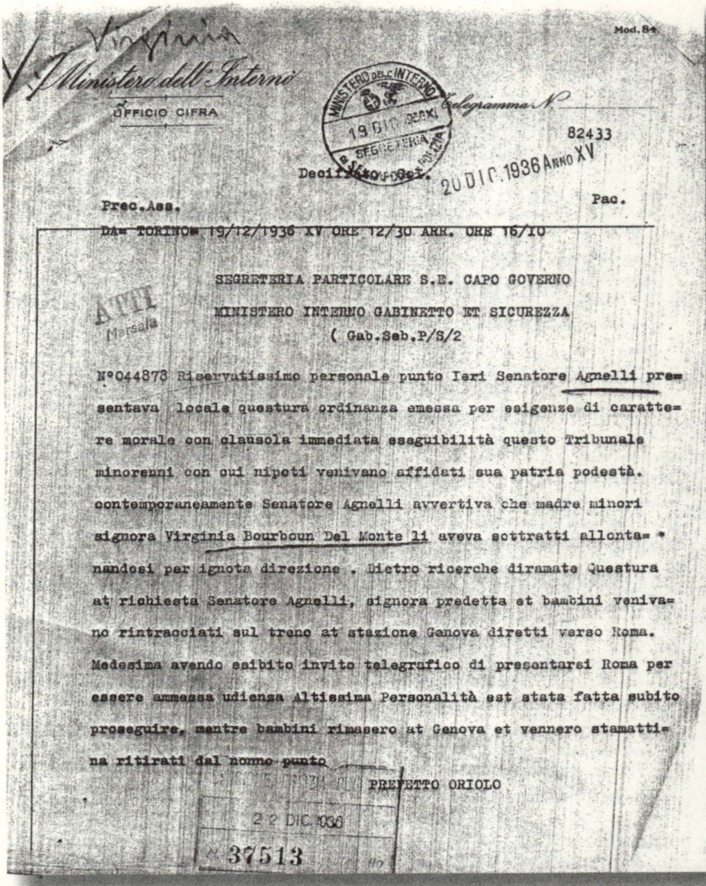

Virginia

Ministero dell'Interno

UFFICIO CIFRA

MINISTERO DELL'INTERNO 19 DIC 1936 XV SEGRETERIA

Telegramma N. 82433

Decifrato

20 DIC. 1936 ANNO XV

Mod. 84

Prec.Ass. Pac.

DA= TORINO= 19/12/1936 XV ORE 12/30 ARR. ORE 16/10

SEGRETERIA PARTICOLARE S.E. CAPO GOVERNO

MINISTERO INTERNO GABINETTO ET SICUREZZA

(Gab.Seb.P/S/2

ATTI Marsala

N°044873 Riservatissimo personale punto Ieri Senatore Agnelli presentava locale questura ordinanza emessa per esigenze di carattere morale con clausola immediata esaguibilità questo Tribunale minorenni con cui nipoti venivano affidati sua patria podestà. contemporaneamente Senatore Agnelli avvertiva che madre minori signora Virginia Bourboun Del Monte li aveva sottratti allontanandosi per ignota direzione . Dietro ricerche diramate Questura at richiesta Senatore Agnelli, signora predetta et bambini venivano rintracciati sul treno at stazione Genova diretti verso Roma. Medesima avendo esibito invito telegrafico di presentarsi Roma per essere ammessa udienza Altissima Personalità est stata fatta subito proseguire, mentre bambini rimasero at Genova et vennero stamattina ritirati dal nonno punto

PREFETTO ORIOLO

22 DIC. 1936

37513

Nota riservatissima alla segreteria particolare del Duce 19 dicembre 1936

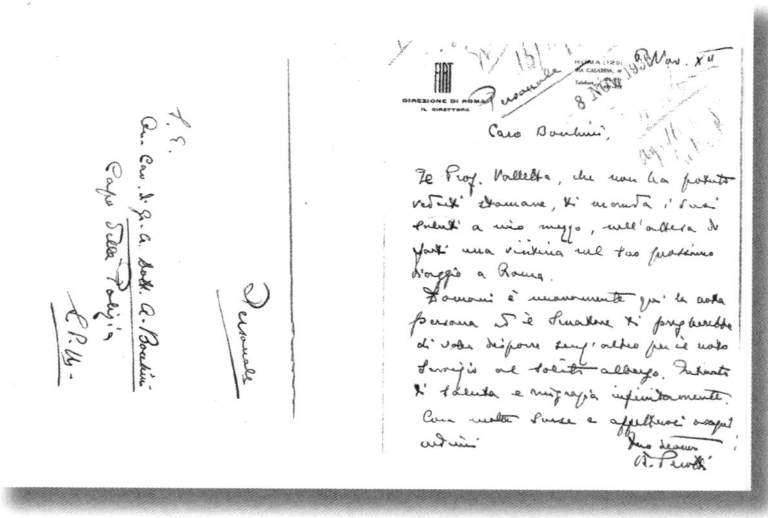
FIAT
DIREZIONE DI ROMA
IL DIRETTORE
ROMA (120)
VIA CALABRIA
Personale
8 NOV 193.. Nov. XV

Caro Bocchini,

Il Prof. Valletta, che non ha potuto vederti stamane, ti manda i suoi saluti a mio mezzo, nell'attesa di farti una visitina nel tuo prossimo viaggio a Roma.
Domani è nuovamente qui la nota persona di S.E. Senatore ti pregherebbe di voler disporre senz'altro per il noto servizio nel solito albergo. Intanto ti saluta e ringrazia infinitamente.
Con molte scuse e affettuosi ossequi
tuo devoto
A. Perotti

S.E.
On. Cav. di Gr. Cr. Dott. A. Bocchini
Capo della Polizia
Personale

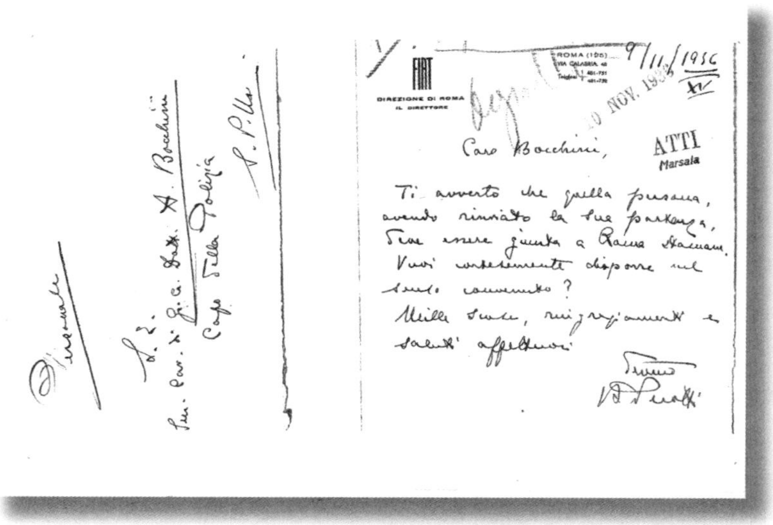
FIAT
DIREZIONE DI ROMA
IL DIRETTORE
ROMA (126)
VIA CALABRIA 40
Telefoni 481-751 481-720
9/11/1936
XV
10 NOV. 1936
ATTI
Marsala

Caro Bocchini,

Ti avverto che quella persona, avendo rinviato la sua partenza, deve essere giunta a Roma stamane.
Vuoi cortesemente disporre nel senso convenuto?
Mille scuse, ringraziamenti e saluti affettuosi
Tuo
B. Perotti

S.E.
Sen. Cav. di Gr. Cr. Dott. A. Bocchini
Capo della Polizia
Personale

Lettere di Benedetto Perotti, direttore della Fiat di Roma, al capo della polizia Arturo Bocchini

FIAT
DIREZIONE DI ROMA
IL DIRETTORE

ROMA (125)
VIA CALABRIA

26 NOV 1936 ANNO XV

Caro Bocchini,

Mi informano ora da Torino, che quella persona non sarebbe più al solito albergo, ma abiterebbe già la villa affittata (Bosco Parrasio) al Gianicolo.

Mi permetto avvertirtene ad ogni buon fine.

Uno di questi giorni, appena tornata la normalità, verrò a vederti un momento: ho alcune cose da dirti.

Con molti ringraziamenti e affettuosi ossequi

tuo
B. Perotti

Lettera di Benedetto Perotti, direttore della Fiat di Roma, al capo della polizia Arturo Bocchini

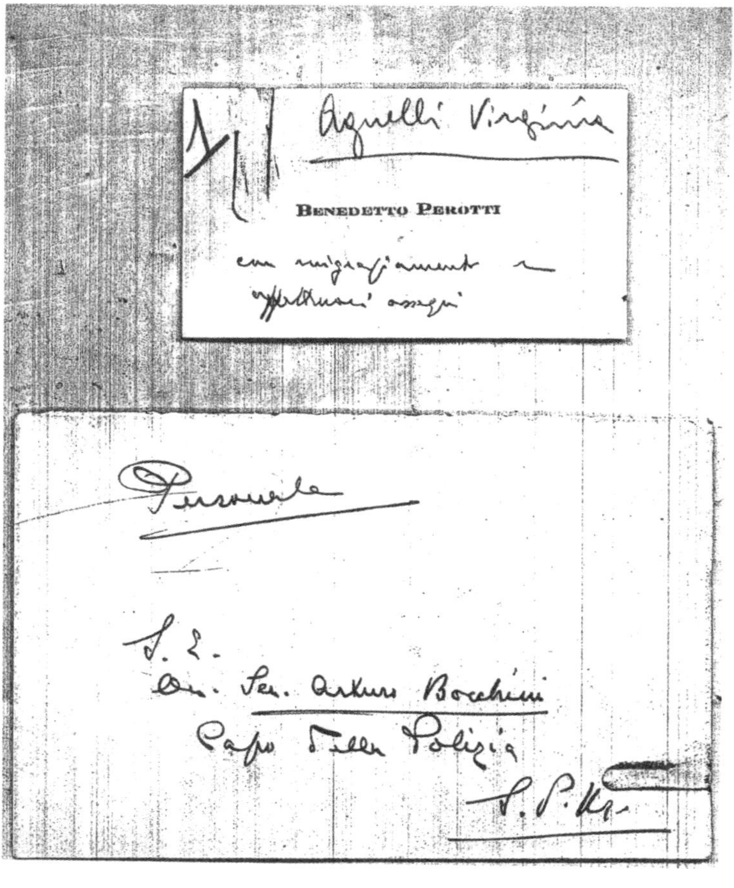

Agnelli Virginia

BENEDETTO PEROTTI

con ringraziamenti e affettuosi omaggi

Personale

S. E.
On. Sen. Arturo Bocchini
Capo della Polizia
S. P. M.

Biglietto da visita di Benedetto Perotti

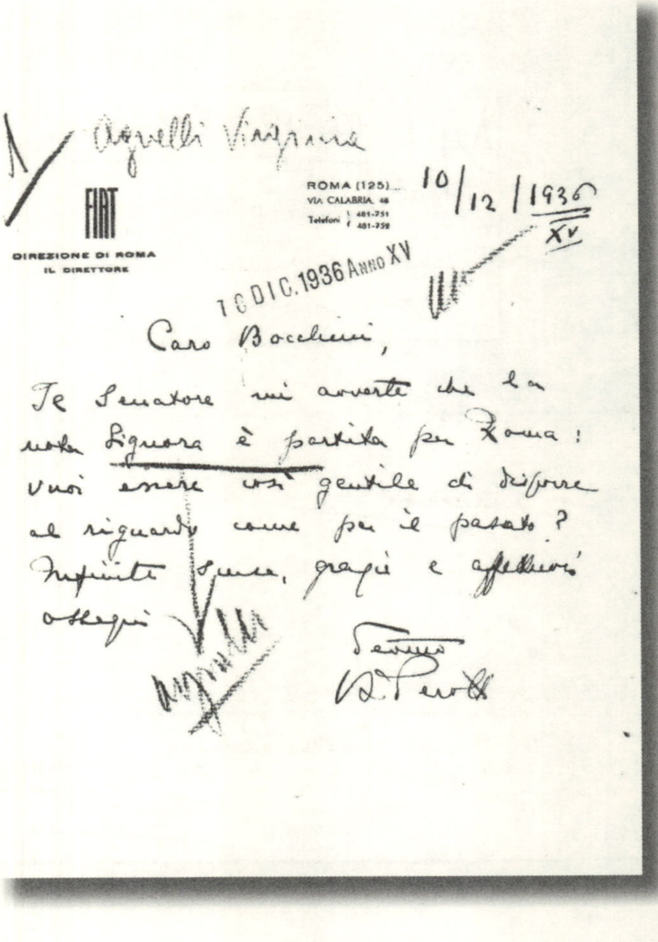

Agnelli Virginia

FIAT

DIREZIONE DI ROMA
IL DIRETTORE

ROMA (125)
VIA CALABRIA, 46
Telefoni 481-751 / 481-752

10/12/1936
XV

10 DIC. 1936 ANNO XV

Caro Bocchini,

Il Senatore mi avverte che la nota Signora è partita per Roma: vuoi essere così gentile di disporre al riguardo come per il passato? Infinite scuse, grazie e affettuosi ossequi

Tuo
B. Perotti

Ancora una lettera di Benedetto Perotti al capo della polizia Arturo Bocchini

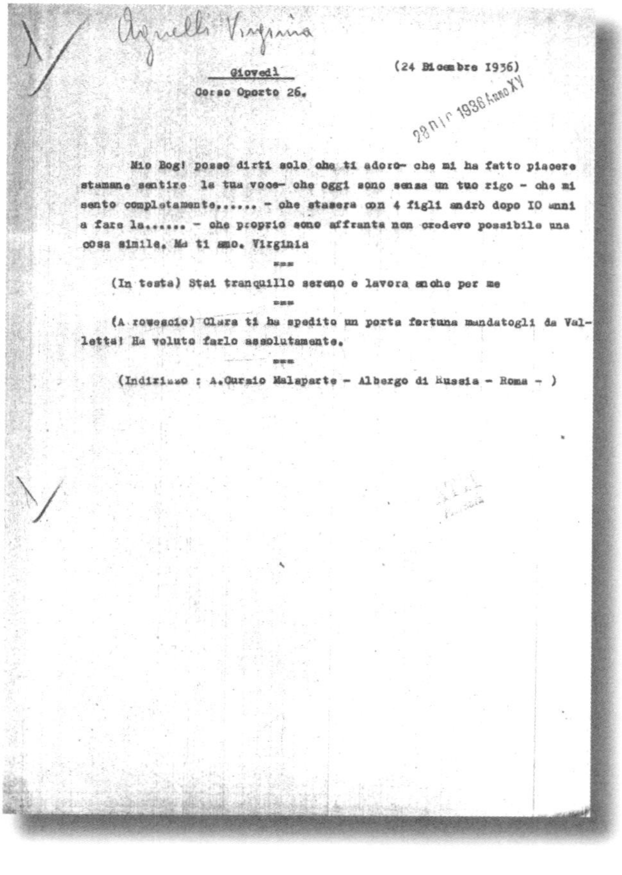
Agnelli Virginia

Giovedì (24 Bicembre 1936)

Corso Oporto 26.

28 DIC 1936 Anno XV

Mio Bog! posso dirti solo che ti adoro- che mi ha fatto piacere stamane sentire la tua voce- che oggi sono senza un tuo rigo - che mi sento completamente...... - che stasera con 4 figli andrò dopo 10 anni a fare la...... - che proprio sono affranta non credevo possibile una cosa simile. Ma ti amo. Virginia

===

(In testa) Stai tranquillo sereno e lavora anche per me

===

(A rovescio) Clara ti ha spedito un porta fortuna mandatogli da Valletta! Ha voluto farlo assolutamente.

===

(Indirizzo : A.Cursio Malaparte - Albergo di Russia - Roma -)

Biglietto di Virginia a Curzio Malaparte, intercettato e trascritto dall'Ovra

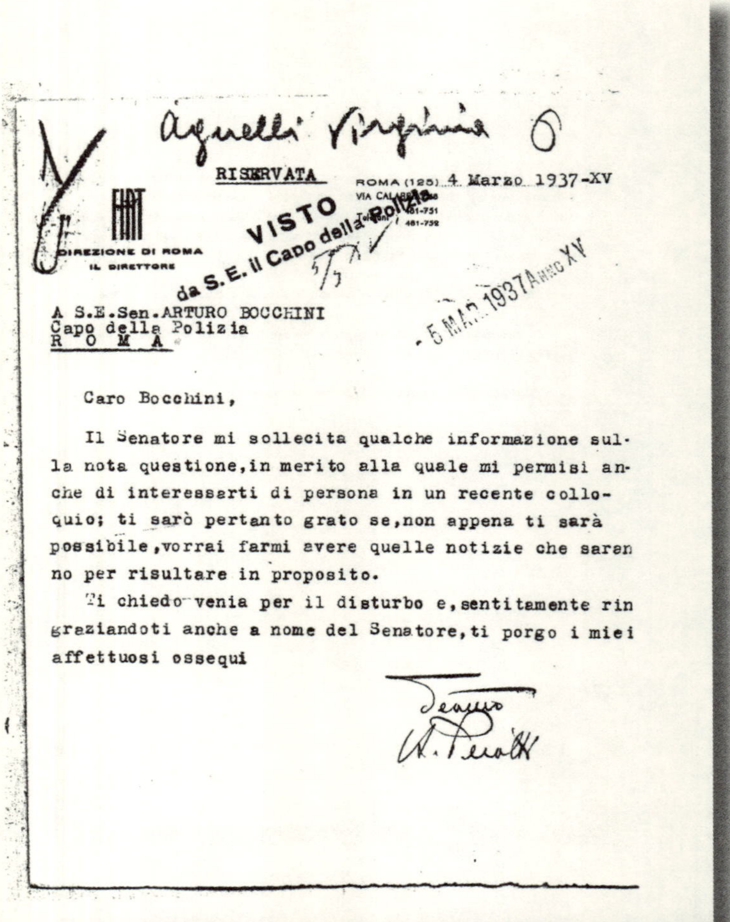

Agnelli Virginia

RISERVATA

ROMA (125) 4 Marzo 1937-XV

VIA CALABRIA

FIAT

DIREZIONE DI ROMA

IL DIRETTORE

VISTO

da S.E. il Capo della Polizia

5 MAR 1937 Anno XV

A S.E.Sen.ARTURO BOCCHINI
Capo della Polizia
R O M A

Caro Bocchini,

Il Senatore mi sollecita qualche informazione sulla nota questione,in merito alla quale mi permisi anche di interessarti di persona in un recente colloquio; ti sarò pertanto grato se,non appena ti sarà possibile,vorrai farmi avere quelle notizie che saranno per risultare in proposito.

Ti chiedo venia per il disturbo e,sentitamente ringraziandoti anche a nome del Senatore,ti porgo i miei affettuosi ossequi

Tuo
B. Perotti

Lettera di Bendetto Perotti ad Arturo Bocchini

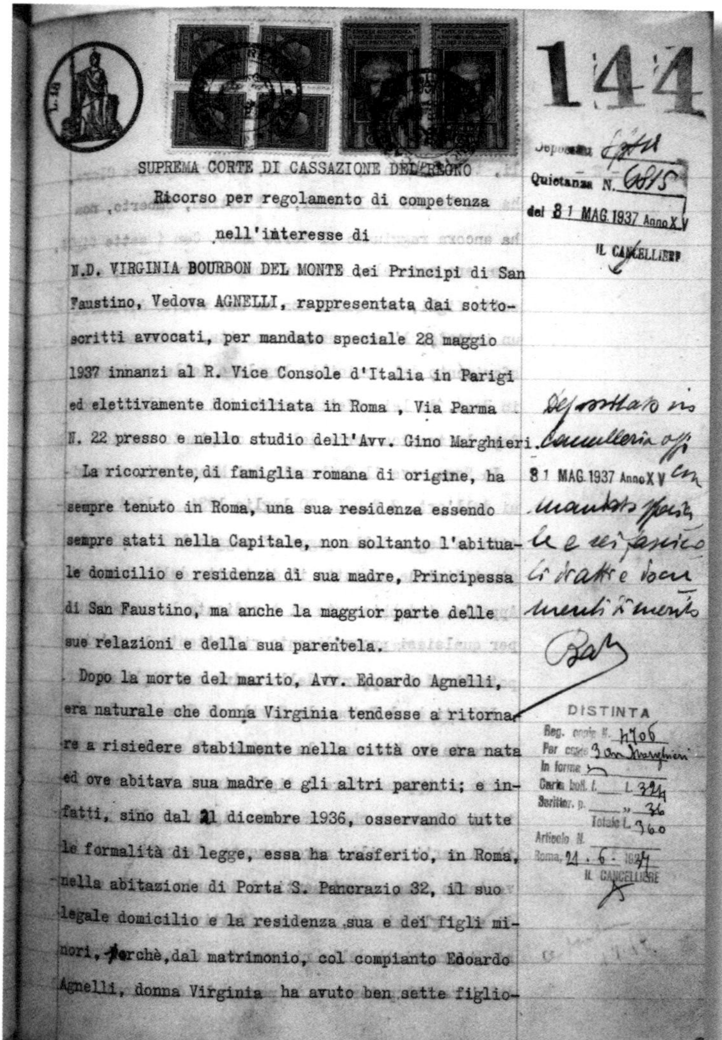

SUPREMA CORTE DI CASSAZIONE DEL REGNO

Ricorso per regolamento di competenza

nell'interesse di

N.D. VIRGINIA BOURBON DEL MONTE dei Principi di San Faustino, Vedova AGNELLI, rappresentata dai sottoscritti avvocati, per mandato speciale 28 maggio 1937 innanzi al R. Vice Console d'Italia in Parigi ed elettivamente domiciliata in Roma, Via Parma N. 22 presso e nello studio dell'Avv. Gino Marghieri.

La ricorrente, di famiglia romana di origine, ha sempre tenuto in Roma, una sua residenza essendo sempre stati nella Capitale, non soltanto l'abituale domicilio e residenza di sua madre, Principessa di San Faustino, ma anche la maggior parte delle sue relazioni e della sua parentela.

Dopo la morte del marito, Avv. Edoardo Agnelli, era naturale che donna Virginia tendesse a ritornare a risiedere stabilmente nella città ove era nata ed ove abitava sua madre e gli altri parenti; e infatti, sino dal 21 dicembre 1936, osservando tutte le formalità di legge, essa ha trasferito, in Roma, nella abitazione di Porta S. Pancrazio 32, il suo legale domicilio e la residenza sua e dei figli minori, perchè, dal matrimonio, col compianto Edoardo Agnelli, donna Virginia ha avuto ben sette figlio-

Ricorso presentato dagli avvocati di Virginia Agnelli alla Corte Suprema di Cassazione

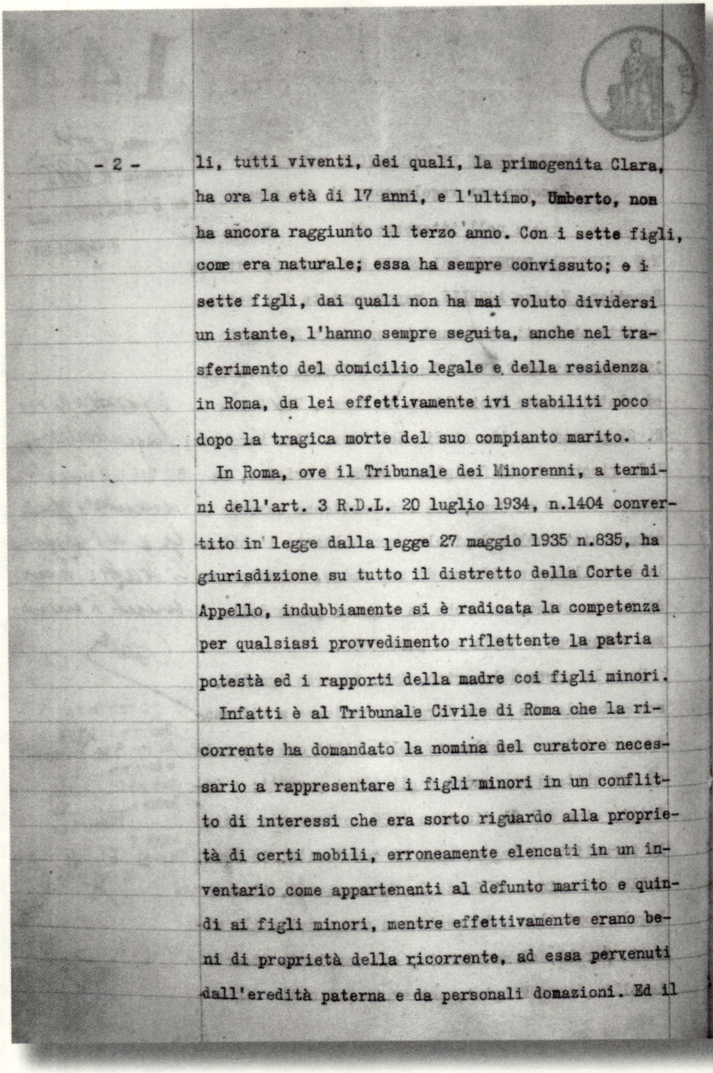

- 2 -

li, tutti viventi, dei quali, la primogenita Clara, ha ora la età di 17 anni, e l'ultimo, **Umberto**, non ha ancora raggiunto il terzo anno. Con i sette figli, come era naturale; essa ha sempre convissuto; e i sette figli, dai quali non ha mai voluto dividersi un istante, l'hanno sempre seguita, anche nel trasferimento del domicilio legale e della residenza in Roma, da lei effettivamente ivi stabiliti poco dopo la tragica morte del suo compianto marito.

In Roma, ove il Tribunale dei Minorenni, a termini dell'art. 3 R.D.L. 20 luglio 1934, n.1404 convertito in legge dalla legge 27 maggio 1935 n.835, ha giurisdizione su tutto il distretto della Corte di Appello, indubbiamente si è radicata la competenza per qualsiasi provvedimento riflettente la patria potestà ed i rapporti della madre coi figli minori.

Infatti è al Tribunale Civile di Roma che la ricorrente ha domandato la nomina del curatore necessario a rappresentare i figli minori in un conflitto di interessi che era sorto riguardo alla proprietà di certi mobili, erroneamente elencati in un inventario come appartenenti al defunto marito e quindi ai figli minori, mentre effettivamente erano beni di proprietà della ricorrente, ad essa pervenuti dall'eredità paterna e da personali domazioni. Ed il

Ricorso presentato dagli avvocati di Virginia Agnelli alla Corte Suprema di Cassazione

Tribunale Civile di Roma, con decreto del
nominava curatore speciale all'uopo il Marchese Sen.
GIORGIO GUGLIELMI VINCI.

Vivendo in Roma coi propri figli, nel suo domicilio di Borgo S. Pancrazio 32, la ricorrente ebbe la sgradita sorpresa nel giorno 9 aprile di constatare che il precettore del figlio Giovanni, tal Buratti prof. Ferruccio, aveva indotto il minore di abbandonare la casa materna ed a sottrarsi con lui alla sorveglianza della madre per recarsi a Torino. La ricorrente ricorse immediatamente alla Questura di Roma e potè, col pronto intervento della medesima, accertare che il minore nelle ore pomeridiane dello stesso giorno trovavasi a Rapallo, dove era giunto in automobile col precettore che lo voleva trascinare a Torino, ed ottenere di farlo fermare colà dai RR. CC., presso i quali essa precipitosamente si recò per rilevarlo, riconducendolo a Roma.

La denunzia sporta alla Questura in data 9 aprile fu il 22 stesso mese convertita in querela contro il precettore per il reato di che all'art. 573 C.P.

Il giorno 18 maggio 1937, con sfoggio inaudito di forza pubblica, nel domicilio della ricorrente in Roma a Borgo S. Pancrazio 32, si presentavano impiegati ed avvocati del Sen. Giovanni Agnelli accompagna-

Ricorso presentato dagli avvocati di Virginia Agnelli alla Corte Suprema di Cassazione

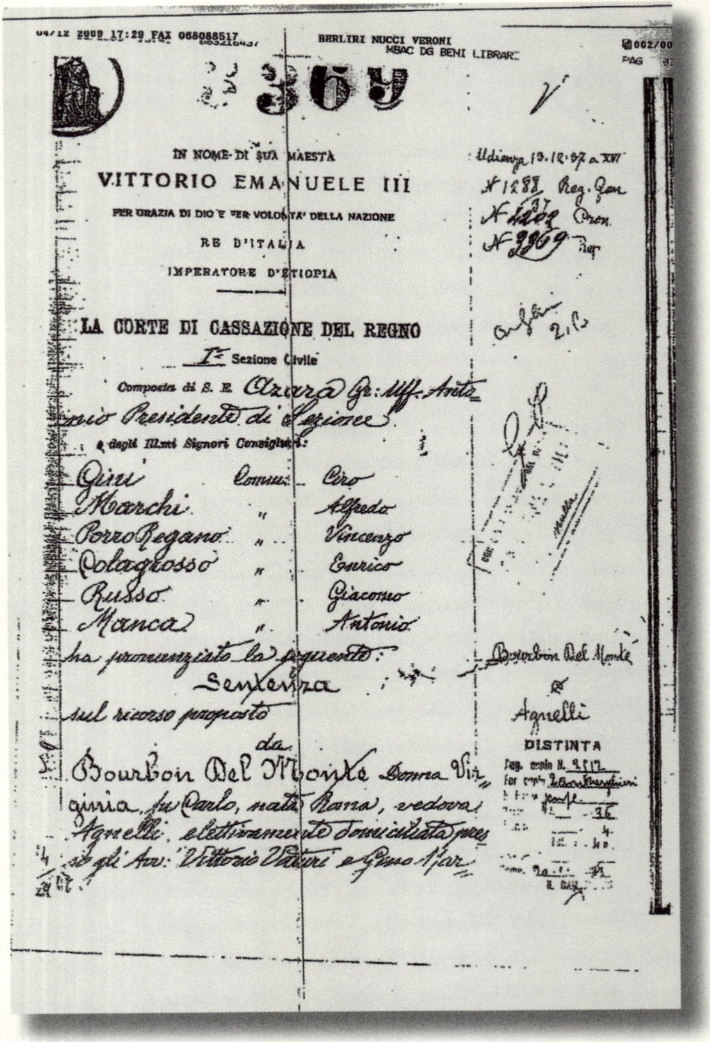

04/12 2009 17:29 FAX 068088517 BERLIRI NUCCI VERONI
MBAC DG BENI LIBRAR

369

IN NOME DI SUA MAESTÀ
VITTORIO EMANUELE III
PER GRAZIA DI DIO E PER VOLONTÀ DELLA NAZIONE
RE D'ITALIA
IMPERATORE D'ETIOPIA

Udienza 13.12.37 a. XVI
N 1288 Reg. Gen.
N 2409 Cron.
N 3369 Rep.

LA CORTE DI CASSAZIONE DEL REGNO
I^a Sezione Civile
Composta di S. E. Azara Gr. Uff. Antonio Presidente di Sezione
e dagli Ill.mi Signori Consiglieri:

Giri Comm. Ciro
Marchi " Alfredo
Porro Regano " Vincenzo
Colagrosso " Enrico
Russo " Giacomo
Manca " Antonio

ha pronunziato la seguente:
Sentenza
sul ricorso proposto
da
Bourbon Del Monte Donna Virginia, fu Carlo, nata Roma, vedova Agnelli, elettivamente domiciliata presso gli Avv. Vittorio Vatturi e Gino Mar...

Bourbon Del Monte
c
Agnelli

DISTINTA

Sentenza della Corte di Cassazione che in data 29/12/1937 mette fine alla battaglia legale tra Donna Virginia e il Senatore Agnelli

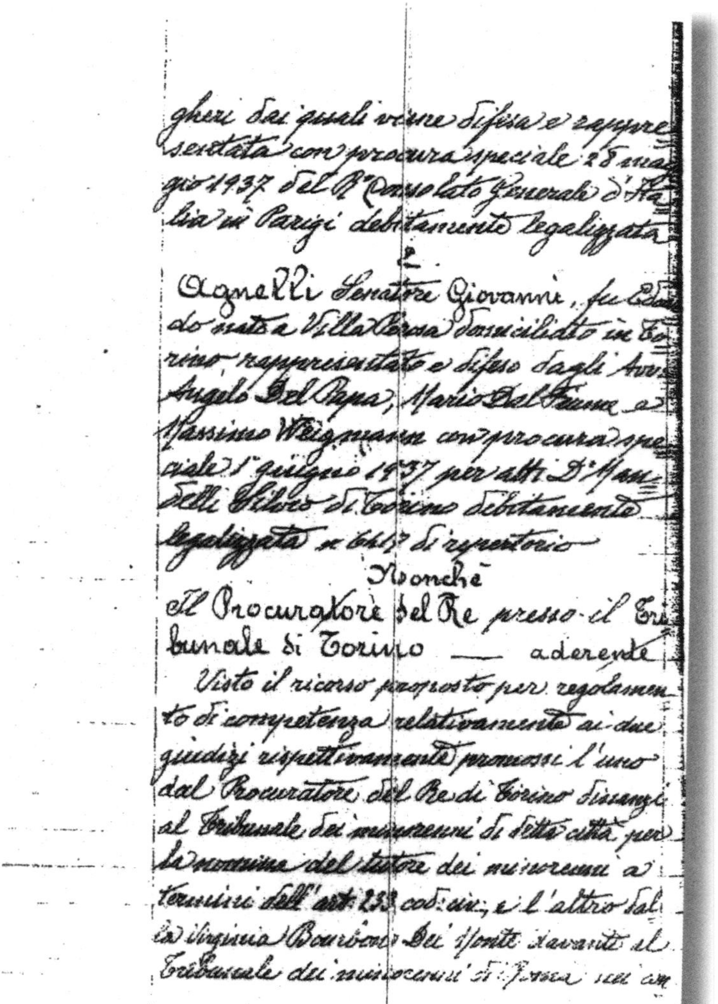
gheri dai quali viene difesa e rappre-
sentata con procura speciale 28 mag-
gio 1937 del R° Consolato Generale d'Ita-
lia in Parigi debitamente legalizzata
e
Agnelli Senatore Giovanni, fu Edoar-
do nato a Villar Perosa domiciliato in To-
rino rappresentato e difeso dagli Avv.
Angelo Del Papa, Mario [illegible] e
Massimo Weigmann con procura spe-
ciale 1° giugno 1937 per atti [illegible]
[illegible] di Torino debitamente
legalizzata n. [illegible] di repertorio
Nonchè
Il Procuratore del Re presso il Tri-
bunale di Torino — aderente
Visto il ricorso proposto per regolamen-
to di competenza relativamente ai due
giudizi rispettivamente promossi l'uno
dal Procuratore del Re di Torino dinanzi
al Tribunale dei minorenni di detta città per
la nomina del tutore dei minorenni a
termini dell'art. 233 cod. civ., e l'altro dal-
la Virginia Bourbon Del Monte davanti al
Tribunale dei minorenni di Roma [illegible]

Sentenza della Corte di Cassazione che in data 29/12/1937 mette fine alla battaglia legale tra Donna Virginia e il Senatore Agnelli

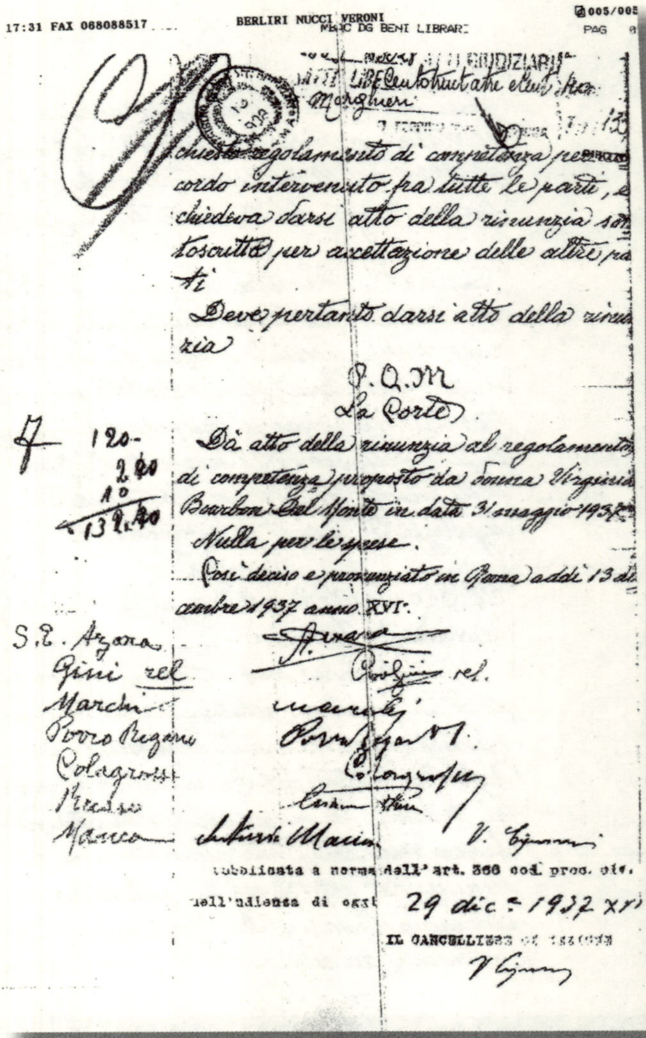

17:31 FAX 068088517 BERLIRI NUCCI VERONI 005/005

MBAC DG BENI LIBRARI PAG

chiesto regolamento di competenza per accordo intervenuto fra tutte le parti, e chiedeva darsi atto della rinunzia sottoscritta per accettazione delle altre parti

Deve pertanto darsi atto della rinunzia

P.Q.M.

La Corte

Dà atto della rinunzia al regolamento di competenza proposto da Donna Virginia Bourbon del Monte in data 31 maggio 1937

Nulla per le spese.

Così deciso e pronunziato in Roma addì 13 dicembre 1937 anno XVI.

Pubblicata a norma dell'art. 366 cod. proc. civ. nell'udienza di oggi 29 dic. 1937 XVI

IL CANCELLIERE

Sentenza della Corte di Cassazione che in data 29/12/1937 mette fine alla battaglia legale tra Donna Virginia e il Senatore Agnelli

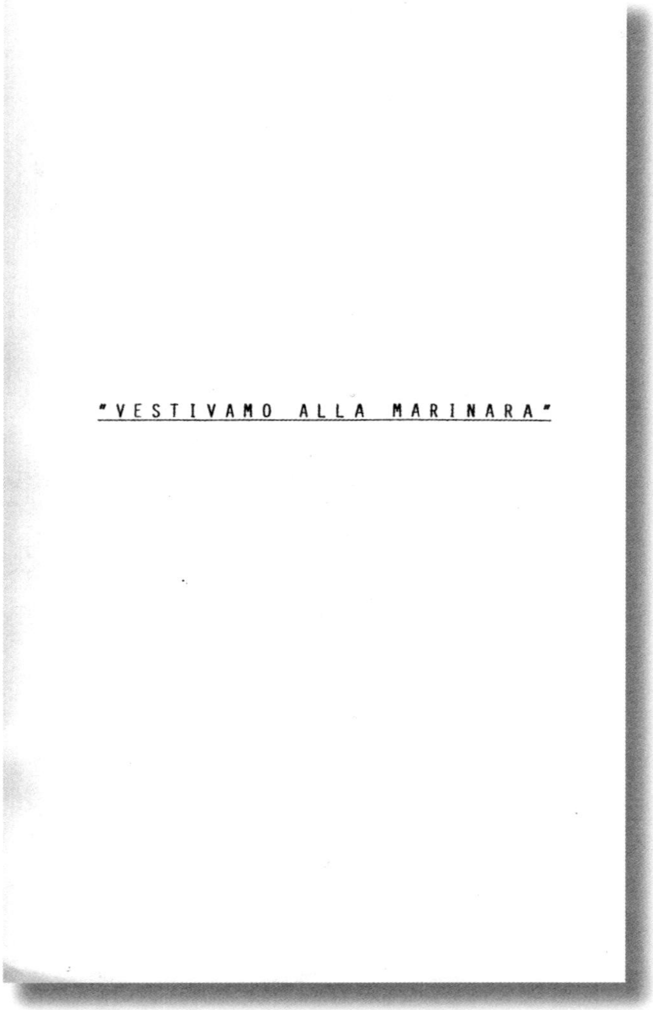

"VESTIVAMO ALLA MARINARA"

Copertina dell'originale della sceneggiatura di
Mauro Bolognini di *Vestivamo alla marinara*

116.

samente il nonno, parla scanden
do le parole.

GIANNI
Noi vogliamo che la mamma
torni a casa.

SENATORE
No. Quando sarai più grande
capirai.

GIANNI
Noi abbiamo capito tutto
quello che c'è da capire per
ché la mamma ce l'ha detto.

Il Senatore scatta perdendo
la calma.

SENATORE
E' lei che vi mette su.

Ostinatamente Gianni ribadisce
la sua richiesta, di nuovo scan
dendo le parole.

GIANNI
Noi vogliamo che la mamma
torni a casa.

SENATORE
Mi sembra che vostra madre

Pagina interna dell'originale della sceneggiatura di
Mauro Bolognini di *Vestivamo alla marinara*

ORDINANZA
IL PRESIDENTE
DEL TRIBUNALE PER I MINORENNI DI TORINO

Trascrizione dell'Ordinanza del 18/12/1936

Vista la richiesta del P.M. per l'allontanamento dalla casa materna dei minori Agnelli Clara, Giovanni, Susanna, Maria Sole, Cristiana, Giorgio ed Umberto fu Edoardo e di Virginia Bourbon del Monte dei Principi di San Faustino.

Assunte le opportune informazioni;

Ritenuto che la madre dei minori, a breve distanza dalla morte del marito ha contratto una relazione che tuttora perdura, i cui effetti non possono che essere gravemente pregiudizievoli al benessere dei minori sotto l'aspetto materiale, morale ed educativo;

Ritenuto che, non potendo eseguirsi le provvide misure deliberate dal Consiglio di Famiglia in data 5 ottobre 1936-XIV, fatto convocare dalla Vedova in previsione delle seconde nozze, perché, allo scopo di impedirne la pratica attuazione, il matrimonio non è stato più celebrato, si rende necessario ed urgente sottrarre i minori al pericolo che per essi presenta la incresciosa situazione creata dalla propria madre e la convivenza con la stessa;

Ritenuto che i minori possono essere con piena tranquillità affidati alle cure del nonno paterno senatore Giovanni Agnelli, dal quale potranno ricevere quella sana educazione ed istruzione che già ricevevano dal loro compianto genitore, con le modalità che egli riterrà più opportune:

V° l'art. 321 Cod. Civile

ORDINA

1- Che i minori Agnelli Clara, Giovanni, Susanna, Maria Sole, Cristiana, Giorgio ed Umberto siano allontanati dalla casa materna ed affidati al nonno paterno Senatore Giovanni Agnelli, residente in Torino e che non possano essi allontanarsi dalla loro attuale residenza in Torino senza l'esplicito consenso dell'Avo.

2- Che la madre possa visitare i figlioli nella loro abitazione o nel luogo che sarà designato dall'Avo, per due giorni ogni quindicina.

3- Dichiara il provvedimento immediatamente eseguibile nonostante reclamo.

1. Torino, 18 dicembre 1936- XIV
2. P.ti Rossi Presidente e. Lubatti cancelliere

Copia conforme all'originale per il P.M.
Torino 18/12/1936 –XIV
Il Cancelliere F.to Lubatti
Tribunale dei Minorenni Procura del Re
n. 324 Spec. – Torino, 18 dicembre 1936

RELAZIONE DI NOTIFICA

L'anno 1936 e addì 18 dicembre in Torino
A richiesta del P.M. presso il Tribunale Civile e Penale ho notificato il sovra esteso provvedimento al Senatore Giovanni Agnelli qui residente consegnandone copia a mani sue proprie.

L'Uff. Giud. Del Tribunale di Torino
F.to Bauzano
Collino Gio. att. Commesso

Battaglia legale tra Virginia Agnelli e il senatore Giovanni Agnelli

18 dicembre 1936 Ordinanza del Tribunale per i Minorenni di Torino. Ingiunzione a Virginia di lasciare la casa e i figli. Virginia cerca di portare i figli a Roma, ma il treno viene fermato in aperta campagna e i figli vengono riportati a Torino benché Virginia mostri ai poliziotti un telegramma in cui si dichiara che le è stata concessa udienza da parte di Mussolini.

21 dicembre 1936 Virginia trasferisce il domicilio e la residenza a Roma, per sé e per i figli.

16 gennaio 1937 il Senatore e Virginia danno una festa nella casa di Torino, in segno di riconciliazione. Ma si tratta solo di una pace apparente. In primavera Virginia porta i figli a Roma a vivere a Bosco Parrasio.

9 aprile 1937 Ferruccio Buratti "rapisce" Gianni per riportarlo a Torino dal nonno.

9 aprile 1937 Virginia con l'aiuto della Questura di Roma accerta che il figlio si trova a Rapallo e ottiene di farlo fermare dai carabinieri, presso i quali si reca a riprenderlo.

22 aprile 1937 Virginia querela il precettore Buratti per il reato 573 del codice penale di "ratto di minore".

17 maggio 1937 Decreto del Tribunale dei Minorenni di Torino che ordina l'allontanamento dei figli Agnelli dalla casa materna di Roma.

18 maggio 1937 Si presentano a Roma, in Borgo San Pancrazio 32 (Bosco Parrasio) avvocati e impiegati del senatore Agnelli con un corteo di dieci automobili e con un ufficiale giudiziario che notifica a Virginia decreto emesso il 17 maggio dal Tribunale Minori di Torino che le ingiunge di consegnare i figli al suocero col diritto di portarli a Torino e affidarli a sua persona di fiducia. Strazio, pubblicità e scandalo.

18 maggio 1937 Viene notificato a Virginia altro decreto emesso il 17 maggio che ordina il sequestro dei beni dei minori. In realtà si tratta di mobili che Virginia ha ereditato dal padre, quindi è solo un pretesto del senatore per esercitare maggiore pressione sulla nuora.

21 maggio 1937 Virginia si oppone al decreto emesso dal Tribunale di Torino per incompetenza territoriale, visto che lei e i figli minori hanno la residenza a Roma. Si oppone anche al sequestro dei beni dei minori sempre per incompetenza territoriale.

21 maggio 1937 Virginia ricorre presso il Tribunale dei Minori di Roma al fine di fare accertare che è madre degna e ha il diritto di esercitare la patria potestà sui figli.

31 maggio 1937 Gli avvocati di Virginia Agnelli ricorrono presso la Suprema Corte di Cassazione del Regno "per regolamento di competenza". Si chiede che la Corte dichiari la competenza del Tribunale dei minori di Roma a conoscere tutte le procedure e i giudizi sopra indicati e dichiari nulli i precedenti decreti.

8 giugno 1937 Sospensione delle cause.

18 giugno 1937 La Corte di Cassazione del Regno Sezione I Civile ordina la sospensione delle due cause finché non si stabilisca la competenza.

19 giugno 1937 La Corte di Cassazione dichiara ammissibile il ricorso di Virginia.

Il Senatore vista la mala parata, e sapendo che il Tribunale di Roma non sarà docile ai suoi voleri come quello di Torino, fa pace con la nuora e la invita a prendere una casa per le vacanze sulla Costa Azzurra.

19 ottobre 1937 La ricorrente Virginia Bourbon del Monte dichiara di rinunziare al chiesto regolamento di competenza per accordo intervenuto tra tutte le parti. Evidentemente c'è stato un accordo extragiudiziale tra le parti.

13 dicembre 1937 La Corte da atto della rinunzia al regolamento di competenza proposto da donna Virginia Bourbon del Monte.

29 dicembre 1937 Sentenza pubblicata a norma dell'art. 366 cod. proc. civ.

Ringraziamenti

Questi ringraziamenti muovono in ordine cronologico. La ricerca su cui si basa questo libro inizia con il dono di Piero Tosi, che ci ha regalato l'inedita sceneggiatura di Vestivamo alla marinara *preparata nel 1976 dal regista Mauro Bolognini, dall'autrice Susanna Agnelli e da due suoi amici, Giorgio Bassani e Cesare Garboli e, appunto per i costumi, da Piero Tosi. La sceneggiatura è stata poi bloccata, verso la fine degli anni Settanta, da Gianni Agnelli. Assieme alla sceneggiatura Piero Tosi ci ha poi messo a disposizione le Memorie della Principessa di San Faustino, anch'esse dimenticate da tutti, straordinariamente importanti e felici, pubblicate da Leo Longanesi su* "Omnibus"*, nel lontano aprile-maggio 1938.*

Sempre per rispettare la cronologia, a questo punto dobbiamo esprimere la nostra gratitudine a Lorenzo Capellini, che ha avuto un ruolo iniziale e positivo nel varare questo progetto con l'Editore Roberto Mugavero.

Particolari ringraziamenti vanno al Direttore Generale del Ministero Beni e Attività Culturali, Maurizio Fallace e alla Direttrice della Sala dello Studio dell'Archivio Centrale dello Stato, Mariapina Di Simone, allo storico Mauro Canali, al giurista Fabrizio Berliri, a Maurizio Serra, Ambasciatore italiano all'Unesco a Parigi, autore di una prossima biografia francese di Curzio Malaparte (Grasset). Tutti i nostri sentimenti di riconoscenza vanno agli autori, vivi e scomparsi, di cui abbiamo spesso utilizzato analisi e brani, Raffaele La Capria, Rosetta Loy, John Elkann, Marco Ferrante, Paolo Mieli, Marie-France Pochna, Nello Ajello, Valerio Castro-

novo, Alan Friedman, Giancarlo Galli, Giordano Bruno Guerri, Gigi Moncalvo, Carla Pilolli, Tiziana Abate, Andrea Riccardi, Ludovica Ripa di Meana, Marcello Sorgi, Henry Kissinger, Silvio Bertoldi, Ennio Caretto, Vanna Vannuccini, e poi a Gabriella di Giardinelli, Francesco Caravita di Sirignano, Enzo Biagi, Vittorio Bonadè Bottino, Jane Bourbon del Monte di San Faustino, Winston Churchill, Edda Ciano, Eugen Dollmann, Allen Dulles, Italo Pietra, Fulvia Ripa di Meana.

Desideriamo, inoltre, far sapere ai lettori che i fotografi Fiorenzo Niccoli, per la foto a colori di Piero Tosi e molte altre foto segnalate, e Lorenzo Capellini per il ritrovamento di foto inedite del dopoguerra, ci hanno aiutato e dobbiamo in gran parte a loro il supplemento fotografico curato dal Laboratorio Bugionovi, di Via Spontini 24, a Roma, come abbiamo apprezzato la collaborazione con la copisteria Crescenzio, a Roma, di Marco Petroni e Valentina Coladarce, per la riproduzione via via dei testi elaborati durante sei mesi.

Una gratissima citazione la riserviamo alla Direzione dell'Hotel Augustus di Forte dei Marmi che ci ha fornito la documentazione fotografica della Villa Agnelli, oggi Augustus Lido, e al fotografo del Comune di Sestrière, Ezio Romano, che ci ha fornito le immagini del portale in bronzo con le fotografie dei bassorilievi dei sette figli di Edoardo e Virginia Agnelli, che per la prima volta documentano la realtà attuale di questi due luoghi così importanti nella vita di Virginia Bourbon del Monte. Siamo egualmente riconoscenti a Sandra Cardini per i suoi consigli competenti e raffinati sui costumi e la moda di quei decenni. Le autrici devono moltissimo a Susanna de Mottoni, che ha guidato on line da Trieste tutte le nostre ricerche in rete scovando molti preziosi passaggi di documentazione italiana e internazionale e immagini di cronaca giornalistica e fotografica, con vasti risultati frutto di passione e precisione straordinarie.

Ringraziamo, inoltre, la Biblioteca di Via Senato a Milano che con il Presidente Marcello Dell'Utri e il suo Conservatore Matteo Noja, ci ha permesso di conoscere una lettera di Alberto Moravia a Curzio Malaparte all'indomani del bombardamento della casa di Torino di Virginia Agnelli. Tra le molte biblioteche consultate, siamo in debito con l'eccellenza libraria e fotografica della Biblioteca di Storia Moderna e Contemporanea di Via Caetani a Roma, per i contributi video e cartacei. Nel recupero e ritrovamento di molti libri, ormai fuori catalogo e di complesso reperimento, molto dobbiamo a tre librerie: la Mondadori di Piazza Cola di Rienzo, Roma, la Arionprati di Via Pierluigi da Palestrina 1, Roma, e l'antica Libreria Tombolini di Via IV Novembre, Roma, che ci hanno aiutato nella vasta e complessa ricerca nei cataloghi e nei repertori attuali e passati. Un ringraziamento particolare al regista Giovanni Piperno.

Infine, la parte più personale e affettuosa di questi ringraziamenti: prima di tutto i familiari e gli amici di Virginia Agnelli, sua nipote, Ira Fürstenberg, che ha perduto la nonna quando aveva cinque anni e che ha raccontato ad una di noi, Marina, un toccante ricordo di bambina riportato nel libro, e infine Giuseppe Gazzoni Frascara, Mario D'Urso e Olghina di Robilant, con alcune riflessioni e ricordi diretti e indiretti.

E ora i nomi del cuore delle autrici, consiglieri d'elezione o lettori volontari e incoraggianti del nostro libro nel corso della sua stesura: Nicoletta Tiliacos, Anna Foa, Marina Ricciarelli, Luisa Rossetti, Maria Concetta Salomone, Franco Brel, Peter Glidewell, Martina Zanchetta, Alessandro Guerrucci, Francesco Serrao, Bruno Pellegrino, Andrea Cardella e, amica di una vita, Tilde Arcelli Riva.

INDICE DEI NOMI

INDICE